ENTRE DEUX MONDES

Diana Pinto

ENTRE
DEUX MONDES

ÉDITIONS ODILE JACOB
15, rue Soufflot, 75005 Paris

ISBN 2-7381-0132-1

A mes parents,
premiers auteurs de cet itinéraire.

Préface

Enfant de l'Europe et de l'Amérique, je suis une hybride de l'âme, de la culture, de l'histoire et de la démocratie. Loin de ces créatures cosmopolites qui flottent entre New York et Paris sur un nuage transatlantique, têtes de pont de tous les snobismes et de toutes les modes, loin de ces parents qui gavent d'anglais leurs tout-petits pour mieux les préparer au troisième millénaire, loin de cette jeunesse gâtée qui court après l'ultime diplôme américain, mon existence a longtemps été déchirée entre la démocratie à l'américaine et la culture à l'européenne. Aujourd'hui encore, au carrefour de la géographie des valeurs et des valeurs de la géographie, je vis aliénée, déracinée, entre ces deux mondes qui, pour les élites transhumantes et les vacanciers de cette fin de siècle, paraissent se rapprocher.

Italienne et juive, née de parents pétris de culture française, à l'identité déchirée par la guerre, j'ai habité les Etats-Unis depuis l'âge de sept ans. Et lorsqu'à dix-sept ans j'ai pris la nationalité américaine, ma soif profonde pour l'Europe ne s'est pas apaisée. Mon éducation italienne d'abord, puis française aux Etats-Unis, mes voyages sur le vieux continent, où se trouvait toute ma famille, me définissaient comme une « européenne ». J'étais en tout cas perçue comme telle. Ainsi suis-je demeurée fidèle à moi-même en choisissant, comme une revenante, de retourner après mes études dans « mon Europe ».

Existait-elle au-delà de mes rêves ? Reconnaissait-elle en moi son propre enfant ? Sans que je m'en rende compte, j'avais été marquée par la main puissante de la culture américaine. Grandissant dans l'esprit de la Nouvelle Frontière de Kennedy, élève de treize à dix-sept ans dans une école protestante du sud des Etats-Unis, au cœur des luttes raciales noires des années soixante à Atlanta, moulée dans une sensibilité libérale et pluraliste par Harvard, n'étais-je pas devenue, en dépit de moi-même, « américaine » ? Aux marges entre le vieux et le nouveau monde, incarnation silencieuse de différences insaisissables pour les autres, aux racines solides, fussent-elles rebelles ou cosmopolites, je me suis découverte hybride.

Tiraillée entre une sensibilité politique et sociale à l'américaine et des valeurs historiques et culturelles à l'européenne, j'ai vécu l'après-guerre comme une déchirure solitaire. Artiste, banquière, femme d'affaires, avocate internationale ou scientifique, j'aurais peut-être surmonté ce clivage, je serais devenue un pont entre les deux mondes. Historienne, j'ai choisi d'étudier cette Europe qui me faisait tant défaut, sans doute dans l'espoir que l'étude « objective » calme mon angoisse. Il n'en fut rien : mes travaux menés des deux côtés de l'Atlantique ne firent qu'accroître mon malaise. Au carrefour de l'éthique protestante et d'une latinité aux échos juifs, étudiant l'après-guerre, je retrouvais dans mon objet mon propre éclatement.

Ainsi ai-je vécu et étudié en direct cette histoire récente comme autant de chapitres d'un itinéraire familial. L'espoir de la reconstruction européenne, l'ambiguïté à la fois rassurante et effrayante d'une Amérique puissante et de sa *Pax Americana*, la double épreuve du communisme et de l'anticommunisme, l'attrait exercé par De Gaulle, alternative française au « partage du monde », le miracle économique italien, la lutte pour les droits civiques des noirs aux Etats-Unis, la tension du mouvement radical et de la guerre du Vietnam, l'âpreté de l'anti-américanisme européen, les vacillements de la gauche italienne, le terrorisme et la contestation furent autant de moments constitutifs de ma *Bildung* personnelle.

J'ai longtemps erré, comme une archéologue désemparée, parmi ces couches successives de vies, où les fragments d'un feu italien réchauffaient un intérieur américain, aux murs inachevés, meublé d'objets français. Le parfum d'un judaïsme insaisissable hantait ces lieux, offrant une ultime profondeur de champ à un décor européen aux contours flous, lézardés.

Si je me suis finalement décidée à écrire sur mon expérience, c'est tout simplement parce que je crois que mon regard personnel peut être plus éclairant que des analyses « détachées » d'historienne de la culture et des idées. Pourtant, ni autobiographie, ni mémoires, plutôt réflexion politique et culturelle à mi-chemin entre l'Europe et l'Amérique, ce livre n'est que faussement intime. Le « je », omniprésent, est un simple filtre pour saisir les deux moitiés d'une époque désormais révolue : il ponctue le récit pour mieux en scander l'itinéraire.

Les hasards de ma propre vie, ce vaste aller et retour transatlantique inscrit sous le signe de l'angoisse culturelle, ont fait de moi un témoin privilégié de cet après-guerre qui s'est enfin achevé dans l'apothéose d'une Europe sans Mur. Au moment où l'Europe renaît, à l'Est comme à l'Ouest, dans l'espoir comme dans le doute, pour devenir enfin adulte ou retomber dans son enfance fiévreuse, au moment où il est beaucoup question de son âme et de son identité mais aussi de sa promesse démocratique et de ses démons, mon témoignage de « revenante » pourra peut-être servir.

Solitaire et à contre-courant sur ces autoroutes du plaisir, des affaires et de la culture qui désormais relient l'Europe à l'Amérique, j'écris pour mes enfants français à qui j'ai donné un passeport américain mais l'italien pour langue maternelle. Pour mes amis de l'« autre Europe » aussi, finalement libres et arrivés au pouvoir, qui ont longtemps été les seuls à savoir, comme l'écrivait Milan Kundera, que l'on peut aimer l'Europe jusqu'à mourir pour elle. Mais surtout j'écris dans l'espoir que ce vieux continent bien-aimé puisse enfin panser ses vieilles plaies et devenir ce havre de démocratie et de culture inscrit dans ses meilleures heures.

L'ambiguïté des origines

Si je suis devenue une hybride, éclatée entre l'Europe et l'Amérique, entre la culture et la démocratie, je le dois sans doute à mes origines. Juive allemande, polonaise ou russe, née après la guerre, d'un père qui se serait réfugié aux Etats-Unis, l'ancrage américain l'aurait emporté sur les timides lueurs de la nostalgie européenne : je serais devenue une juive américaine comme tant d'autres, aux racines perdues dans le vieux monde. Mon appartenance à la communauté juive italienne, peu nombreuse et élitiste, habituée de longue date à une assimilation réussie, traumatisée mais non meurtrie par les lois raciales de Mussolini, a au contraire affermi ma perception idyllique de l'Europe, en dépit des horreurs du passé. Mes liens avec une civilisation aux mœurs douces ont rendu bien pâle le bonheur à la sauce américaine.

Le judaïsme italien, tel que je l'ai vécu, se caractérisait surtout par son exclusivisme et son haut degré d'assimilation. Les juifs d'Italie, dans un Etat guère plus vieux que leur propre émancipation, étaient bien mieux intégrés que ceux des autres pays européens. Ils vivaient dans la conscience de constituer une communauté « élue », loin des masses ashkenazes de l'Europe de l'Est ou sépharades de l'Afrique du Nord. Ils n'étaient que trente-cinq mille, mais leur rayonnement intellectuel leur conférait une assurance que symbolisait l'imposante synagogue romaine, dressée comme une provocation par une Italie unifiée en guerre avec le pouvoir temporel du pape, de l'autre côté du Tibre, en face de Saint-Pierre. La bourgeoisie participait de toutes les élites de la nation. Ce petit monde juif poussait même son « italianité » jusqu'à épouser les clivages régionaux et historiques d'une péninsule si longtemps éclatée et dressait dans ses propres rangs une échelle sociale et culturelle fidèle aux valeurs du Risorgimento : en haut les « gagnants », comme dans l'histoire de l'unité italienne, juifs piémontais et toscans, et tout en bas les « perdants », les juifs des Etats du pape ou les Vénitiens. Quant au Sud bourbon, sans juifs depuis l'Inquisition, il ne comptait même pas dans cette équation.

Ma famille, purement juive italienne par mes quatre grands-parents, s'accrochait donc avec orgueil à son pedigree italien, piémontais et toscan plus précisément. D'autant plus que les déplacements, à Naples pour ma famille paternelle, en Egypte pour ma famille maternelle, les avaient mis en contact avec les « autres » juifs, ceux qui ne faisaient pas partie de l'« élite ».

I

Le déracinement culturel que mes parents et moi-même avons connu en quittant l'Europe pour les Etats-Unis, ma grand-mère paternelle l'avait déjà vécu lorsqu'elle abandonna sa Florence bien-aimée pour Naples. Issue d'une famille juive établie à Florence, aux ancêtres venus de Livourne et du Portugal, elle avait mené une vie typiquement bourgeoise : études dans un collège pour jeunes filles juives qu'une tante dirigeait, leçons de langues et de musique, voyages culturels dans les grandes capitales européennes. Sa famille vivait loin des sursauts du commerce, dans le monde de la fonction publique et des bureaux d'une grande compagnie d'assurances, où mon arrière-grand-père a travaillé toute sa vie. Quand j'essaye d'imaginer cette vie calme et modestement aisée d'une famille qui passait ses vacances dans les collines autour de Florence, c'est un tableau des Macchiaioli qui surgit devant mes yeux. Les tons chaleureux d'une campagne à la verdure parfois trop sèche, aux pins et aux oliviers abondants, contrastent avec la tenue noire et le regard triste des photographies qui montrent ma grand-mère à l'âge mûr.

Peu après la naissance de son premier enfant, elle quitta Florence pour suivre son mari à Naples, où la famille s'établit. Cette grande ville de commerce international et surtout méditerranéen convenait plus aux activités commerciales de mon grand-père : les tisanes de queues de cerises. De lui, je ne sais quasiment rien, sauf qu'il avait passé sa jeunesse à Tunis, qu'il parlait le français couramment, que sa famille avait quelques attaches françaises, au point qu'une tante partait tous les ans en villégiature à Biarritz, et qu'il était un bon parti pour ma grand-mère. Ce mariage, comme tant d'autres, avait dû se conclure surtout entre familles, avec le consentement des intéressés, mais sans qu'ils en aient eu l'initiative. Ma grand-mère considérait de haut son mari, peut-être du fait de son peu de culture, mais surtout en raison de ses activités commerciales. Aussi vécut-elle comme une exilée dans une Naples baroque et sous-développée en comparaison des raffinements et des prétentions de Florence.

C'est là que mon père a grandi, entouré de trois sœurs aînées et d'un frère cadet. Souvent il m'a parlé de la maison où il a passé sa jeunesse, sur les pentes du Vomero. Dans le grand jardin qui dominait la baie de Naples se trouvaient un bassin à poissons et surtout des citronniers qu'il escaladait avec son frère pour cueillir de gros fruits qu'il mangeait avec délices. Ce jardin lui donna ses plus grands moments de joie.

Pourtant, cette Naples, que les romantiques et les baroques adorent, devait être, pour les familles de moyenne ou de petite bourgeoisie qui vivaient là, riche de confusion et de désordre social. Sans doute fallait-il appartenir à la noblesse incrustée et décadente ou au peuple, unis par un même accent, pour pouvoir s'accommoder des rites et des valeurs de cette ville millénaire. Les liens que les juifs, dans un océan de catholiques à la mode bourbonne, entretenaient avec les « autres » demeurent flous. Naples était trop vieille pour s'émouvoir d'une monarchie nationale qui avait à peine cinquante ans et que le petit monde juif italien, lui, révérait. Après tout, les juifs étaient sortis de leurs ghettos au même moment que les monarques piémontais de leur Savoie. Aussi le sentiment nationaliste était-il très profond chez mes arrière-grands-parents. Ils avaient poussé leur fils à se porter volontaire au début de la Première Guerre mondiale.

La jeune bourgeoise florentine qu'était ma grand-mère vécut donc à Naples comme une déracinée, sans amis et sans sorties, contemplant sans doute cet univers exotique avec un mélange de condescendance et de peur. Des photographies montrent d'ailleurs une famille à l'air un peu supérieur, presque hautain. Ce détachement se transmit surtout à sa fille aînée et à mon père, qui tous deux, à Naples, se sont sentis des étrangers, même si c'est avec nostalgie, du corps plus que de l'âme, que mon père plus tard devait évoquer ce monde de soleil et d'eau. La sœur aînée de mon père, d'ailleurs, a ressenti ses trente ans de vie napolitaine comme une parenthèse : elle s'est toujours définie comme une Florentine. Mon père ajouta à ce qui était pour lui un déracinement régional l'exil, le départ pour l'étranger. Son meilleur ami était le fils du pasteur protestant de Naples : il partit, sans doute en quête d'une austérité morale aux antipodes des valeurs napolitaines. Quant aux autres frères, ils devinrent pleinement napolitains par le ton, les rites et la manière de vivre, produisant à leur tour des enfants et maintenant des petits-enfants parfaitement assimilés.

Mes ancêtres paternels avaient un besoin vital de se distinguer des juifs levantins, très nombreux dans une ville portuaire comme Naples, aux passeports douteux et à la culture marginale, « inférieurs » par leur accent et leur ignorance de la culture classique. Au contraire, le pedigree de la famille se définissait par référence au Portugal, encore présent dans le nom de famille Pinto, et à l'enracinement culturel et linguistique dans la Toscane toute proche. Ces deux pôles s'incarnaient dans deux personnages chers à ma tante « florentine » : un chevalier de Malte du XVIIe siècle, aux origines portugaises, mais converti, que ma tante, par ailleurs très sioniste, avait « réintégré » dans la famille ; Oreste Pinto, qui, à dix-huit ans, vers 1840, fervent patriote italien et proche des *carbonari,* avait dû fuir l'Italie et s'établir en Tunisie, parce qu'il avait été mêlé à l'assassinat d'un officier autrichien. C'était lui le responsable des origines faussement « tunisiennes » de mon grand-père, qui ne devait donc à aucun prix être pris pour un de ces juifs tunisiens, au pedigree incertain, héritiers obscurs de ceux qui avaient fui dans des temps trop lointains la Palestine d'après la chute du Temple. Pour ma famille paternelle, le séjour de mon grand-père à Tunis n'avait été qu'un bref incident de parcours. L'essentiel était italien.

Dès mon plus jeune âge, je pouvais ainsi rêver des racines qui faisaient de mes aïeux de bienséants membres du grand âge d'or ibérique. Christophe Colomb, sans aucun doute juif et de surcroît italien à mes yeux, compensait mes ancêtres certes distingués, mais aux traces invisibles. J'ajoutais d'autres illustres juifs « portugais », bien concrets cette fois-ci, tels Spinoza ou la grande famille américaine du juge Cardozo, de la Cour suprême. J'ignorais à l'époque que les plus riches membres de cette diaspora du début du XVIᵉ siècle avaient quitté l'Espagne et le Portugal pour Amsterdam ou Bordeaux, et que c'étaient les moins bien lotis, comme mes aïeux, qui s'étaient contentés d'un voyage vers les côtes italiennes, plus proches.

Dans mon univers familial, ce choix de venir en Italie paraissait pourtant le plus noble. Troquant le *ladino* pour l'italien, mes ancêtres s'étaient « améliorés », puisqu'ils avaient adopté une langue et une culture qui leur avaient ouvert les portes du monde classique. Ma famille devait ainsi m'inculquer une sensation d'incroyable et ô combien fausse supériorité à l'égard des autres juifs : les Ashkenazes aux langages mélangés et « barbares », dont l'incarnation la moins distinguée était bien sûr le yiddish et ses sons gutturaux aux antipodes de la langue de Dante, et les Sépharades, au verbe babélique où perçaient un français et un italien à l'intonation mielleuse et chantante, mais entièrement dépourvus d'assise historique et culturelle, donc « impurs ».

Ma famille n'allait à la synagogue que pour les grandes fêtes, mais, puriste à outrance, elle s'enorgueillissait que le rite religieux juif italien se distinguât des versions ashkenazes et sépharades. Pour elle, le monde juif levantin, qu'Albert Cohen allait rendre célèbre, était sans charme, sans doute parce qu'il devait menacer une identité italienne toujours imparfaite. Celui d'un Isaac Bashevis Singer, qui demeurait inconnu et incompréhensible, semblait usurper aux yeux des *goyim* une identité dans laquelle aucun juif italien ne pouvait se reconnaître. Je grandis moi-même avec ce double regard de juive et d'Italienne, comme une sorte de Castorp ne pouvant s'accommoder, sur sa montagne magique, de l'idée que d'autres ne soient pas atteints de la même maladie d'identité raréfiée.

Si mes ancêtres étaient fiers d'avoir abandonné le *ladino* et allergiques au yiddish, c'était aussi parce qu'ils n'avaient aucun lien profond avec l'hébreu que ces deux langues incorporaient. Les fêtes étaient respectées, mais le judaïsme de ma famille n'était ni strict ni orthodoxe. Ils ne connaissaient pas le traumatisme d'une *kashrut* interrompue. Même mes arrière-grands-parents n'étaient pas kascher et, si nous continuions à éviter d'acheter de la viande de porc crue, par une finesse toute jésuitique, le jambon et le salami étaient admis. Pourtant, il n'était pas question de conversion ou de mariage mixte. Des cousins de ma génération furent les premiers, en plus de cent cinquante ans de liberté italienne, à commettre ce « péché ». Le patriotisme italien et le laïcisme éclairé devaient se pratiquer seulement entre coreligionnaires. Ainsi dans ma famille, le judaïsme, en dépit de l'absence d'un comportement religieux, demeurait essentiel, mais plus comme un détail vital qui donnait le ton au tableau que comme une flamme intérieure. Peut-être servait-il de rempart contre les risques de symbiose petite-bourgeoise. Le fait que depuis tant de générations ma famille ait eu le courage de résister aux pressions d'un christianisme intolérant, qu'elle ne se soit pas laissé tenter par la voie facile de l'assimilation était sans doute considéré comme une preuve de « noblesse ». Ce fut en tout cas plus déterminant pour mon identité juive qu'une adhésion de foi à une religion mal connue.

L'univers familial de ma mère ressemblait énormément à celui de mon père. On y retrouvait la même identité juive italienne, le même besoin de se distancier des Sépharades et le même patriotisme. La seule différence était de degré. Mon père avait vécu en Italie. Ma mère, par contre, en Egypte. Elle avait ressenti cette identité juive comme un lointain idéal, dans l'espoir de pouvoir la vivre pleinement un jour, en Italie même. Un parfum vaguement colonial magnifiait les gloires de l'Italie, la transformant en une Terre promise bien plus chérie que Jérusalem. Loin de la péninsule, les différences régionales du judaïsme italien pesaient moins.

Dans la tradition qui m'a été transmise par ma mère, sa famille maternelle était présentée comme plus cultivée et plus « réussie » que celle de son père. D'origine juive piémontaise, les Loria, nom de ma grand-mère maternelle, paraissaient avoir des attaches fortes dans la culture italienne. Un oncle de ma mère était architecte, sans doute autodidacte, et construisait les villas des nantis coloniaux du Caire. Un arrière-grand-père avait été avocat au barreau du Caire, après des études en Italie. La famille entière se proclamait apparentée — mais avec quelle proximité ? — avec le philosophe néo-positiviste italien, d'origine juive piémontaise, Achille Loria.

Du côté du père de ma mère, les origines étaient moins claires. Aucun pedigree portugais. Le nom même de la famille,

Orvieto, avait sans doute été pris dans les Etats papaux, au Moyen Age, par des ancêtres qui vivaient dans cette ville. Il laissait présupposer des origines italiennes très anciennes, liées peut-être au ghetto romain d'avant la destruction du Temple. Pour des raisons obscures, cette généalogie semblait moins prestigieuse que la « noblesse » conférée par l'appartenance aux familles juives du Piémont ou de la Toscane, aux origines espagnoles et portugaises. De surcroît, à ma connaissance, aucun ancêtre réel ou adopté ne brillait dans la famille de mon grand-père, employé de bureau qui se reconvertit sur le tard et sans succès dans le commerce.

Ces différences entre lignées devaient être estompées par le lien italien, primordial dans une atmosphère coloniale. Il départageait les « vrais » juifs italiens des « faux », Sépharades qui avaient vécu là depuis longtemps, qui avaient sollicité des passeports généreusement distribués par une Italie aux visées coloniales mais continuaient à parler entre eux le français, quand les « vrais », nourris de Pétrarque et de Dante, d'Alessandro Manzoni et de Giacomo Leopardi, lisaient et relisaient pour leur plaisir les grands auteurs latins dans le texte, comme pour mieux s'accrocher aux splendeurs du grand empire dont ils avaient été les contemporains.

Cette identité si restrictive, aux pedigrees tranchés, raréfiés et parfois stériles, si parfaitement rendue, dans les fastes de la richesse, par le roman de Giorgio Bassani *Le Jardin des Finzi-Contini* et par son adaptation au cinéma, a moulé les couches les plus profondes de mon essence. C'est elle sans doute qui, plus tard, a contrarié une véritable intégration en Amérique, puissance sans nuances, aux antipodes culturels. A la fois diaphane et résistante, marginale et centrale, imprégnée d'humanisme et d'esprit critique, si bien incarnée dans les écrits sur les camps de la mort de Primo Levi ou à travers le regard presque ethnologique de Carlo Levi dans son *Christ s'est arrêté à Eboli*, c'est elle qui m'empêcherait de rejoindre le judaïsme américanisé ou le sionisme anti-européen.

Plus profondément encore, dans sa richesse comme dans son ambiguïté, le judaïsme italien devait me servir d'ancre dans la quête d'une Europe multiple, mêlant l'Antiquité, la Renaissance et les Lumières, le patriotisme et l'humanisme, la laïcité et le raffinement, l'histoire et la culture. Amulette de ma différence, il m'a fait traverser ma vie en spectatrice privilégiée.

II

Par-delà les filiations réelles et imaginaires qui ont bercé mon passé, mon existence n'a véritablement été scellée qu'en 1938, onze ans avant ma naissance, le jour où le régime fasciste de Mussolini décréta les lois raciales qui mirent au ban les juifs les plus assimilés d'Europe. Sans cette déchirure, plus conceptuelle que physique, mon père et ma mère, qui ne se connaissaient pas à l'époque, auraient poursuivi sans entraves des vies calmes et banales dans une Italie petite-bourgeoise au décorum rigide et au sérieux irréprochable. Mon père aurait grimpé lentement les échelons d'une compagnie d'assurances, comme son grand-père florentin, et ma mère aurait entamé une carrière de professeur, suite logique d'un diplôme universitaire.

Pour mes parents, comme pour tous les juifs italiens, fiers de leur nationalisme et de leur progressisme, croyants fervents dans le Risorgimento, le choc fut d'autant plus brutal qu'il était inattendu. Le fascisme avait seize ans lorsqu'il se piqua de velléités aryennes. Nés en 1914, mes parents avaient fait toute leur scolarité sous ses enseignes, scouts d'un régime de masse, pétris de culture italienne, ignorant les bienfaits d'une démocratie encore élitiste. L'album de famille de mon père, aux photos bien rangées, montre cinq jeunes gens en compagnie d'amis se promenant dans les parcs et prenant le soleil sur les plages de leur Naples natale. La date, écrite à l'encre blanche pour mieux ressortir sur les pages noires, dans la calligraphie impeccable d'une sœur, est symbolique : *Anno XII*. 1934, même chez les juifs de Naples, se comptait spontanément, en dehors de toute contrainte administrative, à partir de la nouvelle ère inaugurée en 1922 par la Marche sur Rome de Mussolini.

En Egypte, où le régime fasciste voulait se renforcer et rivaliser avec la France et l'Angleterre, ma mère profita des meilleurs professeurs. Historiens, archéologues, tous formés à l'école de l'idéalisme de Benedetto Croce, et non à celle inexistante du fascisme, propageaient avec passion une culture classique millénaire, désormais tournée vers le futur. Au nom d'un nationalisme imprégné de culture, en opposition avec les ambiguïtés commerciales et coloniales des Européens d'Egypte. C'est ainsi que munie de son baccalauréat, et grâce à sa connaissance de l'arabe, ma mère obtint une bourse du gouvernement italien afin de poursuivre des études d'orientaliste à l'Université de Rome : la petite-bourgeoise juive du Caire, fière de son italianité, était censée devenir une des expertes moyen-orientales d'un régime en voie d'expansion internationale, prêt à utiliser toutes les forces de la nation.

Hormis les quelques résistants éclairés issus de la grande bourgeoisie ou de la classe ouvrière, les Italiens, et parmi eux les juifs, avaient accepté le fascisme. Le plus souvent avec résignation. Mais il y eut aussi des juifs enthousiastes, qui endossèrent la chemise noire ou qui se portèrent volontaires pour les exploits militaires du Duce en Abyssinie et en Espagne. La cohabitation des juifs avec le fascisme, situation impossible dans l'Allemagne d'Hitler, empêche de concevoir ces années de façon manichéenne, mais elle rendit surtout les lois raciales d'autant plus traumatisantes.

1938 devait sinon briser, du moins lézarder cette communauté juive italienne qui, depuis le Risorgimento, n'avait connu que l'assimilation et l'intégration réussies. Du jour au lendemain, après les lois raciales, les juifs de la fonction publique et des grandes entreprises se trouvèrent sans emploi. Ce fut le cas de mon père et de ses sœurs institutrices. Ils ne furent sauvés de la pénurie que par des membres de la famille, encore dans le commerce, qui pouvaient poursuivre leurs activités à condition de les réduire.

Les études supérieures interdites aux juifs, comme toute entrée au service de l'Etat, ma mère se trouva dans l'impossibilité de poursuivre une carrière à laquelle l'Etat italien lui-même l'avait destinée. Elle obtint toutefois son diplôme, de justesse, grâce à la complicité de certains professeurs qui la firent passer devant un jury de thèse rassemblé à la hâte, avant que les lois raciales ne prennent pleinement effet. De cet épisode, elle garda une amertume à l'égard des instances universitaires et des professeurs qu'elle me transmit. La plupart, même son propre directeur de thèse, s'inclinant par opportunisme et lâcheté devant une loi barbare, ne lui adressèrent plus la parole.

Mon père, grâce à l'appui d'un juif américain en affaires avec un membre de sa famille, émigra aux Etats-Unis en 1940. Sa famille l'envoyait ainsi en éclaireur préparer une émigration globale qui n'eut jamais lieu. Parce que l'Amérique entra en guerre peu après, mais surtout parce qu'ils purent tous se mettre à l'abri. Ma mère, elle, retourna en Egypte, où elle assura pendant la guerre des cours privés. Les Alliés aux portes, privée de tous ses droits, elle continua à enseigner la culture classique, les lettres et l'histoire italienne avec une passion de résistante.

Les lois de 1938, mal appliquées dans le détail, peu suivies par la population, touchèrent ceux qui exerçaient des fonctions officielles, mais elles ne tuèrent personne. Comparé à ce qui s'est passé en Allemagne, l'exclusion des juifs italiens paraît bien modeste, du moins jusqu'à ce qu'en 1943 les Allemands prennent les choses en main. Protégés jusque dans les campagnes les plus profondes, les juifs italiens se sentirent confortés dans la certitude patriotique d'avoir été lésés par les folies d'un régime plutôt que par l'Italie et son peuple. Après la guerre, alors même que les juifs d'Europe de l'Est et d'Allemagne ne pouvaient plus s'imaginer retourner dans leur ancien chez eux, les Allemands et les Polonais incarnant à leurs yeux les horreurs de l'Holocauste, les juifs italiens dans leur ensemble échappèrent à ce dilemme. La plupart n'avaient jamais quitté l'Italie de leurs ancêtres.

Cette différence se fit sentir surtout aux Etats-Unis. Déracinés, les survivants juifs d'Allemagne ou d'Europe centrale, et surtout leurs enfants, s'enfoncèrent dans l'humus fertile de la société américaine. Ils trouvèrent une nouvelle énergie qui revigora la communauté juive américaine tout entière. Au contraire, les juifs italiens qui avaient émigré n'eurent pas droit à cette cure de jouvence. Leurs racines s'affaiblirent en s'allongeant : ils perdirent leur ancienne force. Le résultat fut la fuite vers l'assimilation ou vers le sionisme. Ils ne firent jamais de bons Américains : la nostalgie pour l'Italie les empêcha toujours de renier la vieille Europe.

La clémence relative des lois raciales de 1938 et surtout l'incapacité du régime à convertir les Italiens à l'antisémitisme marquèrent mon existence au sceau de l'ambiguïté. De cette époque, mon père retint les côtés vicieux, la culpabilité d'un Etat et de sa bureaucratie qui avaient osé isoler de la nation des citoyens à part entière. Au nom de valeurs démocratiques et d'une justice sociale qu'il sentait vibrer infiniment plus aux Etats-Unis, il porta sur l'Italie le même regard critique qu'il avait eu jadis pour Naples. Ma mère, par contre, choisit de privilégier la réaction de la société envers ses juifs. Elle mit l'accent sur l'humanisme qui, d'après elle, faisait la force de la culture italienne. Ma nature hybride s'en trouva scellée. Pendant tout l'après-guerre, je ne ferais qu'osciller entre la démocratie et la culture. Je serais tiraillée entre les principes à l'américaine de mon père, qui me rendaient allergique à l'Etat italien, et la douceur des références maternelles, qui me rendaient profondément heureuse dans cette autre Italie, celle de la tolérance et de la simplicité, celle où il n'était pas question de juifs « survivants » aux vies brisées, mais plutôt de citoyens actifs.

III

Le séjour américain de mon père, cette expérience capitale qui devait par la suite façonner ma vie, demeure l'aspect le plus mystérieux de mes origines. Parti en avril 1940, au moment même où Hitler envahissait la Norvège, il arriva dans une New York qui commençait tout juste à sortir de la Grande Dépression. Il plongea dans une culture ashkenaze radicalement différente de la sienne. Inspiré par le grand rêve américain, ce monde jetait un regard rempli de haine sur une vieille Europe confondue avec la Russie ou la Pologne, à mille lieues en tout cas de l'Italie que mon père venait de quitter. Il dut d'autant moins se sentir à l'aise que le monde des affaires ne l'attirait pas.

Sa vie civile ne dura pas longtemps. Avec l'entrée en guerre de l'Amérique, il fut appelé sous les drapeaux, où il passa cinq ans. Encore italien, il fut incorporé dans des régiments qui ne quittaient pas le sol américain : c'est ainsi qu'il découvrit le Sud et les alentours de Washington. Cette expérience de l'Amérique profonde lui révéla le racisme anti-noir dans toute son horreur. Mais aussi le poids du racisme anti-juif et anti-italien chez des Américains blancs et protestants qui, souvent sans culture, se sentaient supérieurs aux nouveaux immigrants.

En dépit de sa solitude, de son dépaysement dans une société encore profondément isolationniste, mon père se convertit pleinement aux valeurs démocratiques de cette Amérique qui l'avait accueilli. Il devint un partisan acharné de Roosevelt. Pour la première fois de sa vie, il entendait des chefs politiques défendre la justice sociale et la liberté que le fascisme avait bafouées. Homme de principes, peu ému par des considérations matérialistes, il trouva ainsi son idéal politique dans le New Deal, qui était sans doute, pour lui, le parfait antidote aux approximations brumeuses et à l'injustice immémoriale qu'il avait connues à Naples.

L'homme qui, à peine démobilisé, retourna en Europe, sans pouvoir revoir sa mère, morte pendant la guerre d'une épidémie de typhus, n'était évidemment plus le même. Ce n'était pas un « réfugié » qui revenait au pays, mais un « Américain » expatrié, chargé de créer l'antenne européenne de la compagnie aérienne TWA. Le hasard l'envoya, en 1947, en Egypte pour ouvrir l'agence du Caire et ce fut là qu'il rencontra ma mère.

Perçu par ses employés comme un « pur Américain » à qui l'on devait le respect que méritaient les nouveaux maîtres du monde, il vécut les premiers mois de son séjour au Caire dans le ghetto doré des Américains et des Britanniques. Le monde juif italien, il ne le redécouvrit qu'au détour d'une conversation, lorsqu'une de ses employées lui apprit que sa sœur se mariait à un juif italien. Il l'étonna en lui annonçant que lui aussi l'était. La façade *yankee* s'écroula. Il fallut peu de temps pour que mon père devienne l'invité permanent de toutes les tables juives italiennes du Caire et la rencontre entre mes deux parents ne tarda pas. Ils se marièrent peu après, sans se rendre compte que, malgré leurs origines communes, ils étaient séparés par l'héritage de 1938 : mon père était « américain », ma mère rêvait de retourner en Italie.

Quelques mois plus tard, ils quittèrent l'Egypte. La situation politique au Moyen-Orient se dégradait avec la montée du nationalisme nassérien et surtout la création de l'Etat d'Israël. Parce qu'il était juif, sa sécurité exigeait qu'il parte. Le *Yankee*, qui aux yeux des Américains avait eu la mauvaise idée d'épouser une *native*, fut donc envoyé à Paris. Le périple familial ne faisait que commencer.

Quittant l'Egypte et l'enseignement, à une époque où les femmes n'étaient pas censées travailler, ma mère devint ainsi, aux yeux des collègues américains de mon père, la femme « exotique » d'un expatrié. Tandis que les hommes étendaient sur tout le continent la *Pax Americana*, leurs femmes se prélassaient dans les oasis de luxe d'une Europe exténuée. Ma mère se retrouva ainsi à siroter des cocktails dans les palaces de Genève ou de Paris, en compagnie de jeunes Américaines ignorantes, qui comptaient sur elle pour comprendre le vieux monde, cette contrée presque « sauvage » pour elles.

En porte à faux avec elle-même, ce fut donc en Américaine

gâtée que ma mère connut l'Europe de l'immédiat après-guerre et surtout le Paris de 1948. A l'époque du rationnement, elle faisait ses courses dans les magasins spéciaux de la mission américaine, qui lui livraient en abondance conserves, viandes, fromages et légumes. En attendant de trouver un logement digne des exigences américaines, elle habitait l'hôtel George-V, près des Champs-Elysées, dans un Paris qui n'avait pas encore repris son véritable visage.

Paradoxalement, ce fut là qu'elle apprit à connaître l'Amérique provinciale du Middle West. Les cadres de TWA qui entouraient mes parents n'étaient pas issus des élites américaines anglo-saxonnes et protestantes de la Côte Est, passées par Harvard ou Yale et familières de l'Europe d'avant-guerre. De souche scandinave ou allemande, originaires pour la plupart de Kansas City, siège social de TWA, les collègues de mon père avaient échoué en Europe avec le raz de marée produit par la Deuxième Guerre mondiale. L'Europe qu'ils connaissaient un peu, c'était celle du Nord décrite par leurs grands-pères comme une terre de misère. Le Sud, pour eux, commençait à Paris : ils le regardaient avec suspicion comme un lieu malsain et décadent, où vivait une race de « sous-hommes » petits, à la peau foncée, de surcroît catholiques. Le vieux monde ne signifiait rien d'autre pour eux qu'un continent en déclin, aux injustices historiques, au style de vie bien inférieur à celui d'une Amérique agricole aux moissons débordantes et au bétail opulent.

Ma mère, trop éprise de la vieille Europe pour rêver du « nouveau monde », réagissait avec antipathie à l'égard des collègues de mon père. Ils critiquaient tout, dans la meilleure tradition du *ugly American* : la nourriture, jugée bizarre par ces *meat and potatoes men* qui ne juraient que par leurs *T-bone steaks*, l'eau, qu'ils craignaient comme la peste, les coutumes qui leur demeuraient incompréhensibles. Ma mère, le seul intrus dans ce ghetto, essayait bien de leur faire comprendre ce que l'Europe avait de bon. Mais à une époque où la France, aux musées et aux galeries fermés, sans boutiques alléchantes, sans pâtisseries ni salons de thé, exhibait une façade encore triste et austère, la tâche était presque impossible. Ma mère devait sans doute sentir qu'à leurs yeux, elle n'était qu'un gentil vestige d'un monde inférieur.

L'abîme entre leurs mondes se manifesta pleinement les mois qui précédèrent ma naissance. Les collègues de mon père voulaient à tout prix que le bébé naisse *back home*, dans la sécurité physique et métaphysique des vastes plaines du Kansas. Si le précieux héritier était un garçon, il était impératif qu'il ne soit pas mêlé, du fait de sa naissance en terre étrangère, à de sombres histoires de service militaire étranger... pour ne pas dire ennemi. De surcroît, il était impensable pour des Américains, juste après la guerre, de vouloir faire naître leurs enfants dans des lieux qu'ils jugeaient médicalement à peine plus sûrs que la brousse africaine. Mais surtout, naître sur le sol américain semblait le plus beau cadeau que l'on pouvait faire à un enfant.

Le refus catégorique qu'opposa ma mère au fait d'accoucher seule sur une terre inconnue dut la rendre impopulaire auprès de ces Américains qui pensaient sincèrement agir pour son bien en la rapatriant le plus vite possible vers l'*American Way of Life*. Je naquis ainsi en 1949, à l'Hôpital américain de Neuilly, seule alternative imaginable dans le petit monde de TWA.

Ma nationalité américaine, si farouchement anticipée par l'entourage de mon père, s'avéra prématurée : je n'étais pas née sur le sol américain et mon père ne disposait pas des dix années canoniques pour me transmettre automatiquement une nationalité qu'il avait acquise depuis 1943 seulement. La France m'aurait peut-être acceptée, mais à condition que mes parents s'engagent à m'élever dans ce pays. Sur le point de partir pour une affectation en Israël, tendus entre l'Italie et l'Amérique, mes parents ne signèrent pas. Je ne devins donc pas française. Ironie suprême pour qui, par la suite, fit une bonne partie de sa scolarité au Lycée français de Washington, épousa un Français et eut deux enfants français. La tradition du *jus soli* français n'allait donc pas de soi.

Je fus par conséquent italienne, faute de mieux, par ma mère. Encore fallut-il se battre. La toute jeune République italienne avait gardé le droit familial fasciste qui donnait la primauté totale au père. Elle ne voulait donc pas de moi, d'autant qu'elle avait radié ma mère de ses listes puisqu'elle avait épousé un étranger et puisque toute femme — être inférieur et sans autonomie de décision — prenait automatiquement la nationalité de son mari. Il fallut fouiller dans d'obscurs codicilles pour convaincre les autorités de nous intégrer. Mon existence juridique commença ainsi par une bataille bureaucratique et je garde encore aujourd'hui la plus grande horreur pour toute institution et pour ses décrets.

Les deux mois que je vécus à Paris, tout près du parc Monceau, prirent l'allure d'un mythe fondateur me conférant l'évidence d'un pedigree qui m'était en réalité interdit par l'absence d'attaches familiales, de propriété et surtout de contacts dans une société fermée. Même en la connaissant mal, pour ne pas dire pas du tout, la France resta en moi une présence quotidienne dans ma vie américaine. Mais elle était ambiguë et dépassionnée. Dans la tension constante qui me déchira ensuite entre l'Amérique et l'Italie, la France n'était que la sœur de mon aimée, l'Italie, celle vers laquelle on se tourne amicalement mais avec détachement, devant laquelle on ne fait que passer souvent mais de manière distraite. Comme dans les romans du XIXe siècle, cette sœur de l'aimée, une fois la passion terminée, devint mon épouse, un substitut convenable, une oasis.

IV

Transportée dans un des tout premiers sacs à bébé, lit douillet à fermeture éclair doté de deux anses, comme n'importe quel sac de voyage, je fis irruption dans les aéroports en provoquant la consternation générale des porteurs. Découvrant que je n'étais pas une poupée, mais un vrai petit bébé, ils clamaient leur horreur devant ce « colis humain », tandis que je continuais à dormir dans le plus grand calme. Ce sac de luxe faisait de moi le symbole d'une modernité aérienne, rêvée et insaisissable pour des Européens de l'après-guerre qui possédaient à peine une moto.

Je devais en effet être posée comme un sac en Israël, dans plusieurs villes italiennes et en Suisse, au gré des déplacements professionnels de mon père et des séjours en famille de ma mère. A mon insu, se livrait ainsi comme un combat entre mes parents. Ma mère cherchait à tout prix à nous installer en Italie pour commencer une vie « normale », dans une atmosphère chaleureuse, loin des *Yankees*. Mon père devait sans doute éprouver une répugnance et une terreur latente à l'idée de replonger dans un monde italien au mieux flou et au pire chaotique. Ce retour paraissait d'ailleurs invraisemblable aux yeux d'un peuple italien pour qui le rêve américain était une certitude. N'était-ce pas la preuve d'un échec ? Dans un monde encore très statique, le billet Italie-Amérique ne pouvait être qu'un aller simple.

Je n'ai pas de souvenirs très clairs de ma toute petite enfance. Les impressions floues, à mi-chemin entre le rêve et le souvenir, attachées à des lieux et à des objets devenus primordiaux, me font défaut. Nos déplacements interminables, le changement constant de murs, d'odeurs, de pays étaient sans doute peu propices au jeu de la mémoire enfantine. Mes souvenirs commencent vers l'âge de cinq ans, au moment de notre installation à Rome. Pour reconstruire les moments capitaux d'une expérience antérieure, dont l'étape la plus significative fut notre séjour américain, je dois me fier aux impressions de ma mère.

En 1951, après quatre ans de bons et loyaux services à l'étranger, mon père, l'expatrié américain, fut rappelé aux Etats-Unis par TWA et nommé à Kansas City. Ce fut donc avec beaucoup d'émotion que ses collègues nous virent partir pour l'Amérique : ils savaient que ce voyage constituait pour ma mère son premier contact avec sa nouvelle patrie. Parachutée au cœur d'un pays sans passer par une ville « sas » comme New York, elle dut d'emblée se plier au conformisme d'une *middle-class* provinciale ignorant tout de l'étranger, pétrie d'un patriotisme aveugle. Seule avec moi, sans travail, loin de toute sa famille, enfermée dans sa « maison de rêve », entourée de gens le plus souvent indifférents à ce qui comptait le plus pour elle, elle dut souffrir terriblement de ce dépaysement.

Tout paraissait l'agresser dans le plus profond de son être, à commencer par les saisons. Elle me raconta par la suite ses premières tempêtes de neige. Ses voisins, voyant qu'elle ne se précipitait pas pour balayer la neige, mais restait plutôt à la contempler, lui expliquèrent que si elle ne se mettait pas à la tâche, son mari ne pourrait ranger la voiture lorsqu'il rentrerait le soir. Je passais ainsi le clair de mon temps, pendant ces longs hivers des grandes plaines américaines, à la regarder besogner pour tenir propre le *driveway* sacré, voie royale des retours de mon père. Les étés étaient pires encore. La chaleur suffocante servait de havre idéal pour le fléau de l'époque, le bacille de la poliomyélite. Terrorisées par ses ravages, les mères gardaient leurs enfants à l'intérieur, bien à l'abri de la contamination. Toute vie vaguement sociale s'arrêtait : les jardins étaient vides, les piscines communales abandonnées. Chacun se confinait dans un espace recroquevillé. Et pourtant les cas se multipliaient. Chaque poussée de fièvre faisait craindre le pire, tout le monde connaissait au moins un enfant placé dans un poumon d'acier dans l'espoir d'arrêter les symptômes destructeurs de la maladie. La polio paraissait détruire le rêve américain lui-même.

L'ambiance, d'après ma mère, n'était guère plus joyeuse. Perçue comme une immigrée venue d'un pays à peine civilisé, ma mère se sentait offensée dans son amour-propre par des Américains qui lui posaient les questions les plus invraisemblables. Elle ne savait trop comment réagir à l'intérêt, sans doute altruiste, de ceux qui lui demandaient si elle mangeait à sa faim ou si, parce que italienne, elle était dans le *pizza business*. Elle dut frémir de rage lorsqu'un membre de l'Université du Kansas, où elle voulait s'inscrire pour suivre des cours supplémentaires tout en enseignant, lui fit comprendre que son diplôme ne valait guère mieux que celui d'une *high school* américaine. Le point d'orgue fut sans doute l'ambiance politique et culturelle du maccarthysme. Tout étranger était soupçonné, surtout s'il affichait des idées libérales et s'il venait, comme c'était le cas, d'un pays au parti communiste fort.

Pour s'intégrer, il fallait s'incliner et vouer un culte pieux à l'*American Way of Life*. Les collègues de mon père s'attendaient à ce que ma mère accueille chaque étape de sa nouvelle vie avec joie et émotion, remerciant le sort de lui avoir permis de toucher la terre promise des automobiles, des *steaks* et de la télévision. Ils ne comprenaient pas qu'elle puisse être nostalgique d'un vieux monde, d'une vie intellectuelle dont les échos ne parvenaient pas à leurs oreilles, et surtout qu'elle persiste à penser qu'on pouvait vivre aussi bien, voire mieux, ailleurs, au-delà du paradis américain. La fierté que ma mère éprouvait à être « autre », et d'abord juive italienne, l'empêchait de se fondre dans la surface lisse et polie d'une Amérique aux plaines sans ombre.

A l'époque de la chasse aux sorcières, des préoccupations mondiales teintées d'angoisse, si loin des valeurs déclarées du New Deal, l'attachement démocratique de mon père devait peser peu dans la balance d'une vie quotidienne sous le signe de l'incompréhension. La tension au foyer était grande. Ma mère somma mon père de choisir entre sa famille ou sa vie au Kansas. Ce fut le retour en Italie.

V

Mon père dut quitter TWA. A la surprise générale des Américains, qui ne pouvaient pas comprendre que l'on puisse sciemment faire un pas « en arrière ». Il trouva du travail à Rome, chez Air France. J'avais quatre ans : les mots d'anglais que j'avais appris se dissipèrent comme la barbe à papa que je mangeais dans les parcs de Kansas City. Mes souvenirs commencèrent à se cristalliser. Mes premiers amis furent les enfants des meilleures amies de ma mère. Je fis ma première rentrée des classes dans la maternelle de l'école juive de Rome, où ma mère enseignait. Les morceaux éclatés d'une petite enfance se remettaient en place. Il y avait les sorties à la Villa Borghese, les vacances à la mer près d'Anzio, les voyages vers Naples et Milan, où je retrouvais mes cousins, les jeux entre copains à la maison, les marchands de pâtes fraîches ou de tabac qui me vendaient leurs bonbons quand je sortais avec notre bonne sarde.

De cette époque datent également mes premiers souvenirs de la mort, mais surtout mes premières impressions du christianisme. Je revois encore la dépouille d'un voisin sur le lit, le visage très pâle et les bras croisés. Des femmes habillées de noir pleurent, agenouillées devant un petit autel où trônent un énorme crucifix et deux chandeliers. Est-ce l'homme mort couché qui me troubla, ou bien le Christ debout sur son crucifix ? Je sentais que, juifs, nous étions à part tout en étant comme les autres. Je trouvais tout à fait naturel de commencer mes cahiers à gauche pour l'écriture italienne et à droite pour l'écriture hébraïque, comme si cette double attaque devait permettre d'atteindre plus sûrement la vérité.

Surtout, j'existais sans me poser de questions, sans doute pour la seule fois de ma vie. Je possédais tout ce qu'un enfant pouvait souhaiter : parents, amis, famille, jouets. Derrière ma petite batterie de cuisine, entourée de poupées et de livres, d'albums aux images des différentes races humaines, je dominais un monde qui me paraissait calme, serein, durable. Je ne pouvais pas imaginer qu'il en irait autrement, que cette Italie qui semblait si douce continuerait à peser de manière sournoise sur les sentiments de mon père et que son mélange d'intrigues, d'antidémocratie, de fermeture le pousserait encore une fois à la quitter.

L'EUROPÉENNE

1956

Les personnes, comme les pays, connaissent des années qui changent le cours de leur existence. C'est à l'âge de sept ans, en 1956, que j'ai abordé mon tournant, lorsque mon père décida de retourner vivre aux Etats-Unis et nous fit quitter l'Italie. De petite Romaine qui, comme tant d'autres, ne connaîtrait l'étranger que par quelques voyages, je suis devenue une déracinée.

Je le dois à une loi américaine. Les Etats-Unis considéraient à l'époque que tout citoyen naturalisé qui avait vécu pendant plus de cinq années consécutives dans son pays d'origine risquait de perdre son « américanité » et de retomber dans sa vieille identité. Le renouvellement du passeport américain ne pouvait donc pas se faire en Italie même. Cette loi a d'ailleurs été déclarée anticonstitutionnelle dans les années soixante-dix, puisqu'elle établissait une discrimination entre citoyens américains de souche et citoyens naturalisés. Mais, dans les années cinquante, on ne pouvait guère la contourner qu'en s'installant dans un pays tiers pour un temps limité, ce qu'ignoraient mes parents. S'il en avait été autrement, serions-nous restés en Europe ?

Je me suis longuement interrogée sur le choix de mon père. Ses difficultés à intégrer sa nouvelle identité dans l'Italie d'après la guerre ont été déterminantes. Pourtant, son attachement aux Etats-Unis était surtout abstrait et politique, aux antipodes du matérialisme de tant de rêves américains. Ce pays représentait pour lui la terre de la liberté, qui l'avait accueilli au printemps 1940, au moment même où Hitler envahissait la Norvège et planifiait l'occupation de la France et de l'Angleterre. Mais, dans cette société profondément individualiste, il avait trouvé aussi beaucoup de dureté et d'injustice, de racisme, d'indifférence. Sans amis et sans véritables appuis, nostalgique de l'Italie et de sa famille, il n'avait pas cherché à disparaître par le mariage dans la masse humaine américaine. Jamais, pourtant, de retour en Italie, il ne put reprendre son ancienne vie, comme ses frères et ses sœurs, qui avaient tous survécu, cachés la plupart du temps par des paysans.

Sa personnalité a également dû jouer un rôle décisif. Froid et timide avec les autres, il mêlait une certaine passivité à un détachement apparent et à une incapacité à se frayer son propre chemin à force de volonté. Aussi l'Italie de l'après-guerre, ses intrigues, sa croissance désordonnée, son chaos institutionnel et politique, sa justice approximative ne pouvaient que révulser l'homme d'ordre et de principes, le grand supporter de Roosevelt qu'était devenu mon père. La nationalité américaine représentait pour lui une protection contre les dangers latents d'une Europe traîtresse, où l'on pouvait disparaître, tel Joseph K., par le simple trait d'un stylo autoritaire, voire raciste. En dépit de leurs injustices, les Etats-Unis offraient pour mon père un abri et de multiples recours avec lesquels Joseph K. aurait pu se défendre contre l'arbitraire.

Le choix de retourner aux Etats-Unis fut donc avant tout motivé par l'angoisse personnelle. Nous menions une vie qui paraissait tranquille et confortable. Nous n'avions rien à fuir, si ce n'est une peur abstraite et profonde, fruit amer de 1938, d'autant plus ténébreuse que mon père n'avait pas vécu les horreurs de la guerre ou de la déportation. Je me suis d'ailleurs souvent demandé si cette absence d'expérience directe n'avait pas rendu le cauchemar paradoxalement encore plus effrayant pour mon père.

Nous n'étions ainsi ni de véritables réfugiés ni de véritables immigrés, cet été 1956, quand l'avion nous déposa sur l'aéroport de Miami, où mon père venait étoffer le personnel d'une toute nouvelle agence d'Air France. Par la suite, pour faciliter les explications ou peut-être pour se mentir à elle-même, ma mère prétendit qu'Air France était responsable de ce transfert. C'était commode, peut-être chic, mais faux. La compagnie avait facilité la course de mon père vers son identité américaine. Nous n'étions expatriés que dans l'âme.

I

Miami était alors une petite oasis tropicale qui s'éveillait à peine à la modernité. On croisait des marginaux rescapés des romans d'Hemingway ou des films d'Humphrey Bogart, avec leurs bateaux et leur passion pour la mer. Pour une certaine élite cosmopolite qui vivait là, la Floride était encore synonyme de faste. La haute société WASP du Connecticut et de New York y possédait des *mansions* dignes de Gatsby. Tête de pont vers les délices sournoises de La Havane, la ville baignait dans un demi-monde de casinos, de vie nocturne et de louches affaires conclues à bord de yachts imposants, où le smoking blanc avec œillet rouge à la boutonnière faisait office d'uniforme.

Pourtant, cette atmosphère digne de *Rick's Café* s'étiolait. Les premiers retraités, en quête de soleil et de chaleur, descendaient du Nord industriel et enneigé avec leurs rêves de pensions modestes. Petits-bourgeois juifs en majorité, ils apportaient un parfum d'Europe de l'Est aux rues animées du centre-ville où ils passaient des heures assis à l'intérieur des *coffee shops*. Les plus courageux, décomplexés et libres, exposaient leur peau trop blanche, leurs kilos excessifs et leurs rides dans des tenues peu adaptées à leur âge et à leur physique. Cette ambiance de vieux monde disparu, je l'ai retrouvée plus tard dans les cafés de Tel-Aviv, mais à Miami, le vieux monde n'avait donné naissance à aucune progéniture *sabra*. Miami juive demeurait une enclave gérontocratique, paradis ensoleillé et stérile.

Trois ans avant la révolution castriste, Miami avait pourtant déjà « ses » enfants bronzés : des Cubains, jeunes pour la plupart, vivant de petits boulots, entreprenants dans l'âme, pénétrés du rêve américain. En 1956 déjà, ils conféraient à la ville une personnalité « latine », mais ils étaient encore « tenus » par les riches Cubains. Ce n'est qu'après la Révolution que Miami, promue tête de pont d'une vaste immigration, devint leur ville.

A côté des Cubains, les noirs américains faisaient triste figure. Ils n'arboraient pas les chemisettes tropicales et les pantalons clairs des touristes. Ils se contentaient de chemises blanches et de pantalons noirs, uniforme commun aux grands industriels aussi bien qu'aux plus pauvres travailleurs manuels, auquel ils ajoutaient toujours un chapeau. Les femmes portaient des robes en calicot et les enfants des tenues informes. Contrairement aux Cubains qui peuplaient de bruits et de chants les quartiers où ils vivaient et travaillaient, les noirs passaient comme des spectres silencieux, relégués dans des quartiers lointains et poussiéreux, aux minuscules maisonnettes dominées par des cactus géants.

Cette ville artificielle, offrant l'aspect d'éternelles vacances, dépourvue de classes moyennes et même d'enfants, fut mon introduction à l'Amérique. Mon premier décor fut un petit appartement meublé, dans un immeuble de location de courte durée, aux murs de stuc blanc, au toit en tuiles rouges de style mexicain, entouré d'une petite pelouse desséchée. J'en garde un souvenir flou, sauf pour la télévision, qui trônait, gigantesque meuble de métal doré, dans le salon spartiate.

En dépit du soleil écrasant dehors, seule une lumière grisâtre perçait à travers les fenêtres doublées de moustiquaires. Toute réalité était perpétuellement filtrée et la chaleur moite ne favorisait pas les sorties. En été, Miami était « hors saison ». Les grands hôtels affichaient des prix bas. Nous allions parfois nager dans leurs piscines et nous offrir un sandwich. Entourées de parasols et de chaises longues, elles faisaient office de villégiature, à deux pas d'une mer remplie d'horribles méduses et d'une plage inaccessible. Qui aurait pu l'imaginer en Italie ? J'apprenais ma première leçon américaine : la primauté de l'artificiel.

Mes premières amitiés furent deux adolescentes venues rendre visite à leur grand-mère. Elles s'amusaient avec moi comme avec une grande poupée et m'enseignaient à parler l'anglais. Je les trouvais sympathiques, mais, déjà, incultes : elles ignoraient tout de l'Italie, de l'histoire et, pire encore, de la mythologie que, du haut de mes sept ans, je dévorais avec passion et que ma mère m'avait toujours lue le soir. Mais ce qui me frappait le plus chez elles, c'était que leurs parents soient divorcés. Je n'arrivais pas à le comprendre. Je ne parvenais pas à m'imaginer une vie éclatée entre deux parents, un père qui servait aussi de mère. Elles vivaient, me semblait-il, dans une maison sans toit, et je craignais que mes parents eux aussi ne finissent tôt ou tard par adopter cette mode américaine.

En attendant d'aller à l'école, la télévision devint ma meilleure amie, une véritable lanterne magique qui me permit de découvrir l'Amérique. Passionnée par *Captain Kangoroo*, une émission pour enfants composée de jeux et de dessins animés, prototype de tout ce qui allait suivre sur la planète, j'appris à comprendre l'anglais en chantant avec un grand tigre jaune. Comme tous les enfants, j'étais aussi hypnotisée par la publicité. Je suivais les spots comme des sketchs de Guignol et exigeais de mes parents qu'ils achètent les produits qu'ils vantaient. Je possède encore un cahier où j'avais aligné des images de conserves de soupe, de tablettes de chocolat, de paquets de céréales, de bouteilles de Coca-Cola, de boîtes de savon et de modèles de voitures, que je découpais soigneusement dans des magazines comme *Life*. Bien avant la fameuse soupe Campbell d'Andy Warhol, je créais ainsi spontanément mon propre panthéon de la culture de masse.

En Amérique, les grands spectacles télévisés de l'été 1956 furent les conventions républicaines et démocrates qui précédèrent l'élection présidentielle. C'était la première fois que la télévision les « couvrait » en direct. J'étais fascinée par ce cirque politique : les discours des candidats, les chants des délégués, leurs chapeaux de paille, les ballons et les sifflets formaient, dans mon esprit enfantin, une gigantesque kermesse. Ce spectacle retrouvait son sérieux seulement grâce aux journalistes, perchés au-dessus de la mêlée dans des cabines de verre, qui commentaient le tout sans cesse. Ils deviendraient, pour moi comme pour tant d'autres, des compagnons. Le tandem Huntley-Brinkley et la figure solitaire de Walter Cronkhite allaient accompagner, tel un chœur grec, tous les soubresauts de l'Amérique de l'après-guerre. Ils seraient là, oncles rassurants et graves, dans les moments de joie comme dans le deuil, pour les grandes dates de l'épopée spatiale, pour la victoire de Kennedy, puis son assassinat, pour la mort de Martin Luther King et celle de Bobby Kennedy, au moment de l'embourbement vietnamien et du Watergate. Je fis leur connaissance à sept ans. Vingt ans plus tard, en quittant l'Amérique, j'étais encore sous leur tutelle.

En 1956, derrière le spectacle, je crois que m'apparaissait malgré tout l'importance de l'événement politique. Les adultes allaient choisir directement leur président, exactement comme des enfants un chef de bande. Mon expérience politique n'était pas grande, mais je me souvenais qu'en 1955, les députés italiens avaient élu président de la République Giovanni Gronchi et qu'il avait fallu de nombreux tours pour qu'une majorité se dégage, tout comme trois ans plus tard pour l'élection du pape. Mon seul autre souvenir politique de l'époque était une bagarre dans un parc, près de notre maison de Rome, entre quelques fascistes à drapeaux noirs, sans doute proches des *qualunquisti*, et un groupe plus nombreux de communistes armés de leurs drapeaux rouges. Le contraste de la politique américaine, directe et apparemment joyeuse, avec les secrets et la violence du peu que j'avais pu voir en Italie devait me marquer. Même si, à l'époque, je n'avais aucune catégorie pour identifier mes impressions enfantines.

Mes parents, de tendance socialiste en Italie, étaient pour Adlai Stevenson, le candidat démocrate libéral. Ils allaient être déçus, mais pas catastrophés, lorsque leur candidat serait battu encore une fois par Eisenhower, à l'automne 1956. Ce calme autour des résultats contrastait avec le ton souvent très animé des conversations politiques italiennes que j'avais pu saisir, où il était toujours question d'enjeux vitaux et de désastres en perspective. Les Etats-Unis, au moins à cet égard, me paraissaient bien plus amusants.

II

Avec l'automne et la rentrée scolaire, je fis mon entrée dans la société américaine. Nous avions quitté notre meublé pour un petit appartement dans une grande villa située sur une des îles les plus élégantes de la ville. San Marco, en réalité, était reliée à la terre, exactement comme le Mont-Saint-Michel, par une *causeway* que les voitures empruntaient, mais dont l'accès était réservé. Un couple hongrois tout droit sorti de *Casablanca* nous parraina auprès de l'intendante du propriétaire, un des plus importants bijoutiers de New York. Pour cette dame snob, des Européens « cosmopolites » et « élégants » ne pouvaient être que des locataires de choix dans une résidence aussi élitiste.

Notre luxueux appartement était destiné jadis aux invités de marque, pas à une famille avec un enfant. Il était conçu comme un bateau avec une chambre à coucher à lits superposés et des fenêtres en forme de hublot, une cuisine séparée de l'énorme salon par un imposant bar aux tabourets vertigineusement hauts. Sans grand effort, je pouvais m'imaginer les femmes en robe longue et les hommes en smoking qui avaient dû se prélasser sur les vastes canapés blancs, *drinks* à la main, avant de se retirer dans la chambre-cabine, pour se laisser bercer par les bruits de la mer toute proche. Sans doute aucun enfant n'avait-il peuplé cet espace romantique.

J'étais ravie par les lieux. Je dormais, entourée de meubles de jardin blancs, dans la véranda qui s'ouvrait sur la pelouse et plus loin sur la lagune. Le jardin était clôturé, par souci de protection, mais on accédait à l'eau et aux bateaux par une petite porte grillagée. L'énorme garage du manoir, conçu pour une demi-douzaine de voitures, offrait un choix infini de cachettes. Dehors, les cactus géants et les arbres exotiques se prêtaient aux jeux.

Mais c'était surtout la mer qui offrait le plus beau spectacle. Sous mes yeux ébahis, des bancs entiers de poissons dansaient, attirés sans doute par un courant plus chaud. Parfois, l'homme à tout faire de la villa attrapait des poissons-chats qu'il mettait dans de grands seaux rouges où je pouvais observer leurs longues moustaches tremblantes. Tard dans l'après-midi, deux ou trois dauphins, à mille lieues des exercices imposés des aquariums, venaient annoncer de leurs bonds le coucher de soleil tropical aux couleurs violentes et la douceur languide des clairs de lune.

Le début de l'année scolaire ne changea aucunement ces impressions de vacances éternelles. La classe de dixième dans une école américaine n'avait aucun rapport avec son équivalent italien ou français. Je savais déjà lire de vrais livres d'histoire, écrire, multiplier et diviser. Mes nouveaux camarades, eux, étaient à peine capables d'écrire en caractères d'imprimerie, de faire des additions et d'ânonner quelques mots. Ma mauvaise connaissance de l'anglais était facile à surmonter à cet âge. Après quelques semaines d'apprentissage, ma maîtresse commença à m'empêcher de répondre, de peur que je ne traumatise la classe par mes connaissances « excessives ».

Une telle situation ne pouvait que renforcer mon sentiment de supériorité européenne. L'Amérique me semblait un pays amusant, mais peu sérieux. Je continuais à vivre obstinément dans mon vieux monde. Mon arme secrète était les huit gros volumes d'une encyclopédie italienne pour adolescents qui m'enseignèrent l'essentiel de la culture européenne à travers les contes, l'histoire et surtout les vies des grands hommes. Je lisais aussi tous les classiques de l'enfance, en italien, même quand leurs auteurs, Louisa Alcott ou Mark Twain, étaient américains. Deux cahiers dans lesquels je faisais diligemment mes exercices de grammaire italienne et un livre anglais de textes et d'exercices présentés dans le plus impeccable des styles britanniques complétaient mon trésor. Même mes jeux étaient européens. Ma tombola se jouait sur une carte de l'Europe, reprise région par région sur des fiches individuelles : Cardiff, je m'en souviens encore, portait le numéro 14 et Belgrade le 36. Grâce à une merveilleuse boîte de crayons Caran d'Ache, je dessinais des villas toscanes entourées de cocotiers, ma seule concession apparente à ma nouvelle vie, dans laquelle j'avançais comme protégée derrière un barrage d'objets européens. J'étais l'anti-immigrante par excellence.

En dépit de mes réserves culturelles, comme tout enfant, j'avais besoin d'amis. Il me fallut peu de temps pour découvrir l'extrême complexité de la société américaine, une fois dépassé le ton superficiellement amical des premières rencontres. Je paraissais destinée à défier toutes les catégories mentales des mères de l'île. Les enfants blonds aux yeux bleus qui vivaient dans une ancienne dépendance de « notre » manoir étaient de bons camarades pour les jeux de cache-cache dans les jardins. Mais nos familles, en dépit du voisinage, ne se fréquentaient pas. Nous n'entrions pas dans le monde WASP crispé sur ses sacro-saintes traditions : le fils de nos voisins s'appelait William III, leur fille Lucy portait le prénom de sa mère. Je m'étonnais de cette coutume bizarre et de ce manque d'imagination, mais j'ignorais à l'époque l'esprit de caste qui caractérise les descendants des premiers pèlerins du Mayflower.

Une famille juive très riche habitait tout près et leur fille allait à l'école avec moi. Ce n'est pourtant qu'à la fin de notre séjour à Miami que je fus invitée chez eux, lorsque la mère apprit avec stupéfaction que nous aussi étions juifs. Sans étoile de David, parlant l'italien, avec mes yeux et mes cheveux de « Latine », je devais paraître peu fréquentable. Sans doute pour la même raison, la seule camarade de classe qui m'ait invitée chez elle au début était une petite Cubaine dont les parents gardaient un des grands manoirs de l'île. Ils pensaient avoir trouvé en nous leurs équivalents. Quand ils se rendirent compte que ce n'était pas le cas, ils firent marche arrière, refusant même la sociabilité enfantine. Le syndrome du *Upstairs/Downstairs* n'était donc pas l'apanage du vieux monde. Même au soleil de la démocratie américaine, les castes sociales ne se mélangeaient pas. Je passais donc beaucoup de temps avec mes parents et leurs amis.

Une petite niche sociale s'était en effet constituée autour des rares Européens échoués à Miami après la guerre. Mais cette minuscule communauté cosmopolite n'était guère portée aux activités intellectuelles. Le soleil floridien était leur dieu. Nous étions proches de deux familles juives florentines qui avaient émigré à New York après les lois raciales. Elles avaient abandonné le froid du Nord pour le soleil de Floride peu après la guerre et leurs affaires se portaient à merveille avec le boom des retraités. Les uns vendaient de la bijouterie fantaisie *downtown* et venaient de se lancer dans le « vrai » avec l'entrée de leur fils dans les affaires. Les autres tenaient un magasin pour touristes qui regorgeait de bibelots multicolores : des éléphants indiens avec leurs petites défenses d'ivoire côtoyaient des statuettes thaïlandaises en cuivre et des poupées en porcelaine du Japon. Je passais des heures à regarder nos amis déballer leur marchandise. Des chiens et des chats noirs en faïence, des coqs blancs à horloge incorporée sortaient des caisses pour gagner les étagères, « souvenirs » d'un lieu sans mémoire attendant que les touristes se les arrachent. Ces horribles objets ne provoquaient aucun scrupule esthétique chez nos amis : ils ne paraissaient avoir aucune allégeance implicite au *Quattrocento* italien, en dépit de leurs origines florentines. Les seules marchandises vraiment dignes d'intérêt étaient les coquillages, mais eux aussi commençaient à prendre des couleurs artificielles douteuses et à s'intégrer à des compositions « artistiques ».

Miami, à l'époque, était sûrement la capitale mondiale des paillettes et des perles décoratives. Par une loi tacite, ces signes extérieurs de joie, équivalents vestimentaires du soleil, ces caniches, ces papillons ou ces fleurs devaient orner les robes de toutes les femmes et leur procurer une nouvelle vie. Je me souviens encore de la difficulté qu'éprouva ma mère à trouver un cardigan qui ne soit pas trop décoré : sa demande était un véritable affront à la philosophie de la ville. Lorsqu'elle le dénicha dans une arrière-boutique, elle apprit qu'en vertu d'une mystérieuse loi économique... il coûtait plus cher que ses équivalents pailletés. Cette histoire devint un classique familial, une anecdote de plus dans une collection qui ne cessa de croître, témoignant de notre répugnance à l'égard de l'*American Way of Life*.

Les autres familles juives italiennes de Miami s'étaient totalement intégrées. Encore nourri d'expressions toscanes, leur italien était de plus en plus entrecoupé de mots américains. Leurs phrases boitaient sous le poids de constructions déjà tordues par la syntaxe anglaise. Vanna et Lucia, les amies de ma mère, étaient ravies de leurs lunettes incrustées et de leurs pulls à paillettes, tandis que leurs maris étaient fiers de leur gigantesque Pontiac puis de leur Cadillac. Au milieu des mille gadgets qui ornaient leurs cuisines spacieuses, elles ne pensaient plus guère à l'Italie, réduite à n'être plus qu'un collage de vieux souvenirs, un lieu occasionnel de vacances. Au contraire, la passion culturelle de ma mère pour un pays qu'elle avait toujours considéré comme une nouvelle Jérusalem et mes liens, par encyclopédie interposée, avec la terre de mes ancêtres perduraient.

Sans doute à cause de ma mère, j'ai ainsi pris l'habitude de voir dans mon existence en Amérique une simple parenthèse, un interlude, en attendant ma « vraie » vie, qui ne pourrait se dérouler qu'en Europe. Si j'étais restée dans la même ville, le temps aurait sans doute fini par nouer plus solidement mes liens avec les mêmes personnes. Nos déménagements, au contraire, peuplèrent ma vie de gens toujours nouveaux, entrant et sortant sans cesse de pièces changeantes, face auxquels je ne pouvais que donner la réplique sans jamais composer mon propre rôle. Dans ce vaste canevas américain, l'Europe devint ainsi comme ma trousse de survie.

III

Les événements mondiaux de 1956 confortèrent ce sentiment d'appartenir à un ailleurs. Les répercussions du XXe Congrès du PCUS restaient au-delà de ma compréhension, mais je me souviens que mes parents paraissaient très excités par un certain Khrouchtchev. Au dîner, les nouvelles du vieux monde primaient les événements américains de la campagne et de l'élection présidentielle.

La crise de Suez fut à la source de grandes tensions politiques entre mon père et ma mère. Mon père pensait qu'Eisenhower et Dulles avaient eu parfaitement raison d'arrêter l'expédition anglo-française contre Nasser. Fervent anticolonialiste, il ne pouvait supporter les rodomontades des anciennes grandes puissances et croyait fermement, dans la tradition de Roosevelt, que les Etats-Unis ne devaient pas relever leur héritage. L'Europe, pour lui, occupait une place de plus en plus marginale.

Ma mère par contre était une ardente partisane de l'initiative anglo-française. Elle déplorait l'intervention américaine à un double titre : tout d'abord parce que c'était humiliant pour l'Europe d'avoir ainsi été remise à sa place, ensuite parce qu'elle avait espéré que l'opération, aidée par les Israéliens, fléchisse l'extrémisme panarabe de Nasser. Elle avait encore de la famille en Egypte, et même si elle avait toujours haï la vie coloniale, elle était encore plus farouchement opposée au régime nassérien, antisémite et antisioniste. La crise de Suez s'était avérée bien plus dangereuse pour sa famille que la Deuxième Guerre mondiale, qu'ils avaient vécue plus en spectateurs angoissés qu'en victimes. Sous Nasser, par contre, tous leurs avoirs avaient été gelés et ils étaient devenus de véritables parias. Après Suez, il était légitime de craindre pour leur sécurité physique. Mon père, par contre, inclinait en faveur des mesures anticolonialistes de Nasser. Durant son court séjour en Egypte, il avait jugé décadent et injuste le monde colonial des familles qu'il avait fréquentées.

La famille et les amis de ma mère qui vivaient encore en Egypte se transférèrent en Italie, souvent sans grande passion. Un grand nombre de ces « réfugiés », tout en prospérant dans l'Italie du miracle économique, garderaient par la suite un souvenir profondément nostalgique de leur « chez nous » colonial. Ainsi, par une grande ironie de l'histoire, ceux de ma famille qui regrettaient la vie coloniale d'Egypte se trouvaient en Italie, tandis que ma mère, qui souhaitait vivre dans la péninsule, restait en Amérique. Sa nostalgie s'en accrut, comme mon sentiment d'être injustement coupée d'un paradis auquel d'autres avaient accédé malgré eux.

Le soulèvement hongrois, plus circonscrit dans le temps, me toucha tout aussi profondément. Une cousine germaine de ma mère avait épousé en Egypte un juif hongrois qui était un responsable important de l'Internationale communiste. Après la guerre, ce fidèle du Parti avait ramené sa jeune épouse en Hongrie, où ils vécurent une vie de pénurie quand le mari se trouva mis à l'écart par les staliniens. Les quelques lettres qui nous parvenaient laissaient deviner leurs difficultés. Pendant que l'on se battait dans les rues de Budapest, ma mère se promenait dans notre jardin luxuriant de Miami en écoutant avec angoisse les nouvelles. Persuadée que la télévision pouvait englober le monde entier, je scrutais les rares images qu'on nous montrait, cherchant le visage de notre cousine derrière les tanks soviétiques. Mais, tandis que les dauphins continuaient à danser sous mes yeux, j'avais du mal à m'imaginer ce que signifiaient une crise politique de ce genre et la pénurie qui s'ensuivait sous le ciel gris de l'hiver. Cette tragédie aurait paru irréelle, si nous ne l'avions partagée avec Angela, notre voisine du dessus, dont toute la famille vivait encore en Hongrie. Cet ancien mannequin de Dior passait ses journées à pleurer tout en prenant le soleil sur la terrasse. Je la vois encore s'avancer vers nous, en maillot de bain, ses cheveux cachés sous un turban, pour commenter les informations qui nous parvenaient de son pays mutilé. Sa silhouette parfaite contrastait avec les photos de ses compatriotes, formes fatiguées marchant péniblement dans la neige, qui faisaient la une du journal de Miami.

En 1956, la crise hongroise me confirma dans la certitude que la grisaille et la tragédie appartenaient au vieux continent, tandis que le nouveau monde, aveuglé par le soleil, se prélassait dans la monotonie d'un horizon bleu. Plus tard, ma famille hongroise devait me fournir la preuve des mensonges du pouvoir communiste en Europe de l'Est. En 1959, notre cousine reçut la permission d'aller passer quelque temps en Italie, pendant nos vacances. Elle regardait les vitrines abasourdie et nous demandait si de tels magasins « commençaient » à exister aux Etats-Unis aussi. Lorsque nous lui répondions que les supermarchés américains s'écroulaient sous le poids de trop de nourriture et que la société de consommation était d'abord une invention américaine, elle nous écoutait sans nous croire, sans doute convaincue que ce n'était que propagande. L'Italie lui paraissait déjà un rêve, nos histoires ne pouvaient être que mensonges. Son fils, qui avait mon âge et qui est aujourd'hui diplomate, très fier à l'époque de son foulard rouge de pionnier, me regardait d'ailleurs avec méfiance : à ses yeux, j'étais un pur produit de l'impérialisme américain.

Plus généralement, rendre compte de notre vie à notre famille et à nos amis en Europe était difficile. Les voyages transatlantiques étaient rarissimes et encore réservés aux *happy few*. L'Amérique était perçue tantôt comme un paradis matériel tantôt comme un enfer intellectuel et idéologique. Dans les deux cas, nos interlocuteurs demeuraient totalement sourds à nos tentatives d'explications. La réalité américaine n'intéressait personne : seule comptait l'image que chacun voulait se former. C'était vrai des adultes, mais aussi des jeunes gens, qui, tout à leur narcissisme enfantin et à leur égocentrisme d'adolescents, passeraient toujours sous silence mon « autre » vie, comme si je débarquais d'une planète inaccessible et sans intérêt.

IV

Six mois après notre arrivée à Miami, je devais découvrir brièvement une autre réalité exotique : l'Amérique latine. Les privilèges de voyage de mon père nous permirent de nous envoler pour le Chili, où, paradoxalement, vivait la famille la plus proche de ma mère : sa propre mère, deux sœurs et un frère. Ce surprenant noyau familial chilien s'était formé autour d'une sœur aînée de ma mère. Etudiante à Paris avant la guerre, elle avait rencontré un jeune avocat chilien qui faisait des études supérieures de criminologie à la Sorbonne. Lorsque les Allemands envahirent la France en 1940, ce jeune homme épousa rapidement ma tante pour la sauver d'une déportation probable et l'emmener dans son pays. L'aurait-il épousée sans l'Occupation ou serait-elle restée pour lui un joli souvenir parisien ? Ce mariage changea en tout cas plus que la vie de ma tante. Après la guerre, elle retourna en Egypte et convainquit sa mère veuve, une sœur et un frère de venir s'installer près d'elle, dans ce qu'elle décrivait comme une terre paradisiaque. En 1952, ils appareillèrent de Gênes pour Valparaiso, pour un grand voyage digne du XIXe siècle. Quatre ans après, de notre nouvelle base américaine, nous partions au Chili pour une grande réunion familiale.

Mes souvenirs de ce voyage hautement exotique demeurent encore très vifs : les arrêts en pleine nuit pour faire le plein d'essence dans des aéroports endormis, l'humidité qui collait ma jupe courte à mes cuisses, le regard de vautours des hommes aux costumes de lin et aux panamas blancs qui montaient à bord pour des contrôles sommaires, l'immobilité des vieilles femmes, enveloppées dans d'énormes châles multicolores, qui restaient accroupies dans un angle de l'aéroport devant des vases artisanaux, le bruit constant des moteurs à hélices durant un voyage interminable qui avait usé tous mes livres et mes cahiers de dessin. Et puis notre arrivée : la descente de notre avion sur la seule piste d'un aéroport miniature, les grands signes d'une troupe familiale perchée sur la terrasse d'accueil, l'indifférence des douaniers dans leurs uniformes aux galons dorés, l'étreinte de bras inconnus venus accueillir la *chiquita* tombée du ciel.

Je fus noyée d'amour lors de ce premier voyage. Tous s'empressaient à me gâter et à assouvir mes moindres désirs, s'enthousiasmant devant mes dessins, mes histoires et mon anglais flambant neuf. Mais surtout je rencontrai ma grand-mère, une vieille dame frêle assise dans une chambre sombre sous des couvertures, les yeux mi-clos. Elle m'embrassa les cheveux. « Ainsi voici Diana », dit-elle dans un italien à timbre aigu. Puis elle tourna la tête comme pour retrouver un monde intérieur qui n'avait rien à voir avec ce Chili où elle avait échoué. Je découvris une tante par alliance, la seule Ashkenaze jamais entrée dans notre famille, une femme d'une douceur infinie, de constitution fragile, aux yeux infiniment tristes de juive polonaise. Elle allait mourir deux ans après, d'une hémorragie cérébrale, et son décès, suivi de peu par ceux de ma grand-mère et de mon autre tante, fit tomber un voile gris sur toute l'odyssée chilienne de ma famille. L'arrivée de Pinochet ne devait pas le dissiper.

Ma tante dirigeait l'Institut britannique à Santiago. Je me souviens d'elle assise derrière un énorme bureau, dans une pièce aux parquets reluisants, aux rideaux épais, l'Union Jack au mur, donnant des instructions à une multitude de jeunes Chiliennes. Je n'osais pas demander pourquoi une si jolie femme n'était pas mariée, mais j'appris plus tard qu'elle avait été fiancée pendant la guerre avec un jeune officier anglais, qui un jour partit en mission et ne donna plus signe de vie. Tant d'années après, on pouvait encore lire sa souffrance sur son visage.

L'exotisme était surtout représenté par Mario, le mari de mon autre tante, le « responsable » de toute l'odyssée latino-américaine de ma famille. Il était extrêmement mince et élégant, habillé toujours de tweed et de velours anglais. Il avait le teint très mat, des cheveux noirs, un regard d'aigle et un visage imberbe. On sentait la présence du sang indien dans ses veines, même si sa famille appartenait à la classe des grands propriétaires fonciers. Sa maison était grande ouverte à ses innombrables amis qui venaient à toutes les heures de la journée et du soir avec leurs jolies femmes. Composant l'élite cultivée de Santiago, ces hommes, tous avocats, médecins ou professeurs, formés en partie en Europe, passaient des heures à discuter les événements d'un monde dont seuls de faibles échos leur parvenaient. Le soir, de mon lit, je pouvais les entendre s'échauffer en parlant politique, tandis que leurs épouses préféraient d'autres sujets.

Parmi elles, Carmen, la sœur de mon oncle, menait les discussions littéraires. Encore plus sombre de peau que son frère, elle s'habillait toujours de châles qui mettaient en valeur son héritage indien. Elle s'était spécialisée dans la littérature folklorique de son pays et avait écrit plusieurs livres pour enfants. Elle me fascinait en me racontant des fables indiennes où il était question de serpents, de montagnes et de potions magiques. Mon oncle et sa sœur me paraissaient chargés d'une vitalité et d'une force qui faisaient défaut au reste de ma famille, comme si celle-ci, végétal transplanté, s'était affaiblie dans son exode.

Je ne me souviens pas du Santiago de ma première visite. Ce n'est que plus tard que je découvris ses quartiers pauvres, ses promenades élégantes, ses rues commerçantes et ses parcs. La démocratie chilienne, tenue par les élites de centre gauche qui allaient devenir les principales victimes d'Allende et de Pinochet, ne me fascinait pas encore, mais dès mon premier séjour, une image politique me frappa. C'était une gravure en noir et blanc représentant l'Assemblée nationale chilienne au milieu du XIXe siècle. Les députés étaient sagement assis à leur banc tandis qu'un orateur déclamait à la tribune. Cette gravure était suspendue dans le bureau de mon oncle et je la contemplais souvent, non pour ses mérites artistiques, mais simplement parce que j'avais du mal à croire qu'une institution aussi « européenne », un parlement, pût exister dans des contrées aussi lointaines, où le peuple et les élites paraissaient se côtoyer sans se voir.

Je sentais, sans pouvoir l'exprimer, l'abîme qui séparait ces deux mondes, même quand le premier vivait en ville au service des seconds, comme c'était le cas chez ma tante. Les domestiques qui m'entouraient si chaleureusement logeaient en effet au fond de la cour, dans une petite ferme qu'ils s'étaient reconstituée, où, accroupis, fumant de longues pipes indiennes, ils attendaient patiemment d'être appelés par leurs maîtres. Aux Etats-Unis, nous n'avions qu'une femme de ménage, qui donnait un coup de main occasionnel à ma mère. En Italie, nous avions eu des bonnes, qui venaient toutes de minuscules villages sardes. Mais les domestiques rencontrés au Chili évoquaient une autre époque. Ils donnaient l'impression d'être attachés de manière permanente à leurs patrons, presque comme des serfs, d'une génération à l'autre. Dans le

contexte de l'arrière-cour que je connaissais, la démocratie parlementaire paraissait vide de sens.

Je me souviens être revenue du Chili à l'âge de sept ans avec
une seule certitude : il existait des pays trop éloignés du « centre »
du monde pour qu'on puisse y vivre heureux. Ils ressemblaient
à ces pièces poussiéreuses qu'on trouve au fond de longs couloirs,
dans les vieilles maisons où l'on entre rarement et qui demeurent
oubliées dans les va-et-vient de la vie quotidienne. Ni dans mon
enfance, ni par la suite, je n'ai succombé au charme de telles
pièces, si parfaitement incarné dans les grands romans surréalistes
latino-américains. Je sentais trop le poids de la solitude culturelle
et de la misère que l'accueil chaleureux de ma famille n'arrivait
pas à cacher. L'Amérique latine était un cousin pauvre et ma
fascination pour l'exotisme avait ses limites.

V

En moins de six mois, durant l'année 1956, ma nature hybride
se cristallisa. Je changeai de continent, sans autre raison majeure
que l'angoisse de mon père, sans le confort relatif d'une migration
collective. Le vieux continent que j'abandonnais demeurant pour
moi la terre de la culture et des joies familiales, je résistai à
l'étreinte généreuse de l'Amérique. Dans les années qui suivirent,
l'Europe devint ainsi pour moi l'alternative parfaite à l'Amérique
et à ses fléaux. Au mépris de sa longue histoire tourmentée, elle
devint symbole d'harmonie et de bien-être.

Mes voyages, mais aussi la présence de membres de ma famille
dans tant d'endroits du monde me privèrent de la magie des
rêves lointains. Sans avoir connu les joies de la découverte, je
devins blasée. Voyager fut moins céder à l'appel de l'aventure
qu'hésiter sans cesse entre des possibilités imparfaites d'enracinement. L'éparpillement de ma famille n'était pour moi ni une
source de richesse cosmopolite ni le produit d'un esprit d'aventure
et d'initiative : partir avait signifié fuir ou suivre, mais jamais
une rupture positive.

Prisonnière d'une succession infinie de nouveaux départs, sans
base stable, à un âge où la plupart des enfants dépassent rarement
leur voisinage immédiat, la richesse des voyages devint ma misère
personnelle, un miroir tordu qui reflétait sans cesse les éternelles

discussions familiales sur les mérites relatifs de telle ou telle ville, de tel ou tel pays. Tout se passait comme si, à chaque moment, il avait fallu choisir le mélange d'oxygène que l'on respirait ou la vitesse à laquelle le cœur devait battre. Les choix étaient toujours à recommencer, et leur poids accablant.

Washington

L'exotisme tropical de Miami ne dura qu'un an. L'été 1957, mon père fut transféré au bureau régional d'Air France à Washington. Quoique la capitale des Etats-Unis fût encore une ville endormie et provinciale, cette nouvelle migration nous permit d'accéder à une Amérique plus « sérieuse » et de nous installer vraiment. Nous étions arrivés à Miami avec seulement quelques caisses. En 1962, à notre départ de Washington pour la Georgie, c'est un énorme camion qu'il nous faudrait pour transporter nos affaires.

Les meubles massifs que mon père avait commandés directement à une usine de Caroline du Nord pendant un voyage d'affaires restèrent pourtant la seule présence américaine concrète dans notre cadre familial. Les cinq années que je devais passer à Washington furent paradoxalement les plus formatrices pour mon identité européenne : j'allais au Lycée français de Washington où ma mère enseignait, tandis que mon père allait à son bureau d'Air France. Nos amis, mes camarades de classe étaient tous européens. L'Amérique était pour moi une simple toile de fond, sans doute comme pour beaucoup de Japonais à l'étranger aujourd'hui. Mais cette mentalité d'expatriés était un leurre. Nous étions dépourvus d'ancrage.

I

L'idée de m'inscrire au Lycée français vint de ma mère. Elle était tombée tout à fait par hasard sur la petite maison à faux colombages, sortie tout droit du Londres de Shakespeare qui l'abritait. Lorsqu'elle alla m'inscrire, elle fut reçue par le directeur, un abbé qui avait enseigné dans un des grands lycées jésuites de Paris. Découvrant qu'elle était professeur et avait des diplômes universitaires italiens, il l'embaucha sur-le-champ pour enseigner le latin et l'histoire gréco-romaine.

Des années après, mes parents discuteraient encore des bienfaits de cette décision scolaire. Lorsque mon père soutiendrait que ma vie en Amérique aurait été infiniment plus simple si j'avais fréquenté une école publique et que j'aurais ainsi pu devenir pleinement américaine, ma mère répondrait toujours qu'il n'existait pas de bonnes écoles publiques dans la ville et que la qualité de mon éducation devait primer tout le reste. Je ne pense pas qu'elle aurait pu m'envoyer dans une école américaine. Déjà suffisamment frustrée par le manque de « culture » aux Etats-Unis, elle aurait eu l'impression de me placer dans un purgatoire intellectuel.

J'entrai ainsi, à l'âge de huit ans, dans mon troisième système scolaire et dans ma troisième langue. Au début, je ne savais pas encore un mot de français. A Noël, je le parlais déjà convenablement et j'avais pleinement intégré ma classe de neuvième, après des semaines passées à regarder des livres pour enfants. Les angoisses de mes parents m'avaient rendue parfaitement trilingue, au prix d'un déracinement psychologique considérable.

Comme toutes les écoles étrangères dans un autre pays, le Lycée français était un véritable microcosme. Mais, dans le Washington de la fin des années cinquante, à la fin du deuxième mandat du Président Eisenhower, il était bien plus : il incarnait la vieille hégémonie culturelle française sur le reste du monde. Des élèves allemands, britanniques, hollandais, autrichiens, espagnols, arabes, asiatiques et latino-américains venaient y recevoir une éducation considérée comme universelle. Leurs parents étaient le plus souvent diplomates : ils savaient pouvoir compter sur la présence d'un lycée français aux quatre coins du monde pour assurer une continuité dans l'éducation de leurs enfants.

Le lycée incarnait à la perfection la tradition jacobine française. Le grand nombre d'élèves étrangers et le contexte américain dans lequel il se trouvait n'affectaient nullement l'atmosphère. Les cours suivaient à la lettre les programmes de Paris. Nous apprenions l'anglais dans des livres britanniques, selon l'orthographe et l'intonation anglaise, malgré ce que nous entendions dehors, sous nos fenêtres. Nous apprenions par cœur la géographie de la France, ses fleuves et ses départements, comme si ceux-ci incarnaient une vérité transcendantale. L'histoire était enseignée évidemment à la française, sans effort pour tenir un tant soit peu compte des nationalités présentes. Les Anglais continuaient à être responsables de l'immolation de Jeanne d'Arc, les Allemands de toutes les horreurs des XIXe et XXe siècles, les Italiens étaient des vagues précurseurs de la gloire infiniment supérieure des Français, tandis que les Hollandais étaient relégués parmi les nuisances qui avaient entravé le chemin du Roi-Soleil et les Espagnols présentés comme de farouches ennemis chevauchant tous les siècles. Les mains levées timides qui essayaient de nuancer ces jugements sans appel n'influençaient aucunement la marche inexorable de la civilisation française. D'ailleurs, les petits élèves africains, arabes et asiatiques, au français parfait, étaient là pour offrir la meilleure preuve de l'universalisme de la tradition française.

Les programmes décrétaient que Paris était l'héritier indiscutable d'Athènes et de Rome. Les ambassadeurs étrangers qui envoyaient leurs enfants au lycée préféraient plier devant une telle affirmation plutôt que de plonger leur progéniture dans le marécage barbare de la culture américaine. C'est ainsi qu'en 1957-1958, l'étoile de la France brillait infiniment plus le long du Potomac qu'à Paris, où l'agonie de la Quatrième République, la prise du pouvoir par De Gaulle et la guerre d'Algérie jetaient un voile sur l'image du pays.

Aucune référence à cette période troublée de la vie française ne pénétra jamais dans notre lycée. Nous continuions, comme si de rien n'était, à réciter les fables de La Fontaine et à illustrer les grands chapitres de l'histoire française : Saint Louis dispensant la justice sous son arbre, la mort du chevalier Bayard, François Ier et sa cour à Fontainebleau, l'assassinat d'Henri IV, les initiales imbriquées du Roi-Soleil, la prise de la Bastille, le moulin de Valmy, le chapeau de Napoléon, le premier vol aérien de Blériot, une tente des Forces Françaises Libres dans le désert. Je possède encore le cahier où j'avais reproduit ces images, témoignages d'autosatisfaction. Elles formèrent mon esprit tout autant que les traductions latines, les constructions grammaticales et les longs problèmes de calcul. Armée de ces épreuves, je me prélassais dans la supériorité de la culture française, partageant ses préjugés à l'égard de l'Amérique.

La vie au lycée était réglée avec une précision ecclésiastique. Nous étions compressés dans ce qui avait jadis été une résidence privée. L'étude se situait dans le fond de l'ancien salon, tandis que les premiers rangs restaient libres pour les cours de science. Les chambres à coucher et le grenier avaient été transformés en salles de classe exiguës. Partout la carte de la France, rose et verte, nous rappelait notre identité collective. Le directeur, habillé en clergyman, chose rare avant le concile de Vatican II, dirigeait nos consciences de son grand bureau, sans doute l'ancienne chambre des maîtres de la maison. Nous connaissions tous ce bureau : une fois par trimestre, nous devions y entrer pour notre concours de récitation. Debout, immobiles sous le regard bleu acier de l'abbé, nous récitions le texte qu'il avait choisi, parfaitement conscients qu'à ce moment précis, le directeur cessait d'être un individu pour incarner « La France ». Nous devions nous montrer dignes de sa grande tradition littéraire.

Après chaque cours, les escaliers exigus de la maison étaient le théâtre d'embouteillages qui auraient donné des cauchemars à tout inspecteur des conditions de sécurité. Je me demande encore comment les autorités municipales de la ville avaient permis à une école d'occuper un espace si restreint. Peut-être avaient-elles fermé les yeux pour une institution étrangère où cohabitaient toutes les classes d'âge, de la onzième au baccalauréat. A l'heure du déjeuner, nous nous acheminions vers le garage de la maison, transformé en réfectoire, où nous déballions la nourriture que nous avions apportée. Soudain l'Amérique, si éloignée de notre cocon scolaire, ressurgissait. Des *lunch-boxes* décorés avec les personnages de Walt Disney sortaient des sandwichs, des *twinkies* aux couleurs irréelles, des jus de pomme et des bonbons américains. Pendant un court instant, Mickey Mouse et Tinker Bell remplaçaient Hector et Agamemnon dans nos fantaisies collectives. Après le déjeuner, nous avions droit à une récréation, dans une cour construite au-dessus des garages, où, livrés à nous-mêmes, nous pouvions jouer au ballon prisonnier, à saute-mouton, à la corde, et hurler tout notre saoul. C'était la seule occasion où la tradition française laissait libre cours au darwinisme social. Quand il pleuvait et qu'il fallait se rassembler dans l'entrée couverte du garage, nous pouvions à peine supporter notre propre vacarme.

Nous n'avions pas le moindre équipement sportif. Une fois par semaine, on nous menait dans un parc tout proche, pour profiter de la balançoire et des barres parallèles d'un jeu d'enfants. Personne ne prenait cette heure de gymnastique au sérieux, même pas le professeur lui-même, qui exerçait sa véritable autorité lors de l'étude. On ne nous avait jamais dit qu'à l'école, le corps aussi avait ses droits. Le cerveau, seul le cerveau, comptait et nous flanchions sous le régime intense de pompes intellectuelles destinées à renforcer notre matière grise. Le sport était si étranger à notre éducation que je n'appris jamais pleinement à profiter des spectaculaires infrastructures sportives offertes, par la suite, dans mon école privée bien américaine d'Atlanta. L'élitisme intellectuel que nourrissait notre lycée se révélerait impossible à éteindre même quand j'aurais compris les mérites d'une éducation anglo-saxonne.

Le programme français d'éducation était si impressionnant qu'il s'imposait parfois en dépit des professeurs et des étudiants. A part l'abbé et ma mère ainsi que quelques professeurs venus de France pour s'occuper de la première et de la terminale, le reste des maîtres appartenait à un monde bigarré et marginal échoué sur les côtes américaines après le raz de marée de la Deuxième Guerre mondiale. Ma première maîtresse, Isabelle de Morière, était une merveilleuse jeune femme issue de la noblesse du Sud-Ouest. Elle m'enseigna le français avec une grâce et une gentillesse incomparables. Elle avait quitté ses terres pour échapper à une atmosphère familiale lourde et étriquée, mais elle continuait à mener en Amérique la vie parcimonieuse de son enfance. Plus tard, elle épousa un jeune Mexicain, d'un milieu opposé, mais qui partageait sa ferveur religieuse. En classe comme dans la vie, elle mêlait dans son regard une douceur et une grande tristesse qui semblaient cacher des blessures mystérieuses.

Mes autres maîtres furent infiniment moins appétissants. J'eus droit à une maîtresse acide, la cinquantaine avancée, pétrie de jalousie à l'égard de ma mère, qui me faisait subir sa mauvaise humeur. Toujours habillée de noir, son visage félin et ses yeux cruels emmitouflés dans de grands châles, elle me faisait penser à Colette vers la fin de sa vie. Tout, en elle, trahissait l'autoritarisme petit-bourgeois, la xénophobie et sans doute l'antisémitisme, traits peu recommandables pour un lycée aussi multiculturel. Elle menait une vie assez secrète, mais même un enfant pouvait imaginer qu'elle avait dû connaître une suite d'amours sordides et d'ennuis financiers. Elle aurait pu parfaitement jouer un de ces innombrables grands rôles de femme méchante qui peuplent les films de Marcel Carné ou de Jean Renoir. La connaissance, pour elle, n'était qu'une manière d'exercer son pouvoir. Vaisseau impur pour la culture française, elle restait cependant incapable de pervertir « le programme ». La Fontaine et Prévert sortaient indemnes de ses mains ingrates, et nous continuions, aucunement ébranlés, notre pèlerinage à travers le subjonctif.

Plus tard, à partir de la sixième, la littérature française était enseignée par une dame âgée assez excentrique, Mademoiselle de Constant, descendante en ligne directe de Benjamin, qui nous faisait lire *La Légende des siècles* de Victor Hugo avec passion. Dans ses commentaires, elle nous prenait le plus souvent pour de petits adultes et nous nous sentions flattés par ce traitement. La rencontre avec le latin, enseigné par ma mère, nous donnait en même temps la certitude que nous entrions dans la « vraie » connaissance. J'étais déjà à mille lieues de l'éducation simpliste des petits Américains.

Notre professeur d'anglais était le moins qualifié de tous. D'origine espagnole, souvent trop ivre pour assurer ses cours, il se dressait devant nous, avec son profil aquilin et son regard ombrageux, comme un oiseau dépaysé. Nous nous demandions comment il avait atterri en Amérique pour enseigner l'anglais dans une école française. Sa présence parmi nous offrait d'ailleurs la meilleure preuve du poids dérisoire accordé à la langue de Shakespeare dans la vision française de la connaissance. Ce professeur bizarre, à l'accent épais, nous inculquait les rudiments d'une grammaire qui nous paraissait ridiculement simple comparée au français. L'anglais de la rue et celui de la télévision, perçant notre retraite européenne, complétaient heureusement les histoires ennuyeuses au long desquelles nous devions, sous sa conduite, suivre Peter et Jill à travers la campagne anglaise.

Le ton du lycée était donné par l'abbé et les autres membres de sa famille qui dirigeaient l'école comme une petite entreprise familiale. Madame Marchand, la tante de l'abbé, se chargeait de l'intendance et se faisait aider de sa fille et de son gendre. Ce trio dirigeait l'école avec une circonspection austère, une courtoisie obséquieuse et une supériorité hautaine semblable à celle des pédagogues qui traversent les romans de Dickens. Madame Marchand était une veuve trapue, d'origine modeste, sans grande culture. Elle remédiait à cette lacune en régentant jusque dans ses moindres détails le code de comportement de l'école. Avec ses petits chapeaux tricotés, ses châles de crochet et ses bottines, elle aurait été la parfaite commerçante dans une des œuvres mineures de Balzac. Ses liens avec son neveu, l'abbé, en avaient fait la conscience morale de l'école, un chien de meute déguisé, qui se pavanait pendant l'étude, maintenant l'ordre au nom de la France.

Sa fille avait les larges épaules et les grands yeux du monde paysan. Professeur de gymnastique, elle surveillait aussi notre heure de repas, donnait un coup de main aux maîtresses des tout-petits et nettoyait un peu l'école, où elle vivait avec son mari et ses enfants quelque part dans les greniers. Sans aucune prétention, elle accomplissait volontiers toutes les tâches, en vrai fantassin. Son mari, Monsieur Gazeau, au teint roux fané, avait un regard à la fois triste et sévère. Un sifflet pendait en permanence à ses lèvres. C'était un homme extrêmement gentil, mais comme il surveillait nos récréations et passait son temps à nous rappeler à l'ordre, il était notre bouc émissaire. Il nous enseignait aussi les sciences, les mathématiques et le dessin... dans le dénuement le plus spartiate. Pendant le cours de dessin, nous étions censés imiter les motifs les plus ennuyeux et les natures mortes les plus éteintes. Nous perdions ainsi les dernières gouttes de notre invention enfantine sur l'autel d'un académisme sans âme. Le cours de mathématiques différait de tous les autres, puisque c'était le seul où le professeur devait tenir compte des différences nationales de ses élèves. Il devait patienter le temps que chacun compte dans sa langue maternelle. C'était la seule entorse au jacobinisme dominant.

Monsieur Gazeau était aussi responsable de la seule activité sociale de l'école : la cérémonie de distribution des prix, qui avait lieu, à la fin de l'année, sous le patronage de l'Ambassadeur de France et en présence de tout un aréopage d'autres diplomates dans leur rôle de parents d'élèves. Pour mieux exalter la gloire de la France, dans la tradition des splendeurs de Versailles, les élèves exécutaient, avant que les prix ne fussent distribués, un menuet très stylisé et une gavotte particulièrement exigeante. La préparation de ces deux ballets incombait à Monsieur Gazeau, qui, installé pendant des semaines dans le réfectoire, nous faisait répéter chaque pas avec notre futur partenaire. La musique de Rameau et de Lulli, jouée sur un petit tourne-disque portable, remplissait l'air de l'école, la transformant pour un court instant en un pavillon de plaisir. Nous pouvions à peine contenir nos larmes de rire en voyant notre maître, habituellement si morose, se changer en noble courtisan au pied léger. Ainsi d'une année à l'autre, Monsieur Gazeau réussissait l'exploit de transformer un groupe d'élèves aux origines nationales si disparates en un ensemble raffiné dansant le menuet en gants blancs. Nous nous exécutions, conscients d'incarner, l'espace de quelques minutes, la grandeur culturelle de la France... et, à travers elle, du monde.

La cérémonie de distribution des prix était le point culminant de notre année. Les meilleurs élèves retenaient leur souffle en attendant de savoir s'ils recevraient, en guise de sublime récompense pour tous leurs efforts, des livres ennuyeux décrivant les différentes régions de la France, illustrés de photographies noir et blanc anachroniques. L'aspect du prix n'ôtait en rien à sa valeur symbolique et je garde encore des livres sur le Roussillon, sur le pont du Gard et sur Nîmes, témoins silencieux de mes prouesses scolaires.

Contrairement à la tradition américaine, lors de la distribution des prix, aucune récompense pour « valeur humaine » n'était offerte aux élèves les plus acharnés, les plus ouverts, les plus remplis d'esprit civique ou les plus sportifs. Seule l'excellence intellectuelle comptait. Telle la justice, dans sa pureté infinie, l'excellence était aveugle, enchâssée dans un code éternel à la forme et au contenu inséparables. Les dictées parfaites, les solutions mathématiques impeccables, les compositions littéraires incarnant à la fois la rigueur et la sensibilité, les reconstructions historiques passionnées, les récitations à l'émotion modulée jalonnaient notre route vers un temple de culture aux contours sacrés. Seuls les élèves qui se rapprochaient de cet idéal immuable recevaient le prix d'excellence. Quand personne n'était jugé digne de cet honneur, seuls des premiers prix étaient décernés, qui récompensaient les meilleures notes. Ainsi étions-nous initiés à un univers austère de valeurs éternelles, bien loin de la dimension relative qui colore tout accomplissement humain : l'humanisme triomphait, mais comme un absolu. Par la suite, jusqu'à la fin de mes études à Harvard, je devais demeurer fidèle à cette philosophie rigoureuse, incapable de m'adapter à un cadre plus souple et pluraliste, sans jamais bénéficier pour autant des avantages français qui récompensent un parcours de sacrifices.

Le Lycée français de Washington était aussi un microcosme où foisonnaient une multitude de caractères nationaux et d'attitudes sociales. L'intendante de l'école, Madame Marchand, connaissait ses élèves à la perfection et était particulièrement obséquieuse avec les enfants des ambassadeurs. Si le règlement l'avait permis, elle aurait volontiers ajouté des coussins de velours sur leurs bancs. A défaut, elle s'assurait qu'ils ne fussent jamais réprimandés, même quand ils méritaient de sévères punitions. Mais ce qui distinguait ces enfants d'ambassadeurs, c'étaient les chauffeurs qui les accompagnaient à l'école et surtout leur regard infiniment triste. Leurs parents étaient bien trop occupés par la vie sociale extrêmement exigeante de Washington pour s'occuper d'eux et ils ne vivaient que dans la compagnie de gouvernantes distantes. Leurs chauffeurs devenaient souvent leurs principaux confidents et souvent ils les aidaient pour leurs devoirs. Celui de l'ambassadeur d'Autriche était ainsi devenu une célébrité : il faisait toujours les mêmes erreurs en essayant de « dépanner » son protégé, encore plus ignorant que lui.

Je détestais être invitée par ces enfants dans leurs résidences inhumaines. Leur mère n'était jamais là pour nous accueillir. Des friandises et des glaces somptueuses surgissaient de nulle part, tandis que nous étions laissés en liberté dans des appartements impersonnels. Quand les inévitables disputes enfantines se déclaraient, aucune voix rassurante ne venait nous calmer et les larmes étaient déjà sèches lorsque par hasard un domestique faisait son apparition. Eux, au contraire, adoraient venir chez moi. Ils étaient tout aussi attirés par ma mère dans la cuisine que par les jouets de ma chambre.

Parmi les enfants de diplomates, certains étaient à la fois moins fragiles et plus snobs, comme s'ils avaient déjà repris à leur compte la quête de statut social de leurs mères. Non seulement ils donnaient des fêtes où les enfants « non importants » n'étaient pas invités, mais ils, ou plutôt « elles », prétendaient régir les modes. Aucun regard d'adulte ne pouvait se comparer à celui, glacé de désapprobation, de ces fillettes de neuf ans qui ruinaient en un instant l'effet d'une jupe ou d'une trousse. Beaucoup se sentaient si sûres de leur rang social qu'elles étaient souvent indifférentes à l'égard de leurs notes épouvantables. Je peux imaginer parfaitement aujourd'hui leur regard hautain et leur zèle à promouvoir la carrière de leur mari à travers le monde. Fille d'une des professeurs de l'école, j'étais plutôt marginale dans cette hiérarchie cruelle. Ma mère était respectée, mais n'appartenait pas à la communauté diplomatique : elle devait être considérée un peu comme Mozart au service de l'archevêque de Salzbourg, brillante mais inférieure.

J'étais infiniment plus heureuse avec les filles et les fils des attachés militaires, des fonctionnaires internationaux ou des simples employés des nombreuses chancelleries. Ils gardaient intacts les tics nationaux et souvent provinciaux de leurs parents, et je pouvais ainsi savourer leurs différences culturelles. Parmi les Français, une camarade de classe particulièrement gentille fut renvoyée en France chez ses grands-parents à l'âge de dix ans : sa mère était très préoccupée par le fait que sa fille ignorait encore les préfectures et les sous-préfectures des départements français, connaissances qu'elle jugeait infiniment supérieures à l'apprentissage précoce de l'anglais. Un fils de petit fonctionnaire d'ambassade était tout particulièrement caricatural. Avec ses lunettes Lissac, son petit béret basque qu'il portait de la rentrée jusqu'à Pâques, Philippe, par sa bonhomie et sa splendide indifférence au monde américain qui l'entourait, incarnait le Français moyen type. Sa passion était de se forger une signature qui fût illisible et pleine de personnalité. Il passait des heures à s'entraîner pour donner à ce chef-d'œuvre la bonne inclinaison ascendante, essentielle pour une carrière bureaucratique, horizon ultime de ses rêves. Un autre, fils de parents divorcés, condamné à passer alternativement une année à Paris, où vivait sa mère, et une à Washington avec son père, souffrait de la tension entre deux philosophies de la prononciation latine, chacun de ses parents refusant celle que prônait l'école de l'autre. Sous le masque d'une querelle entre puristes, la langue morte des Romains devenait le tison de la haine conjugale. Je découvrais ainsi le poids extrême accordé à la « forme » dans le monde français : la plupart des petits Français vouvoyaient leurs parents et les enfants des attachés militaires se tenaient droit devant eux comme des soldats à l'appel.

Je devais vivre le terrain vague entre l'enfance et la pré-adolescence avec ces Français, une ravissante Haïtienne, une Danoise, un Hollandais qui ressemblait de manière frappante aux premiers autoportraits de Rembrandt, avec ses cheveux légèrement frisés et son visage pâle, encore incertain, ainsi qu'une Cambodgienne, une Anglaise et une Flamande, qui étaient mes meilleures amies. Nous passions l'après-midi les uns chez les autres dans ce qui était un petit « ghetto » européen. De temps en temps, nous tentions une sortie « en Amérique » : pour faire de la luge sur les collines des quartiers résidentiels, pour voir un film d'enfants ou pour aller patiner. La plupart des élèves du lycée connaissaient dans le meilleur des cas seulement un aspect de la société dans laquelle ils ne faisaient que passer. Un attaché militaire français nous emmena ainsi, à l'époque où la France faisait encore partie de l'aile militaire de l'OTAN, pique-niquer dans une base de la marine. Les ballons, les saucisses et les blagues des marins qui étaient nos hôtes nous impressionnaient plus que, de loin, la vision du tout nouveau sous-marin atomique qui dormait dans sa cale. Les considérations stratégiques, la menace soviétique ne touchaient pas notre petit monde cosmopolite. La base entière paraissait un gigantesque jouet où les adultes pouvaient s'amuser à la guerre, lieu abstrait et jovial, à la mesure d'une société américaine regorgeant de couleurs et de bien-être.

A l'âge où les enfants découvrent les différentes manières de vivre en fréquentant des voisins ou d'autres membres de leur famille, il m'était difficile de départager traits nationaux et spé-cificités familiales lorsque je pénétrais dans la vie intime de mes amis. Mais j'étais frappée par ces détails qui font une culture : la décoration des maisons, l'étiquette de table, le lien affectif entre mes amis et leurs parents et la manière dont j'étais moi-même traitée. C'est ainsi que se déroulèrent mes premières expériences de week-ends passés chez les autres. Tout d'abord chez Primrose Watkins, la fille de l'attaché naval britannique au Pentagone.

Perdue dans la campagne élégante de Virginie, la maison de Primrose, vaste manoir avec écuries, manège et lads, tenait de l'Angleterre. Commodore Watkins vivait là avec sa femme et ses enfants en parfait *country-squire*. A l'intérieur, les murs ornés de scènes de chasse et de cors anglais donnaient le ton, comme les maquettes de vieilles frégates britanniques dans le bureau du maître de maison, où trônait un canapé *chesterfield*. Dans le salon décoré de chintz jaune, une vieille table de *whist* en acajou rappelait l'importance des jeux de société dans l'Ancien Régime britannique. La vie sociale de la maison se déroulait dans la salle à manger autour de la grande table où chaque jour la famille mangeait. Les Watkins, en effet, snobaient la vaste cuisine américaine et sa table familiale où même les Américains les plus élégants mangent. Le respect des traditions l'emportait sur l'aspect pratique des choses lorsque nous nous réunissions, adultes et enfants, amis et invités, pour ce qui était une cérémonie sociale où nourriture et étiquette fusionnaient.

Pour les enfants, l'étiquette était un impératif quotidien auquel ils étaient habitués comme à leur ombre. Les sets de table qui mettaient en valeur l'acajou, les couverts en argent et les multiples verres étaient des compléments indispensables de leur propre vie et non des symboles imposés par la vie diplomatique. Lorsque les parents de Primrose se mettaient à table, le vendredi et le samedi soir, elle en robe de cocktail et lui en smoking, nous trouvions tout à fait naturel de revêtir nos plus jolies robes et nos chaussures vernies. M. Watkins portait sa *dinner-jacket* avec le même sens du confort que d'autres un vieux pull. La boue des chevaux, les saletés de la journée, toutes les preuves d'une vie active menée à l'extérieur s'évaporaient ainsi dans une élégance décontractée.

Mon sac de week-end pour aller chez les Watkins ressemblait donc à la version miniaturisée d'une malle de croisière. Il contenait des vêtements pour toutes les occasions : jeans, robes simples, robes élégantes, maillots de bain, tenues pour monter à cheval... il fallait être prête à tout. En arrivant à table mal habillée, j'aurais fait offense à mes hôtes et encore plus à leur philosophie de l'existence. Je les aimais énormément. Je ne me rebellais pas contre leur étiquette ou contre les règles de la maison, peut-être parce qu'elles me semblaient exotiques ou peut-être parce qu'elles ne me touchaient qu'épisodiquement. Je trouvais même du charme à leur régularité.

Les dîners du vendredi et du samedi soir étaient formels. Le *brunch* du dimanche se prenait en robe simple s'il y avait des invités adultes, sinon les jeans étaient acceptés pour les enfants. Nous pouvions goûter dans la cuisine presque un pied dans l'étrier du cheval, mais le même goûter pris dans le salon aurait nécessité d'autres vêtements. Bien évidemment, nous nous tenions à l'écart du salon, d'autant plus qu'à l'heure du thé, il était le plus souvent rempli de voisins très *waspish,* membres attitrés de l'élite washingtonienne. Je me souviens de Primrose me racontant un jour avec grande émotion que sa famille venait de se découvrir des liens de parenté avec des voisins, sans doute par le biais du très prolifique roi James Stuart plutôt que par celui des puritains du Mayflower. Sans m'en rendre compte à l'époque, j'éprouvais en direct ces liens privilégiés entre l'Angleterre et les Etats-Unis que De Gaulle trouvait si irritants.

Ce que j'aimais le plus chez les Watkins, c'était le mélange unique de convivialité familiale et de liberté individuelle qu'ils incarnaient. Les enfants avaient leur escalier bien distinct de celui des parents et des invités. Nous pouvions nous coucher tard et faire le bruit que nous voulions pourvu que nous ne réveillions pas le bébé, placé sous la tutelle de la *nanny.* Pourtant, les adultes n'étaient pas absents. Ils étaient là quand nous avions besoin d'eux, pour organiser un jeu ou pour faire du sport, mais ils gardaient leurs distances.

Le jour, la vie se déroulait dehors : en hiver, elle se passait à faire de la luge ou des bonshommes de neige, au printemps, à traquer dans les étangs les œufs de grenouilles qui, mis dans de vastes seaux, deviendraient des têtards, à se promener dans les bois et à jouer au ballon. Primrose et sa sœur cadette étaient traitées par leurs parents d'une manière ouverte et pragmatique, plus proche de la camaraderie que de la tendresse protectrice et possessive qui régnait chez moi. Ils affichaient d'ailleurs à mon égard le même intérêt distancié qu'ils offraient à leurs enfants et qui faciliterait l'inévitable séparation lorsque, vers l'âge de douze ans, viendrait pour mes amies le moment d'entrer dans leur *public school.*

Mes séjours chez les Watkins étaient avant tout associés au cheval. L'équitation était leur religion, le fondement de leur philosophie. Les lads nous aidaient à entretenir les chevaux, mais chaque enfant était totalement responsable de sa monture. Par-delà l'art du cheval, c'était bien autre chose, de plus essentiel, que Primrose et sa sœur avaient appris : la capacité de comprendre les besoins d'un autre. A dix ans, comme moi, Primrose maîtrisait et son cheval et sa vie : elle rayonnait d'une assurance tranquille et m'entraînait en avant lorsque nous galopions le long d'une route battue qui allait devenir la future *beltway* de Washington.

Toutes les deux plutôt garçonnes, nous étions devenues amies en classe parce que nous étions les seules à parler anglais sans devoir penser chacune de nos phrases à l'avance. Cela ajoutait sans doute à notre défiance à l'égard de l'univers jacobin qui nous entourait. La force de l'éducation anglaise qu'avait reçue Primrose était telle qu'elle ne succomba jamais aux modèles français qu'on nous inculquait. Je me souviens encore d'elle, rouge de colère, hurlant en classe que les Anglais n'étaient nullement coupables de la mort de Jeanne d'Arc mais qu'ils avaient été seulement les instruments des choix politiques du camp français. Même si son courage n'eut guère d'effet sur notre maître, qui se contenta de la regarder avec condescendance, je l'admirais. Plongées dans un monde catholique, Primrose et moi partagions le même « antipapisme », la même indifférence à l'égard des titres religieux de notre directeur, « Monsieur l'abbé ». Et nous nous retrouvions, elle l'anglicane et moi la juive, du côté des protestants quand nous devions étudier les guerres de religion.

A ma grande tristesse, elle dut pourtant retourner en Angleterre. Au début, nous nous écrivions de longues lettres. Mais au fur et à mesure que les amis que nous avions en commun partaient eux aussi, notre correspondance devint de plus en plus rare et, lorsque je quittai Washington pour Atlanta, elle s'éteignit.

Primrose fut remplacée par Anne-Marie, une jeune Belge d'origine flamande, qui m'offrit un nouveau cadre pour les week-ends. Je troquai ainsi la vie des *squires* anglais pour le monde infiniment plus austère des bourgmestres flamands. La famille d'Anne-Marie habitait dans un joli quartier résidentiel de Washington une maison de briques rouges qui ressemblait, avec ses pignons, aux demeures si minutieusement peintes par Vermeer. Son père était économiste à la Banque mondiale. Sa mère, véritable femme au foyer, bichonnait sa maison douillette et s'occupait de ses trois enfants. Un gâteau était toujours en train de cuire dans le four, tandis qu'elle s'affairait pour être à la hauteur des exigences tyranniques de son mari.

La discipline qui régnait dans la maison d'Anne-Marie était sans rapport avec le formalisme jovial des Watkins. La rigueur belge paraissait le fruit de l'éthique protestante mâtinée de tradition espagnole. Chez Anne-Marie, je découvris la complexité de l'identité belge. La mère parlait le flamand avec ses enfants, mais le couple éprouvait le besoin de paraître plus francophone. Le père parlait français à ses enfants et ne tolérait pas le flamand à table. Quand, chez moi, nous parlions l'italien sans complexes, je n'arrivais pas à comprendre qu'on puisse éprouver un sentiment d'infériorité linguistique et culturelle.

Mon amitié avec Anne-Marie marqua une étape plus mûre de mon existence. A la différence de ce qui avait eu lieu avec Primrose, je la fréquentais pour elle-même et non pour l'ambiance qui régnait dans sa famille. Nos rencontres étaient des tête-à-tête, où la conversation avait pris la place des jeux. Nous étions les meilleures élèves de la classe et, entre nous, il régnait une rivalité et une complicité particulières. Anne-Marie adorait la littérature : elle me fit découvrir *Maria Chapdelaine*. Sans doute s'était-elle particulièrement attachée à son auteur parce qu'il était francophone mais pas français.

Notre amitié, cette fois, survécut à mon départ de Washington et pendant de longues années, notre correspondance resta régulière. Six ans après, je la revis en Belgique. J'avais dix-neuf ans. J'étais étudiante de deuxième année à Harvard. Elle sortait avec un jeune étudiant en médecine et ne pensait qu'à son flirt, tandis que j'étais tout entière vouée à ma quête de l'excellence académique. Nous n'avions plus grand-chose en commun, sinon nos souvenirs d'enfance.

Sa famille avait gravi l'échelle sociale. Elle vivait désormais dans une vaste maison lumineuse, suffisamment loin de Bruxelles pour qu'on puisse faire du cheval dans la forêt et dans les champs, devant de vieux paysans en sabots qui ne comprenaient même pas un mot de français. Une Rolls Royce trônait dans le garage. Devenu directeur d'une banque prestigieuse au Luxembourg, son père se l'était offerte sur un coup de tête, comme une preuve ultime de son succès. Il s'était d'ailleurs adouci et la mère parlait désormais un français presque parfait. La maison ne semblait plus guère baignée de la rigueur catholique et puritaine d'antan. Sans doute les strates d'une richesse nouvelle l'avaient-elles progressivement recouverte. La famille était en effet parvenue à entrer dans la grosse bourgeoisie, comme l'attestaient les amis chics qu'Anne-Marie fréquentait et les « rallies » pour lesquels elle se préparait. C'était la fin d'un cycle balzacien, mais aussi de notre amitié, qu'une correspondance abstraite avait prolongée en vain.

Avec le temps, ces années passées au Lycée français prirent une coloration symbolique : elles incarnèrent à la fois l'excellence intellectuelle et l'amitié. Pendant les années délicates et compliquées de l'adolescence, l'Europe signifia ainsi pour moi un groupe de garçons et de filles sortant ensemble en toute amitié, loin des structures faussement romantiques et étriquées du *date* américain. Je quittai le lycée avec le sentiment d'une perte intellectuelle et humaine. Mes études américaines me parurent inférieures, moins profondes, plus circonscrites, incarnations imparfaites d'un Olympe distant.

Ce fut en tout cas cette forme de distanciation intellectuelle et sociale, fruit du Lycée français, qui m'empêcha de me sentir « américaine ». Elle me fit m'accrocher à une identité « européenne », même après que j'eus, souvent inconsciemment, absorbé les valeurs fondamentales de l'Amérique.

II

Au-delà du lycée, expérience que je partageais avec ma mère, nous étions en contact avec un autre environnement : celui d'Air France. Les vols internationaux, dans les années cinquante, demeuraient un luxe accessible aux seules élites et la « set à hélices » était bien plus prestigieuse qu'ensuite la « jet set ». A l'époque, c'était une bonne idée de garder en permanence un photographe à la descente des avions d'Air France qui reliaient Paris et New York au cas où quelqu'un d'important se trouverait à bord. Le photographe était rarement déçu. De grands acteurs, des play-boys connus, des milliardaires célèbres débarquaient sur les rares passerelles d'aéroports encore vides, suprême raffinement. Je me souviens aussi que lors de nos fréquents vols transatlantiques, mes parents me montraient du doigt tel passager à nos côtés. La plupart des noms qu'ils me chuchotaient m'étaient inconnus, mais il était difficile de ne pas être fasciné par la présence à bord d'un Charlie Chaplin, de l'Aga Khan, de Brigitte Bardot ou de Sophia Loren.

Dans les années cinquante, les employés des compagnies aériennes baignaient, un peu comme les serviteurs de Louis XIV, dans un monde de luxe. Les voyages n'étaient pas encore une « industrie » et l'élite aux allures futuristes qui les organisait accomplissait son travail comme une activité artisanale. Ils avaient droit à des tarifs préférentiels extrêmement bas et en tiraient une mobilité et une expérience internationale dignes des *happy few*. Mon père aurait eu un autre travail, nos voyages en Europe, étant donné leur prix astronomique, se seraient raréfiés. Je serais peut-être devenue plus pleinement américaine. Nous sautions au contraire l'Atlantique plusieurs fois par an, comme si c'était une flaque d'eau.

La sensation d'appartenir à l'Europe était également renforcée par les collègues et les employés qui entouraient mon père. Ils venaient tous d'Europe et contemplaient les Etats-Unis avec distance. Le directeur de l'agence était un vrai expatrié, fils d'un ministre de la Quatrième République. Comme il n'avait pas les mérites intellectuels et l'étoffe d'un haut fonctionnaire, son charme et son profil distingué avaient été prêtés à la compagnie nationale pour incarner l'image de la France à l'étranger. Il était totalement inefficace dans son travail, mais savait jouer de sa sophistication pour impressionner des Américains peu habitués à sa forme d'élégance, à ce qu'on appelait à l'époque l'*old world grace*, le raffinement du vieux monde.

La secrétaire de direction était une Alsacienne au long torse posé sur des jambes plutôt courtaudes et à la minuscule tête perchée sur un cou très allongé. Cet ensemble disproportionné était sauvé par de grands yeux verts qui illuminaient son visage simple. Simone n'était ni brillante ni charmante, mais elle offrait une fidélité et une affection imparables. Cette femme si banale avait réussi à séduire un officier américain qu'elle avait rencontré à la fin de la guerre lorsqu'il était stationné à Strasbourg. Dans leur salon, était accroché leur bien le plus précieux, une horrible huile peinte à partir de la photographie d'une rivière couverte de neige. L'endroit où la sirène de Strasbourg avait fait perdre son âme au membre de l'*Army Corps of Engineers* ?

Reed, le mari de Simone, était plus petit qu'elle. Il avait une moustache à l'anglaise et un regard bleu d'une tendresse extrême. Il adorait les enfants et me considérait comme sa nièce, s'occupant toujours de moi lors de nos balades du week-end. C'est lui qui m'introduisit aux charmes de l'Amérique profonde, qui m'enseigna les traditions et les proverbes, les noms des arbres et des oiseaux. En dépit de son escapade amoureuse française, il incarnait la simplicité et l'honnêteté du *Midwest,* mais aussi, il faut bien le dire, les immenses limites d'un monde à l'abri de l'histoire.

C'est ainsi qu'il n'apprit jamais le moindre mot de français et qu'il aurait été absolument incapable de dire quoi que ce fût de la France. Le seul lien qui le rattachait à l'Europe était sa femme. De même, en dépit de nos nombreuses invitations, le couple ne vint jamais découvrir l'Italie avec nous. Leur manque de curiosité traduisait une fermeture totale à l'égard de l'histoire, de l'art et de la culture. Leur maison, d'ailleurs, fournissait la meilleure preuve du manque d'intérêt qu'un serviteur loyal de la *Pax Americana* pouvait avoir à l'égard du monde qu'il était censé défendre. Seuls de petits objets hideux témoignaient du fait que Reed avait construit ponts et routes, digues et immeubles partout où le drapeau américain avait flotté. Des tabourets coréens et des paravents japonais cohabitaient ainsi avec des chopes de bière allemandes, de petites gravures françaises et des tatamis philippins, dans un désordre esthétique qui trahissait une parfaite confusion culturelle. Le sol étranger que Reed avait foulé, quadrillé par les bases américaines et leurs magasins spéciaux, réduit à un périmètre « touristique », ne l'avait nullement marqué. Armé de sa règle à calcul et d'une croyance inébranlable dans les valeurs américaines, il avait traversé les continents parfaitement sourd à leur spécificité. Pourquoi s'efforcer de comprendre les marécages étrangers quand on est si bien à l'abri sur la terre sèche américaine ? En dépit de l'amour que je lui portais, Reed confirmait mon sentiment de la supériorité culturelle européenne.

A l'inverse, les deux assistants de mon père incarnaient à la perfection les deux moitiés de l'Europe, celle du Nord contre celle du Sud. Le Hollandais Kase Voss, un géant, inspirait presque de la crainte tant il était massif. Mais il était doux comme un agneau et m'adorait. Personne ne savait pourquoi sa femme et lui étaient arrivés en Amérique, mais ce n'était sûrement pas pour des raisons matérielles. Ils vivaient de manière spartiate, rayonnant de leur honnêteté, leur corps reflétant leur esprit également pur. Du fond de son âme hollandaise, Kase était trop puritain pour l'Amérique de l'après-guerre. Je me souviens encore de son regard blessé lorsqu'il apprit qu'il ne pouvait obtenir de prêt pour acheter une voiture puisqu'il n'avait aucun *credit-rating*, aucun emprunt antérieur. Kase avait toujours acheté comptant : il ne voulait pas dépenser l'argent qu'il n'avait pas et préférait épargner avant de consommer. C'est ainsi qu'il n'avait jamais demandé de carte de crédit. Il était donc perçu comme un homme moins qu'honnête, sans moyens, dans une Amérique plus encline à accorder de la confiance à qui avait déjà fait faillite. Kase était réticent à l'égard de cette logique, mais, à la fin, il suivit les conseils de mes parents : il ouvrit un compte à crédit dans un grand magasin et chaque trimestre, il faisait méthodiquement une grande dépense pour prouver sa fiabilité économique et sociale. Ce géant qui adorait passer des heures sous les cerisiers en fleur du Tidal Basin, à côté du monument dédié à Jefferson, était trop pur pour une société matérialiste.

Antonio Adelfio était d'une tout autre étoffe. Petit et le teint très mat, il était animé d'une féroce volonté de réussite qui lui avait fait quitter son petit village sicilien. Travaillant sans cesse, il avait une intelligence rapide et une énorme confiance en lui. Après son passage par Air France, il ouvrit sa propre agence de voyages, qui devint avec le temps un petit empire. Antonio était aux antipodes de ma mère. Il rayonnait dans sa nouvelle vie américaine et n'éprouvait pas un gramme de nostalgie pour sa vieille vie sicilienne. Il parvint à épouser une jeune femme issue d'une grande famille du Maryland, dont la fortune provenait de la culture du tabac. Installé dans une de leurs propriétés, il gagna l'estime et même l'affection d'un clan WASP pourtant peu porté à fréquenter des immigrants siciliens.

Ma mère aimait bien Antonio. Son pro-américanisme viscéral se justifiait à ses yeux par la « sous-Italie » miséreuse qu'il avait dû abandonner. Avec une certaine condescendance, elle acceptait le choix d'Antonio, tandis que pour elle il était inconcevable de quitter l'Italie de la culture. Raisonnant avec des catégories plus littéraires que politiques, ma mère portait en elle une image de l'Italie qui n'était pas ternie par la corruption, les scandales et l'injustice, une Italie de sensations et de visages, non de principes.

Ce petit monde d'Air France constituait une famille pour nous. Lorsque ma mère passa une période prolongée à l'hôpital, tous se mobilisèrent pour s'occuper de moi et je passai de longues heures au bureau de mon père. Air France servait de bouclier contre les difficultés de la vie, comme un fragment de ma propre identité dans cette Amérique étrange où je n'avais ni oncles ni tantes. Je suivais la croissance de là compagnie, l'ouverture de ses nouvelles escales et l'arrivée des nouveaux avions à réaction avec fascination et orgueil, comme si le symbole d'Air France, l'hippocampe, incarnait nos armoiries familiales.

J'empruntais les avions comme s'ils avaient été les miens, avec le même esprit de possession qu'un Onassis contemplant sa flottille privée.

Air France, le sang de mon existence multiculturelle, m'offrait une appartenance « française ». Je célébrais le 14 juillet dans ses locaux avec champagne, baguettes et pâté, à une époque où ces délices étaient pratiquement inconnues en Amérique. Je découvrais les merveilles des châteaux français avec ses calendriers et je rêvais de destinations exotiques devant ses affiches multicolores signées Mathieu. Lorsque mes parents se rendaient aux réceptions de l'ambassade de France, lorsqu'ils allaient voir des pièces de théâtre présentées par des troupes françaises, je les regardais sortir persuadée que seule la culture européenne comptait. Cependant, l'Amérique pénétrait peu à peu mon existence. Ce n'était déjà plus seulement une simple toile de fond.

III

La chaleur écrasante, l'humidité qui rendaient toute promenade à pied impossible et qui obligeaient à subir l'air givré des climatiseurs ou le bruit incessant des ventilateurs, les distances que des autobus fatigués et brûlants couvraient à une vitesse d'escargot, les flots de boissons gelées, la richesse des grands magasins, la brusquerie des vendeurs des *drugstores*, les tons pastel des parcs : telles furent mes premières impressions d'une Amérique plus physique, plus réelle que l'exotisme artificiel de Miami.

De nouvelles sensations apparurent avec notre premier appartement. Le petit magasin d'alimentation du coin me fournit ma première leçon d'indépendance. Ma mère m'envoyait souvent acheter un produit manquant et je profitais de l'occasion pour flâner dans les minuscules allées de la boutique sous le regard de son propriétaire obèse. Je me dirigeais vers le rayon des gâteaux et des bonbons, fascinée par les impressionnantes sucreries multicolores, les chamallows, les petits paquets de *bubble gum*, toutes choses que ma mère détestait pour leur odeur artificielle qui la rendait malade. Ces délices interdites, je les achetais en cachette avec la petite monnaie qui me restait et les mangeais sur le chemin du retour. J'adorais leur goût et aujourd'hui leur parfum « industriel » évoque pour moi les souvenirs de mon enfance. Ils étaient mon petit plaisir personnel, loin des gâteaux « européens », des éclairs au chocolat, des mille-feuilles, des forêts noires que mes parents achetaient dans la pâtisserie « française » la plus chère de la ville. A ces gâteaux prétentieux, sans rien de commun avec leur équivalent d'outre-Atlantique, trop sucrés et surtout trop grands, je préférais les délices préfabriquées. Elles au moins étaient « vraies ».

Le magasin Woolworth, à côté de chez nous, offrait une autre source d'émerveillement. Mes bonbons préférés s'y trouvaient, à des prix dérisoires, tout près des animaux de ferme en plastique. Des Indiens dorés côtoyaient ainsi des poules vertes, des chevaux bleus ou des cow-boys rouges. Ils ne pouvaient se comparer avec les figurines anglaises, modelées à la perfection et peintes à la main, que mes parents m'achetaient pour les grandes occasions. Mais la quantité avait aussi ses avantages et, dans mes jeux, je mêlais allégrement les vaches violettes et les dindons jaunes avec mes *herefords* blancs et noirs et mes chevaux de ferme marron. De standing ou de masse, ces jouets cohabitaient en parfaite harmonie, comme mes poupées italiennes aux cheveux vrais, habillées de chaussures en cuir et de petites robes qu'une tante me faisait sur mesure, forcées de partager leurs instruments de cuisine et leurs lits avec une nouvelle génération de parvenues américaines aux sandales en plastique et aux yeux inexpressifs.

Je mêlais volontiers ces deux mondes. Mais je savais que le plus beau venait d'Europe. Ainsi, puisque l'école était pour moi une activité sérieuse, je conjurais ma mère d'acheter tout le matériel essentiel, mes cahiers, mes stylos, mes crayons de couleur, en Italie ou en France. La galaxie Woolworth était bonne pour les gommes, les crayons noirs, les yo-yo, les cordes à sauter ou, selon la mode de l'époque, le hoola hoop. Aujourd'hui, les Européens, épris de snobismes et de modes réciproques, envoient leurs enfants à l'école en Osh-Kosh avec des sacs à dos et des chaussures bateau, tandis que les *Yankees* sont friands de chaussures anglaises, de sous-vêtements Petit Bateau et de pulls italiens. Mes mélanges enfantins des années cinquante pouvaient apparaître comme une forme particulièrement précoce de snobisme. Ce n'était pas le cas : je vivais dans mon univers d'objets entourée d'une indifférence totale.

D'autres aspects moins matériels de l'Amérique formèrent mon enfance. Je découvrais la merveilleuse institution de la bibliothèque publique de quartier. J'y allais seule à pied et revenais avec des piles de livres empruntés pour quinze jours, que je traitais avec le plus grand respect, première leçon de civisme. Choisis dans le rayon correspondant à mon âge, ils étaient amplement illustrés et écrits avec des gros caractères. Ils ne correspondaient déjà plus à mon niveau éducatif, mais la bibliothécaire n'aimait pas que, enfant, l'on pénétrât dans le rayon des livres pour adolescents. Je lus ainsi des multitudes de livres décrivant la vie selon le grand rêve américain de l'existence banlieusarde. Tous les enfants qui peuplaient ces histoires pour moi exotiques étaient naturellement blancs. Ils vivaient dans des maisons spacieuses avec jardin, où se trouvaient l'inévitable vélo, la balançoire, la table à pique-nique.

Pendant ces premières années à Washington mes impressions les plus vives de l'Amérique étaient liées à la nature. En allant au lycée, je traversais le grand parc de Rock Creek, au cœur de la ville. Les écureuils jouaient à cache-cache avec les humains et paraissaient des âmes absolument libres. Un jour, l'un d'eux entra dans notre classe en sautant d'une branche d'arbre. Nous étions tous fascinés : il se tenait tremblant entre deux tables et nous contemplait de ses yeux inquiets, inconscient du fait qu'il venait d'interrompre une dictée. Cette présence presque sauvage au milieu du plus-que-parfait du subjonctif me paraissait résumer le contraste entre la culture française et la nature américaine. Avec le temps j'appris à reconnaître les geais bleus, les rouges-gorges et les cardinaux qui coloraient notre ciel de manière infiniment plus intense que les pigeons, les moineaux, les hirondelles des villes européennes. Je poursuivais mon éducation naturelle en revenant tous les jours de l'école par le grand zoo, où je suivais le jeu des saisons. Les feuilles mortes d'automne offraient un lit douillet aux animaux qui faisaient la sieste dans leur cage, profitant des derniers rayons de soleil. La neige, en hiver, faisait ressortir les raies des zèbres qui paraissaient de loin comme des barreaux de prison. Au printemps, explosait une symphonie de couleurs, comme pour mieux accueillir les nouveau-nés, dont un bébé girafe au cou démentiel. Les plus beaux oiseaux du monde, des aigles ou des cigognes, déployaient leurs ailes puissantes dans cet espace clos et caricatural en comparaison de leur milieu d'origine. Contemplant les modestes pigeons planer librement au-dessus de leurs rares cousins asiatiques, je me disais qu'il valait mieux être banal que noble.

C'était pendant nos excursions du week-end que je pénétrais vraiment l'Amérique. Nous parcourions la campagne de Virginie et du Maryland dans notre Peugeot bleue, la voiture de fonction de mon père. Les automobiles françaises, encore rares sur les routes américaines dans les années quatre-vingt, étaient alors inconnues et la Coccinelle allemande n'avait pas encore fait son apparition. Nous étions les ambassadeurs d'un monde que les Américains, à l'apogée de leur confiance en eux, imaginaient à peine.

Le week-end, je délaissais Victor Hugo, les empereurs romains et les rois de France pour les blessures de la guerre de Sécession. A Harpers' Ferry, village perché sur les hauteurs du Potomac, je découvris les exploits de John Brown et des abolitionnistes. Au printemps, parmi les pommiers en fleur, je marchai sur les champs de bataille de Manassas et de Vicksburg, où des centaines de milliers de soldats étaient morts dans une guerre que je ne comprenais pas. Je visitai la ville historique de Williamsburg, restaurée, et la maison de George Washington à Mount Vernon. Comprenant ce que « vieux » signifie aux Etats-Unis, j'avais l'impression que les Américains se débrouillaient comme ils pouvaient avec le peu d'histoire qui leur était accordé et je contemplais d'un regard amusé les foules de touristes en admiration devant de vieilles maisons très banales. Habitée par les images de l'Acropole, de Pompéi, de Florence ou de Versailles, imbibée de mythologie, je demeurais froide devant les innombrables colonnes ioniennes et corinthiennes de la Washington officielle. Leur marbre blanc était trop neuf, trop brillant.

A l'histoire américaine, je préférais la nature et ce sentiment de grande liberté qu'elle m'offrait après mon confinement austère au lycée. Grâce à un contact d'Air France, nous avions rencontré un fermier chez qui nous achetions nos poulets et nos œufs. Il n'avait rien de traditionnel et exploitait une ferme ultramoderne où certaines poules pondaient déjà à la lumière électrique. Mais il avait conservé une production « vieux style » pour ses connaissances. Dans sa belle demeure blanche entourée d'énormes silos et de vastes champs, il rayonnait de bonheur, pittoresque dans sa salopette de jean, sa chemise en flanelle à carreaux rouges et noirs, ses grosses chaussures Timberland maintenant très à la mode même dans les boutiques parisiennes. Comment imaginer à l'époque que ces vêtements allaient devenir l'uniforme des contestataires universitaires américains des années soixante ?

A quelques kilomètres de la ferme se trouvait un petit village. Deux vieilles sœurs tenaient un magasin où on trouvait de tout. Seuls un distributeur de Coca-Cola flambant neuf et la relative richesse des produits présentés indiquaient que nous n'étions pas dans une de ces boutiques de l'Amérique profonde photographiées par Walker Evans durant la Dépression. La véranda, les gros barils de farine et de céréales, les pots de cornichons, les comptoirs d'épices et surtout les bocaux de verre pleins de bâtonnets en sucre multicolores témoignaient pourtant d'une Amérique éternelle et les dames portaient des vêtements sortis d'un autre siècle. D'ailleurs, les habitants de ce Maryland rural éprouvaient de la nostalgie pour ce monde en voie de disparition. Ils parlaient avec rancœur de Washington, symbole du pouvoir national croissant. Je ne comprenais pas à l'époque ce qu'ils reprochaient à la ville, mais je voyais bien qu'ils étaient heureux sur leurs terres. Ces *farmers* n'avaient pas l'intention d'imiter les paysans siciliens qui arrivaient en masse dans les villes italiennes du Nord précisément pendant ces années. L'Amérique des rêves d'immigrants n'était pas la leur, mais ils étaient sûrs de vivre la meilleure des vies possibles et ils regardaient les étrangers avec une certaine condescendance.

Un jour, nos balades allèrent jusqu'en territoire amish. Comparés aux traditionalistes qui habitaient là, des juifs orthodoxes auraient paru post-modernes. La secte amish continuait à vivre exactement comme au XVIII⁰ siècle, refusant tout progrès technique, des boutons à l'électricité, à l'abri sur ses riches terres. Un détour nous fit emprunter un chemin où les voitures étaient tabous. Grâce à notre Peugeot et au fait que nous ne parlions pas anglais entre nous, ces fermiers nous accueillirent avec intérêt et gentillesse, détournant les yeux de l'objet sacrilège qui brillait avec arrogance. Des enfants de mon âge jouaient pieds nus avec des jouets artisanaux de bois, à l'ombre d'un moulin à vent. Dans la grange, la calèche de la famille attendait d'être attelée pour une promenade en ville. Dépourvue de culture protestante, sans racines agricoles, trop portée au modernisme, je n'avais aucun des éléments nécessaires pour comprendre le phénomène amish. Mon judaïsme dilué ne m'avait pas préparée à de telles traditions et je trouvais scandaleux que des enfants fussent élevés dans une culture qui les mettait au ban de la société moderne, même si cette secte irréductible cohabitait dans la tolérance réciproque avec la modernité et participait aux institutions politiques locales. A l'étape suivante, face à la gigantesque usine de chocolat Hershey, je respirai, soulagée.

Les petites villes qui peuplaient la grande baie du Chesapeake m'impressionnaient par leur austérité aux antipodes des luxueuses stations balnéaires italiennes. Les maisons blanches en bois, avec leur peinture pelée et leurs tuiles manquantes, me donnaient une impression de grande tristesse que la couleur gris foncé de l'océan n'atténuait pas. L'eau était froide, la plage sans parasols, déserte, le rare comptoir des drugstores ou des *luncheonettes* était peu amical comparé aux cafés méditerranéens. Je ne pouvais pas apprécier la beauté sauvage et intrinsèque de la baie. Du haut de l'énorme pont qui l'enjambait, j'apercevais les bateaux à voile, présences mystérieuses d'une autre planète sociale et culturelle. Rien ne me portait vers ce cadre WASP, où l'éthique du travail régissait aussi les heures de vacances. Bien plus tard, je quitterais de mon propre gré les côtes de la Méditerranée pour retrouver des horizons semblables, en Normandie, mais à l'époque, je contemplais l'Atlantique avec l'indifférence d'un empereur romain perché sur sa villa de Capri.

Ces petites incursions dans la campagne étaient l'équivalent d'un film. Je voyais la vie des autres se dérouler sur un écran géant en technicolor avec des personnages grandeur nature et des parfums réels. Mais c'était un monde dans lequel je n'avais aucune part. Je déambulais dans la douceur de la végétation et dans la culture ambiante avec les yeux d'un visiteur temporaire. Et puis les lumières s'éteignaient. Le film était fini. Au retour, dans la voiture, je me préparais à revenir à la réalité européenne en récitant ma poésie de la semaine et en repassant mes dynasties.

IV

Grâce au libéral-socialisme de mes parents, j'avais conscience des problèmes d'une société dont je ne faisais pourtant pas vraiment partie, et surtout de la question noire. A Washington, même si la discrimination raciale n'était pas aussi institutionnalisée que dans le Sud profond, elle était pourtant bien présente. On pressentait qu'au-delà des limites invisibles derrière lesquelles vivaient les blancs, un autre monde commençait.

Les ouvriers du zoo et quelques rares chauffeurs d'autobus étaient les seuls noirs que je voyais près de chez moi. Parfois, lorsque nous allions acheter de vieux meubles — le terme *antique* n'étant pas encore à la mode — chez un couple d'originaux, nous nous approchions un peu plus des quartiers noirs. Le magasin se trouvait tout près du Capitole, à quelques pas d'un quartier noir où l'on apercevait des mères et leurs enfants assis sur leur pas de porte pour prendre l'air. Quand il faisait plus froid, les portes étaient fermées et les fenêtres recouvertes de planches. Ce n'était pas la violence qui dominait ces lieux, mais une vague sensation d'étrangeté insurmontable.

Le couple que nous connaissions était « alternatif » avant la lettre. Ils avaient toutefois un sens des affaires particulièrement aigu, puisqu'ils avaient commencé à acheter de vieux *townhouses* à côté du Capitole pour les restaurer et les revendre un jour en prenant leur bénéfice. C'étaient des pionniers de la *regentrification* qui allait lentement rendre les alentours du Capitole dignes de ce symbole de la démocratie américaine. Dans un état lamentable, ces maisons se trouvaient à des kilomètres du plus proche quartier blanc. Les noirs qui les habitaient continuaient à inspirer une peur presque atavique à la plupart des blancs. Je ne comprenais pas comment tout un quartier, si proche du cœur du pouvoir américain, avait pu se laisser aller à une telle détérioration. Je découvris plus tard la logique infernale de la course vers les banlieues, qui avait changé le centre des villes en taudis. A l'époque, pour moi, tout cela n'avait aucun sens : nous étions des intrus dans un monde à l'envers.

La question raciale, je la considérais avec une dose massive de supériorité européenne. « Nous » — un pronom qui dans mon esprit caractérisait, de l'Atlantique à l'Oural, cette civilisation qu'on nous rabâchait sans cesse au lycée — ne faisions pas preuve d'un tel racisme. Je répétais ma leçon avec d'autant plus de conviction que quelques enfants noirs étaient mes camarades dans l'école française. Ils venaient à nos fêtes et étaient traités, tout du moins le croyais-je avec mes yeux enfantins, comme tous les autres. En Amérique, la réalité était tout autre, horrible, choquante. Je me souviens encore du jour où ma mère me prit à part pour me dire de manière très sérieuse que je ne pourrais pas célébrer mon anniversaire dans la patinoire d'un grand hôtel, si j'invitais Emmeline, la fille de l'ambassadeur haïtien. Je fis ma fête à la maison, dégoûtée par une forme si ouverte de discrimination.

En dépit de notre conscience antiraciste, nous n'étions pas immunisés contre le climat de peur ambiante qui régnait. Deux ans après notre arrivée à Washington, nous nous installâmes dans un grand appartement du début du siècle, à quelques minutes de l'école. Le quartier avait été très élégant avant la Deuxième Guerre mondiale, mais il commençait à se dégrader car des noirs petit à petit « s'infiltraient » et notre immeuble lui-même perdait un peu de sa superbe. Mes parents l'avaient sans doute choisi à cause de sa situation centrale, de son charme, de la taille des pièces à l'opposé de ce qui avait déjà cours dans les maisons modernes. Mais ils ne s'étaient pas rendu compte que nous venions d'entrer dans une zone crépusculaire. Quand ils s'en aperçurent, ils me permirent seulement de tourner à gauche vers les beaux quartiers et l'école, mais surtout pas à droite vers la frange du quartier qui se détériorait.

Parfois, en voiture, nous longions ces rues « tabous ». Un voile opaque semblait s'être abattu, ternissant les couleurs, créant une sensation de tristesse et de désespoir. Les immeubles ressemblaient au nôtre et pourtant ils étaient différents. Les voitures étaient plus vieilles, décrépites, raccommodées de pièces de différentes couleurs. En pleine mode des cabriolets, elles avaient parfois le toit perforé et ne possédaient plus d'enjoliveurs. De grosses poubelles décoraient le trottoir devant les immeubles et les entrées ne brillaient plus. Les propriétaires avaient sans doute renoncé à entretenir des lieux déjà condamnés, qui ne pourraient plus rapporter que de maigres loyers. Cette partie du quartier rappelait les anciennes colonies françaises où des immeubles au style parisien restaient debout comme de très vieilles dames aux couleurs fanées, à la façade ridée. Les noirs qui habitaient là ne se pliaient pas aux mêmes rythmes, aux mêmes contraintes, que les blancs. Ils n'appartenaient pas à la classe des cols-blancs et ne partageaient pas leurs peurs et leurs angoisses. Les deux communautés se tenaient à l'écart, de part et d'autre d'un abîme.

Peu de temps après, mes parents décidèrent de partir et de

céder à une des tentations les plus fondamentales de l'éthos américain : l'achat d'une maison. Finies les randonnées du week-end. Tout notre temps libre fut désormais consacré à la recherche de ce symbole suprême du succès. Ballottée dans la voiture des agents immobiliers à travers tous les coins « convenables » de la ville, je découvris le Washington *middle-class*. Dans les nouveaux ensembles qui se construisaient au milieu de terrains vagues encore délimités par des fils en plastique rouge dansant dans le vent, l'agent nous faisait visiter les maisons témoins aux cuisines regorgeant de gadgets. Grandes, mais sans personnalité, elles étaient toutes identiques, même dans leurs variations préétablies. Nous n'avions pas le courage de nous installer au plein milieu de nulle part, dans l'une de ces demeures où même les arbres devaient être imaginés.

Pénétrer dans des maisons habitées, qui avaient déjà « vécu », nous changea en voyeurs de l'univers *middle-class* : celui des chambres désordonnées des adolescents, des cuisines reluisantes remplies de mixers et d'ouvre-boîtes électriques, de l'omniprésent téléphone mural, des fauteuils confortables prévus pour accueillir des moments de loisir qui n'arrivaient jamais, des salons élégants qui ne servaient que le dimanche pour la lecture du journal à mille suppléments, des chambres à coucher conçues comme de petits empires où les parents pouvaient se prélasser dans une intimité toute puritaine, des coins pour le petit déjeuner où régnaient une infanterie de boîtes de céréales, des buanderies et de leurs montagnes de linge sale empilé devant des machines esclaves qui ne cessaient jamais de tourner, des salles de bains au papier hygiénique coordonné, des garages énormes contenant les toutes dernières inventions pour la voiture chérie et pour la tondeuse à gazon sacrée, des inévitables jardins avec leur balançoire et leur barbecue.

Toutes ces maisons exsudaient une atmosphère fatiguée par le rêve de consommation. Elles étaient vendues parce que les enfants quittaient le nid familial pour aller au *college*, parce que le couple divorçait ou parce que la famille déménageait pour une autre ville. A part la moquette délabrée, tout évoquait le silence momifié de l'empire du formica. Mon esprit titubait devant tant d'incarnations identiques du bonheur *middle-class*. Il y avait toujours d'autres maisons à voir, le babillage constant de l'agent immobilier à écouter, les comparaisons et les réflexions du soir. Je me sentais une sorte de Sisyphe indéfiniment condamnée à toujours soulever les toits pour glaner des secrets médiocres.

L'agonie de mes week-ends prit fin avec la découverte d'une charmante petite maison à Bethesda, aux portes de Washington. Elle avait été conçue et construite par son propriétaire et ne ressemblait à aucune autre. Son jardin abritait de merveilleux sapins, des érables, des dizaines d'azalées géantes et des hortensias. Le barbecue en pierre annonçait les futures fêtes que je donnerais pour mes amis, tandis que le grenier et le sous-sol recelaient des coins parfaits pour des parties de cache-cache et des chasses au trésor.

Malheureusement, mon rêve tourna court : nous devions vivre dans cette maison moins d'un an. A peine installés, mon père apprit qu'il serait transféré à Atlanta. Je devais toujours me demander ce qui se serait passé si j'avais continué à vivre à Washington, dans cette ville qui ne cessait de s'ouvrir sur le monde, où mon éducation française se colorait de plus en plus d'apports américains.

Non pas que la vie dans cette banlieue résidentielle fût simple. Nos premières impressions, d'ailleurs, furent terrifiantes. L'homme qui nous céda la maison était veuf, ivrogne et dépressif. Ses enfants l'avaient forcé à vendre pour le placer dans une *nursing home*, euphémisme pour ces dépotoirs humains des sociétés à famille nucléaire. Il ne s'imaginait pas vivant ailleurs, loin de ses plantes et de ses souvenirs. Un jour, pendant que nous nettoyions la maison pour nous installer, il arriva avec un fusil, menaçant de nous tuer si nous ne quittions pas immédiatement « sa » propriété. Nous vivions en direct un de ces mauvais programmes de la télévision américaine. En dépit de notre terreur, l'un de nous parvint à appeler la police. Le fusil n'était pas chargé, mais le poids de cette violence nous accabla et, par la suite, toujours, nous avons craint qu'il ne revienne. Mes parents ne me laissaient jamais seule et le soir, barricadés comme des pionniers assiégés par les Indiens, chaque bruit nous faisait tressaillir. Rien à voir avec le calme bucolique auquel nous nous attendions.

D'autres problèmes surgirent. Comme partout dans l'Amérique profonde, nous étions esclaves de la voiture et, ma mère ne conduisant pas, nous étions liés aux emplois du temps de mon père. Les autobus n'existaient pas, le prix des taxis était prohibitif.

Nous vivions aliénés par notre propre maison. Sans doute paraissions-nous bizarres à nos voisins, un couple sans enfants. Le mari avait perdu une jambe lors de la guerre de Corée et travaillait pour la CIA à un poste suffisamment subalterne pour qu'il puisse nommer son employeur. Lorsqu'il se rendit compte que nous étions « étrangers », il ne nous adressa plus la parole. Au moins eut-il la politesse de nous expliquer qu'il ne pouvait pas se permettre d'être vu avec nous. Après cela et comme nous devions partir, nous ne fîmes aucun effort pour nous intégrer.

Pourtant, la maison de Washington demeura associée à des souvenirs familiaux heureux. Ce fut la seule de mes résidences américaines où un membre de notre famille, la tante du Chili, séjourna, rompant le cordon sanitaire qui coupait notre vie en deux entre le quotidien américain et les loisirs européens. Je pus enfin écouter une autre voix que celle de mes parents. Notre triangle éternel s'élargit quelques semaines, me rappelant ce qu'était une réunion de famille. Ma tante partie, mon père toujours entre Washington et Atlanta, mes cinq ans de vie washingtonienne se défirent comme une pelote.

V

L'Amérique devint rapidement le filtre à travers lequel percevoir les grands événements du monde. Mon éducation télévisuelle se fit désormais, de plus en plus, avec les informations tout autant qu'avec les dessins animés et les séries familiales. Je me souviens encore de l'effervescence qui saisit l'Amérique après le lancement du Spoutnik par l'URSS. L'espace devint une obsession nationale. Pas un jour ne se passait sans qu'une information venant de cap Canaveral ne réchauffe les espoirs américains de relever le défi lancé par les Soviétiques. Même la mère de famille la plus isolée, dans sa ferme du *Midwest,* connaissait son système planétaire par cœur et pouvait discourir sur la force de gravité : ils faisaient la une de tous les programmes radio. Je participai à cette passion nationale en décrétant qu'un jour je serais astronome. J'ai encore le livre d'astronomie que mes parents m'offrirent pour mes neuf ans. Il s'achevait sur des images des futurs astronautes marchant sur la lune dans leurs costumes de caoutchouc épais, la tête recouverte de gros bols de verre. Jules Verne était dépassé : si des satellites et des capsules pouvaient aller dans l'espace, le reste était à portée de main.

La politique proprement dite était plus difficile à suivre. Des dernières années de la présidence d'Eisenhower, je ne garde que le souvenir de son infarctus et de ses parties de golf. Le héros du débarquement en Normandie paraissait vieux et démodé dans l'Amérique d'Elvis Presley, que je regardais danser l'après-midi à la télévision. J'étais encore trop jeune, mais je me souviens du mépris avec lequel je contemplais les socquettes blanches des jeunes filles dansant le rock and roll avec leurs queues-de-cheval et leurs robes longues.

En 1959, mes parents m'emmenèrent voir le catafalque de John Forster Dulles lors de ses funérailles nationales. Je ne sais trop pourquoi, car Dulles était leur bête noire. Peut-être pour célébrer la fin d'une époque. Ma mère ne supportait pas l'homme responsable de l'humiliation de Suez et mon père n'aimait pas son esprit de croisé de la Guerre froide, sa façon de traiter les communistes comme s'ils étaient tous des monstres, vision artificielle dont le PC italien, à nos yeux sympathique et humaniste, faisait les frais. En dépit de ce ressentiment familial, nous nous sommes joints à la cérémonie et le soir, je pus voir pour la première fois à la télévision un événement auquel j'avais moi-même participé, sans émotion particulière d'ailleurs, mais tout de même impressionnée par le catafalque dans l'absurde cathédrale gothique à l'américaine.

La même année, le général de Gaulle vint en visite officielle à Washington. Ce fut la seule fois où le monde politique pénétra notre lycée. Les professeurs avaient tous été invités à l'ambassade pour rencontrer le grand homme. Mes parents y allèrent, heureux de pouvoir serrer la main du héros du 18 juin, dont ma mère avait été parmi les rares personnes à entendre l'appel transmis par la BBC au Caire. L'entourage du Général, Madame de Gaulle et peut-être André Malraux — mes souvenirs restent vagues sur ce point — vinrent dans notre école, symbole de la grandeur de la culture française. Les cartes sur les murs, l'histoire, la littérature qu'on nous enseignait prirent un tour différent. La France existait, incarnée par un grand homme.

De Gaulle renforça ainsi ma sensibilité européenne. Sa stature et son rôle politique conféraient à l'Europe tout entière un poids accru. Et je lui attribuais, à tort, la paternité de la CEE, dont la naissance, deux ans plus tôt, avait fait la une du journal télévisé. Vivant dans une ambiance française, je le considérais comme mon chef politique. Le bruit des armes et les tensions provoquées par le début de la guerre d'Algérie n'abîmaient aucunement la haute image que je me faisais de la France à travers lui. De Gaulle incarnait un pays tourné vers la modernité, auprès de laquelle les problèmes coloniaux me paraissaient de simples résidus d'un passé déjà aboli. Je trouvais ainsi naturel que les Français quittent l'Algérie. Ce n'était pas leur terre.

L'événement politique le plus important de mon séjour à Washington fut l'élection de John F. Kennedy à la présidence. J'avais douze ans, mais je goûtai pleinement l'air frais qu'il apportait à la vie politique américaine. Je fus saisie d'emblée par l'image presque magique de la « Nouvelle Frontière », par ce mélange d'idéalisme et de pragmatisme incarné dans le *Peace Corps*, cette armée de volontaires qui devait porter le progrès et le bonheur dans les coins les plus perdus du monde. Ce sentiment subsista, même après la révélation des réalités plus douteuses qui se cachaient derrière l'idéalisme de façade et même durant le lent embourbement vietnamien. Kennedy représentait tous mes rêves : la jeunesse, la culture, la modernité, la justice sociale, et son style rompait avec la grisaille d'Eisenhower. Je me sentais plus à l'aise dans une Amérique où la femme du Président parlait le français, où Robert Frost était invité à lire un poème lors de l'investiture présidentielle.

Kennedy m'avait séduite au moment des grands débats télévisés où il avait tenu tête à Richard Nixon, le diable incarné, avec son regard sombre et ses discours pleins de haine et de rage. Le jour de l'investiture, j'étais trop excitée pour regarder toute la cérémonie à la télévision. Il me fallait participer à l'Histoire. J'entraînai mon père dehors dans le froid. Il avait neigé la veille, des équipes de balayeurs avaient dû travailler toute la nuit pour nettoyer la route du cortège officiel. Entre les files des spectateurs qui avaient attendu debout depuis l'aube et les montagnes de neige au bord des rues, je ne pouvais rien voir. J'entendis pourtant la foule applaudir soudain avec frénésie. La limousine présidentielle venait de passer, en route vers la Maison Blanche. J'étais à deux pas de l'Histoire, sans voir, mais emportée par l'émotion.

Avec Kennedy d'un côté et la CEE de l'autre, mes deux

mondes pourraient peut-être se rencontrer. Mon éventuel retour à « l'Est », dans le monde meilleur de l'Europe, je le vivais déjà en pensée avec la passion des premiers pionniers gagnant l'Ouest américain.

Atlanta

Lorsque Air France transféra finalement mon père à Atlanta en Georgie, je quittai Washington et son Lycée français pour entrer dans l'adolescence. Dans son bureau parisien, un technocrate armé d'un crayon et d'une carte des Etats-Unis avait élu cette ville nouveau siège d'Air France pour une vaste zone qui allait de la Pennsylvanie jusqu'aux Caraïbes. La compagnie provoqua ainsi un saut au cœur du Sud historique qui transforma ma vie.

Atlanta au début des années soixante commençait à peine à sortir de sa torpeur provinciale. La modernisation vint ensuite, qui allait faire de cette ville un des pôles régionaux les plus importants des Etats-Unis. Avec les nouveaux *carpetbaggers*, avec les industriels du Nord en quête de main-d'œuvre qui ne soit pas syndicalisée, qui soit moins chère et plus malléable, nous précédions la masse des sociétés de service, des banques et des grands cabinets d'avocats qui rendirent la modernité *yankee* respectable. L'Atlanta qui nous accueillit restait pétrie d'exclusivisme sudiste et d'un orgueil encore meurtri par la défaite de la guerre de Sécession. Le mouvement des droits civiques était encore marginal. Ce qui dominait, c'était surtout la méfiance à l'égard du *Yankee*, l'étranger hostile par excellence. L'Europe, et le reste du monde avec elle, paraissaient bien lointains.

Très vite, je découvris ce que notre identité européenne comportait d'ambiguïté. C'est elle qui nous protégea contre l'hostilité générale qui régnait à l'égard des *Yankees*. Et plus tard, lorsque ma mère enseigna à l'Université noire, elle nous garda de la haine des noirs contre les blancs. Mais en même temps elle nous plaça à part. Nous portions l'auréole de la culture et de la civilisation du vieux monde, mais nous subissions aussi les préjugés qui avaient cours sur l'Europe, cette mosaïque de petits pays qu'avaient fuis les immigrants, les ancêtres des Américains que nous fréquentions. Nous étions considérés tantôt comme supérieurs tantôt comme inférieurs : dans les deux cas, l'intégration était difficile.

Je vécus à Atlanta les quatre années les plus riches et les plus marquantes de ma vie, les plus solitaires aussi. Dans mon école, havre des élites, je découvris un protestantisme très puritain. Ma mère m'introduisit au cœur du mouvement pour les *civil rights* des noirs. J'étais également en contact, par mon identité religieuse, avec le monde juif et, par mes parents, avec la minuscule communauté européenne d'une Amérique provinciale. Je vécus en ethnologue, mais petit à petit, de manière imperceptible, je commençai à absorber, souvent contre mon gré, les valeurs les plus profondes d'un pays que je continuais à regarder comme étranger. Lorsque avec l'âge de raison le moment vint pour moi de quitter Atlanta, en 1966, toute nouvelle citoyenne américaine, mais encore européenne dans l'âme, mon destin était sans doute scellé. Dix années passées en Europe me l'ont appris depuis. Mais à l'époque je me sentais d'abord européenne et c'était une Européenne que les autres voyaient en moi.

I

Mon premier contact avec Atlanta eut pour cadre un examen d'entrée dans une école privée qui se transforma rapidement en combat pour la défense de l'honneur de l'éducation française. Dès Washington, mes parents avaient commencé les démarches nécessaires pour m'inscrire à un des lycées publics d'Atlanta. Mes compétences académiques étaient beaucoup trop élevées pour le *eighth grade* d'une *high school* d'Atlanta. Mais j'avais à peine treize ans. Il était délicat de me placer dans une classe de garçons et de filles qui en avaient seize. On suggéra donc à mes parents de m'inscrire dans l'école privée la plus cotée de la ville, la Westminster School, où je pourrais obtenir la meilleure éducation possible pour mon âge.

Je me retrouvai ainsi un beau jour de printemps dans une

petite salle tapissée de linoléum et insonorisée, face à une vieille dame qui devait tester mes capacités. Elle me tendit deux questionnaires : l'un devait établir mon quotient intellectuel, l'autre mon niveau de connaissances. Rien dans ma scolarité française ne m'avait préparée à réussir. Je me perdais dans les arcanes des mesures anglo-saxonnes, troublée par les *pints* et les *bushels*, les *acres* et les *yards*. J'étais surtout fort déconcertée par le système des questions à choix multiple. Au Lycée français, j'avais appris à résoudre un ou deux problèmes de mathématiques en une heure, à faire des analyses logiques. Je savais m'appuyer sur des données, raisonner. Je n'étais nullement préparée pour le mitraillage auquel j'étais soumise dans ce contexte nouveau. J'obtins un très mauvais résultat au test qui portait sur mes « connaissances générales »... mais, comble de l'exotisme pour mes juges, fis la preuve d'un quotient intellectuel élevé. Comment une jeune fille « aussi intelligente » avait-elle échoué à un examen aussi « élémentaire » ? Que faire de moi ? Les autorités de l'école proposèrent à ma mère de me faire repasser le test. Quelque chose n'allait pas, assurément. Après beaucoup d'hésitations et de palabres, du bout des lèvres, le directeur de l'école accepta finalement de m'admettre, mais à l'essai. La vérité étant américaine, mes résultats du premier trimestre décideraient.

J'étais furieuse, humiliée. J'étais aussi déterminée à relever le défi et à prouver par mon excellence scolaire la stupidité des autorités et du système. Mais, au-delà de cette réaction d'orgueil, cet épisode laissa en moi des traces plus profondes. Je voulais prouver la supériorité de l'enseignement européen, mais je faisais par là même l'expérience de la relativité des normes et des niveaux. Très vite, le scepticisme à l'égard de la prétendue universalité de la connaissance allait me gagner.

Bien que j'aie été placée parmi les meilleurs, je n'eus aucune difficulté à gagner mon défi. Je travaillais beaucoup pour être la première, et peu de temps après, le directeur de l'école s'excusa. Je devins une élève de Westminster à part entière. Pas tout à fait pourtant.

En latin, j'étais déjà trop avancée pour décliner *rosa, rosae, rosam* avec mes camarades de classe. Dans l'esprit de la vieille dame à la prononciation chantante du Sud qui était notre professeur, mes origines me donnaient un net avantage : elle s'imaginait sans doute que j'avais entendu parler latin dès mon berceau.

Mais mon avantage était encore plus prononcé dans les cours d'histoire. Je connaissais déjà les événements historiques que mes camarades découvraient et, plus important encore, les lieux où ils s'étaient déroulés. Notre professeur d'histoire ancienne, une passionnée de Shakespeare, avait ramené du festival de Stratford-on-Avon le programme, le billet d'entrée et le ticket de train qu'elle conservait précieusement, comme des reliques. Mais elle ignorait tout de l'Europe continentale. Elle exhibait un morceau de la vieille tente du festival shakespearien de Stratford... Connecticut. L'histoire était ainsi pour elle un collage infini de petits objets auxquels s'accrocher pour « sentir » le passé, une expérience esthétique. Ma cote auprès d'elle grimpa le jour où j'arrivai, forte de mes cartes postales, de mes guides et de quelques petites reproductions de vases grecs ou de fresques, pour expliquer le Parthénon, évoquer Pompéi ou décrire la Rome antique. Mes camarades, stupéfaites par mes « connaissances », décidèrent que j'étais une espèce de « génie » dont la supériorité intellectuelle empêchait une véritable amitié tissée par les *giggles* et les bêtises de notre âge.

Même durant les cours d'anglais, je ne pouvais que sourire à la simplicité des leçons que nous devions apprendre. Je savais déjà écrire un anglais plus dense et plus articulé que mes camarades. Quant à la littérature que je découvrais avec elles, je n'en appréciais pas toujours la grande richesse. Je lisais *Moby Dick* dans une version expurgée et je contemplais avec détachement les films de Laurence Olivier, récitant *Henri V*, *Hamlet* et *Richard III* : ce n'était ni ma langue ni ma littérature et mes professeurs d'anglais étaient des dames austères qui auraient pu sortir d'un tableau puritain.

Je suivais un cours de littérature française donné par Mlle Groleau, qui était arrivée à Atlanta, je ne sais trop comment, juste après la Première Guerre mondiale. Elle nous racontait l'épisode des taxis de la Marne qu'elle avait vécu, mais surtout elle parlait longuement des jeunes Américains qui étaient venus conduire des ambulances en France avant que l'Amérique n'entre officiellement en guerre en 1917. Etait-elle tombée amoureuse de l'un d'entre eux qu'elle aurait suivi en Géorgie à la fin de la guerre ? Nul ne le savait.

Les photographies de notre livre évoquaient tout à la fois l'élégance des châteaux, le Quartier Latin et surtout, par le biais des affiches de Toulouse-Lautrec, la vie « osée » des cabarets. Pour les autres jeunes filles, très provinciales, Paris était l'incarnation d'une civilisation brillante, et mes voyages en Europe m'associaient à ce monde passionnant et terrifiant où de jeunes innocentes risquaient de perdre leur vertu. A leurs yeux, j'étais *sophisticated*, par mes connaissances, par une certaine maturité qui me permettait de converser avec les adultes, par mes vêtements « européens » aux formes cintrées et mes chaussures légères. Mes tenues détonnaient au milieu des mocassins, des *buster browns* marron et blanc à semelle rose ou des blousons en cuir aux couleurs de l'école qu'elles portaient et qui sont devenus le dernier chic des lycéens parisiens de la fin des années quatre-vingt.

Le cours d'éducation civique nous enseignait les institutions américaines, l'équilibre entre le gouvernement fédéral et les Etats, les devoirs du citoyen et les droits de tout résident : je servais de contre-exemple. Les autres élèves apprenaient leurs droits en définissant mes limites. Elles riaient beaucoup du fait que, même naturalisée, je ne pourrais jamais devenir Président des Etats-Unis, mais je crois que je les troublais. Comment pouvais-je vivre aux Etats-Unis sans vouloir devenir américaine et sans nourrir le profond sentiment de reconnaissance, caractéristique, selon elles, de tout immigrant ? Pourquoi me priver de la citoyenneté américaine, condition la plus parfaite au monde ? Pourquoi ne pas clamer les merveilles de l'Amérique comme le faisait notre professeur d'espagnol, réfugiée cubaine baptiste ? Pour répondre au sentiment de supériorité de mes camarades, si j'avais pu tenir avec elles de véritables conversations intellectuelles, je me serais fait un plaisir de dénoncer les tares de l'Amérique. Je me contentais de montrer mon altérité autosatisfaite, témoignant ainsi des limites de l'empire américain.

Ma différence se trouvait encore plus renforcée lors des cours obligatoires consacrés à la Bible, durant lesquels, en quatre années, nous devions étudier l'Ancien et le Nouveau Testament et prendre connaissance des autres grandes religions. Ce n'était pas du catéchisme, bien que nos professeurs fussent des théologiens. Ils nous initiaient surtout aux méthodes scientifiques allemandes de lecture de la Bible. Je n'étais pas la seule Juive en classe, et aucun professeur n'essaya jamais de nous « convertir », mais quelquefois certains laissaient échapper de petites phrases ironiques à l'égard du judaïsme. Après un jour d'absence pour Yom Kippour, l'un d'eux me demanda ainsi d'un ton aigre-doux si je croyais pouvoir obtenir le pardon de Dieu en vingt-quatre heures... de surcroît avec l'estomac qui gargouillait à cause de la faim. Mes camarades protestantes se mirent à rire, je répondis d'un « oui » sec. L'affaire en resta là.

Cet incident ne m'empêcha pas de gagner chaque année la médaille des meilleures études bibliques, ainsi que presque toutes les autres d'ailleurs, à la grande gêne de mes parents lors de la distribution des prix où je passais la plupart de mon temps sur le podium. Heureusement, je laissais à d'autres les médailles du progrès, de l'effort et du « service », ainsi que les trophées sportifs, condamnée que j'étais pendant toute ma scolarité à prouver aux autres que je pouvais arriver à leur niveau, à l'École juive de Rome déjà où je suivais le cours préparatoire dès cinq ans, à Miami dans une école anglophone quand je parlais à peine l'anglais, au Lycée français de Washington où, au début, je ne connaissais pas la langue et à Atlanta enfin, où l'on avait remis en cause la valeur de toute ma scolarité précédente. A treize ans, pendant les années délicates de l'adolescence, cette volonté d'être la première s'accentua : il s'agissait pour moi de survivre auprès de camarades issues d'un autre monde mental, profondément indifférentes à mon égard. Mais mon obsession scolaire avait des causes plus profondes. Je savais qu'exceller dans mon école privée américaine n'était pas suffisant et que j'étais en train de perdre du terrain par rapport à mes anciens camarades restés dans le système français. Comme ma mère, je me sentais exilée, loin du monde cultivé, dans une terre sans philosophie et sans littérature classique, où je perdais une part essentielle de moi-même. Dans mon école américaine de luxe, je me comportais avec les « mauvais » réflexes d'une étudiante française à la poursuite de l'excellence, alors que régnait une éthique du *well rounded student*, de l'étudiant aux multiples activités, intellectuelles, sociales, sportives, et caritatives.

The Westminster Schools — plusieurs écoles allant de la maternelle à la terminale, qui séparaient les garçons et les filles à partir de la sixième — étaient une véritable *preparatory school* pour l'élite « responsable » du Sud. L'éducation chrétienne cherchait à former le caractère des élèves pour qu'ils puissent donner le meilleur d'eux-mêmes à la société. Le mérite scolaire était important, mais il était équilibré par d'autres exigences, comme les œuvres sociales, le travail, les sports et chaque fois, la prière. La religion à

Westminster demeurait en effet une force motrice. A treize ans, je troquais donc l'univers jacobin de la rigueur méritocratique pour le bien-être subtilement angoissé de l'éthique protestante. Le contraste n'aurait pas pu être plus immense.

Au cœur d'une forêt de pins, Westminster était un paradis bucolique comparé aux locaux sombres et exigus du Lycée français de Washington. L'école ressemblait bien plus au campus d'un *college* qu'à une *high school* typique. Ses vastes bâtiments modernes en briques rouges aux façades de style géorgien ornées de colonnes ioniennes évoquaient la sérénité et la grâce du Sud d'avant la guerre de Sécession, comme si ses valeurs élitistes étaient à l'abri du temps. Des magnolias et d'énormes azalées décoraient les chemins qui menaient des salles de classes aux terrains de sport. Au-delà commençait la forêt. Aucun bruit de rue, aucun immeuble urbain ne troublait cette oasis. L'école rayonnait dans son isolement splendide.

Je retrouvais l'atmosphère d'*Autant en emporte le vent* dans ce Tara intellectuel. Les jardiniers, les chauffeurs d'autobus qui nous ramassaient, tous ceux qui travaillaient au nettoyage et à la cantine étaient noirs. Ils peuplaient les interstices de notre vie dorée comme autant de mannequins souriants. La pépinière des élites blanches traitait ces petits-fils d'esclaves avec gentillesse, mais aucun professeur ou étudiant noir ne dérangeait un ordre apparemment immuable, fondé plus sur le statut social que sur l'argent. Partout ailleurs, les Mustangs toutes neuves des élèves des trois dernières années auraient paru ostentatoires, mais la *Southern grace and gentility* de Westminster étouffait toute démonstration vulgaire de richesse : ce comportement, digne des *Yankees*, ne seyait pas aux seigneurs du Sud. Outre les clés d'une voiture neuve, une bonne partie de mes camarades recevait pour leur seize ans des centaines d'actions Coca-Cola, boisson inventée à Atlanta, qui irriguait les veines financières des élites de la ville autant que les estomacs du monde. Mais l'argent qui circulait était du « vieil » argent, et c'était lui qui donnait le ton à l'école. Les quelques enfants dont les parents s'étaient enrichis de manière récente s'adaptaient aux mœurs de l'élite et gardaient somme toute un profil bas. Nous étions aux antipodes de l'image qu'on se faisait en Europe d'une Amérique consumériste.

J'étais entrée par la porte presbytérienne dans ce panthéon de l'esprit protestant. Dans la mosaïque complexe du protestantisme, tout du moins dans le Sud, les presbytériens étaient les plus élitistes. Equivalents des anglicans britanniques, ils associaient l'élégance sociale, la rigueur morale à la passion des premiers puritains. Ils se voulaient plus raffinés que les luthériens d'origine allemande et se tenaient à l'écart des sectes populaires baptistes dont les chants rythmés et la passion émotive donnaient au Sud sa ferveur religieuse. A Westminster, je vivais ainsi dans les certitudes moralisantes et autosatisfaites d'une pureté élitiste et blanche.

Le Docteur Pressly, le directeur de l'école, un ancien pasteur diplômé de théologie, donnait le ton. Il était mince, ses yeux bleus étaient perçants derrière ses lunettes à monture noire et ses costumes sombres étaient d'une grande élégance. Une grande épingle dorée maintenait toujours ses cravates impeccablement raides, véritable incarnation de sa rigueur morale. Il était sûr de lui, fier d'être un serviteur de Dieu chargé de la formation chrétienne des nouvelles générations. Mais le Docteur Pressly aurait pu aussi bien être un banquier, un grand avocat ou un de ces sénateurs aux costumes en lin blanc qui défendaient l'honneur du Sud au Congrès des Etats-Unis. Lorsqu'il recevait les parents ou les nouveaux élèves dans le vaste hall en marbre noir et blanc de l'Administration Building, son style gracieux et son autorité faisaient merveille. Il avait le tempérament d'un chef.

Le Docteur Pressly avait vite oublié l'incident de mon examen d'entrée : il était plein de courtoisie à mon égard. Il appréciait la diversité que j'apportais. J'étais une curiosité, un objet rare, qui donnait du cachet à son école et témoignait de son ouverture. Mais je sentais qu'il m'aimait bien parce que j'étais l'*armadillo* solitaire. Trop d'élèves comme moi auraient détruit ou tout du moins dilué l'identité précieuse de ses élèves. J'étais acceptée pourvu que je me plie à l'esprit protestant de la « famille ».

Cet esprit se traduisait chaque jour par la séance de prière qui précédait le *pledge of allegiance* au drapeau américain. Nous récitions ensemble le *Lord's Prayer* et les professeurs, tous apparemment croyants, ajoutaient souvent leur propre commentaire religieux du jour. Le grand moment de la semaine avait lieu le vendredi après-midi. Le lycée entier, garçons d'un côté, filles de l'autre, se retrouvait dans le grand auditorium de l'école pour l'assemblée hebdomadaire dans une salle si resplendissante et à l'acoustique si parfaite qu'elle servait lors du passage à

Atlanta du Metropolitan Opera de New York. Debout, devant
le Docteur Pressly, nous récitions par cœur le vingt-quatrième
psaume de la Bible :

*« Who shall ascend into the hill of the Lord ? Or who shall stand
in his holy place ? He that hath clean hands and a pure heart ;
who hath not lifted up his soul unto vanity, nor sworn deceitfully.
He shall receive the blessing from the Lord and righteousness from
the God of his salvation. »*

L'assemblée du vendredi était censée faire le pont entre notre
vie quotidienne et les valeurs plus élevées de l'esprit religieux.
Nous devions examiner l'état de propreté de nos mains et la
pureté de notre cœur. Le Docteur Pressly prononçait souvent une
petite homélie, mais le moment le plus important avait lieu
lorsque l'invité de la semaine se levait pour nous adresser la
parole. C'était parfois un pasteur, mais le plus souvent un homme
d'affaires, un avocat, un scientifique, un membre de la classe
politique ou l'éditeur du grand journal de la ville. Il nous parlait
de la « vie », de ses promesses, de ses difficultés, de ses dangers
et surtout de ses défis. Nous voyions ainsi défiler devant nous
autant de *role models* pour notre avenir. Mais à dire vrai, ces
modèles étaient surtout destinés aux garçons. Il était sous-entendu
que les filles seraient l'autre moitié du couple : les hommes qui
défilaient devant elles étant plutôt les images de leurs futurs maris.
C'est ainsi que je pus voir de près presque toute l'élite WASP de
la ville, à commencer par le maire et les sénateurs, tous aussi
parents d'élèves. J'ai oublié leurs petits discours, mais j'ai gardé
intact le souvenir de leur message essentiel : croire en Dieu puisque
la vie n'avait aucun sens sans Lui. Pour chacun, Dieu avait « fait
la différence » à un moment particulièrement difficile de leur vie.
Bien sûr, leurs exploits, en politique ou dans le monde des affaires,
n'étaient jamais motivés par l'ambition personnelle, la cupidité
ou le goût du pouvoir, mais toujours par le souci du bien-être
de leurs *fellow citizens*. Le futur Président Jimmy Carter, qui
n'était pas encore gouverneur de la Géorgie à l'époque, ne vint
jamais nous parler. Baptiste fervent, cultivateur de cacahuètes,
sans assise sociale à Atlanta, il était quantité négligeable pour les
seigneurs de Westminster.

Nous devions témoigner de la même foi et du même altruisme
dans notre propre vie. Pour nous aider, le Docteur Pressly choisissait parfois les meilleurs élèves de dernière année pour s'adresser

aux autres. Le capitaine de l'équipe de football, beau garçon et bon élève dont toutes les filles rêvaient, nous confia ainsi son expérience. D'habitude assez nonchalant et sûr de lui, il se métamorphosa sur le podium. Il parla du tournant de sa vie lorsqu'il avait passé quelques jours dans une retraite organisée par la *Fellowship of Christian Athletes*, de l'importance de la camaraderie religieuse, de la prière du matin et de celle d'avant-match. Il souligna que l'important n'était pas de gagner mais de jouer de son mieux, que le véritable enjeu de la vie était de fonder un foyer chrétien et d'élever ses enfants dans la droite ligne du Seigneur.

L'amour, le mariage, les enfants : triade sacrée dans notre éducation morale. D'autant plus que les aînés de l'école avaient souvent dix-huit ans révolus et qu'était florissante la tradition américaine du *date*, de la sortie romantique en tête à tête. Jusqu'où aller sans violer les principes religieux ? La question était de taille et occupait tous les esprits. Le jour où un pasteur, qui était aussi conseiller psychologique pour les adolescents, vint nous parler de « l'amour » lors d'une assemblée du vendredi, on aurait pu entendre une mouche voler. Garçons et filles l'écoutaient dans un silence proprement religieux. Nous eûmes droit à un discours sur saint Paul, sur la beauté de la chasteté, sur la noblesse du mariage. En homme pragmatique, il aborda la question du *date*. Au milieu des années soixante, il allait de soi, tout du moins dans le Sud, que les rapports sexuels étaient exclus avant le mariage et le pasteur fournit des indications sur ce qui était « correct ». Le baiser, l'étreinte des épaules, les caresses le long du haut du corps étaient, selon lui, acceptables. Tout le reste ne pouvait que déshonorer la fille, d'autant plus que le garçon ne la respecterait pas par la suite. Ayant terminé son petit discours, le pasteur demanda aux étudiants s'ils avaient des questions à lui poser, en suggérant, pour sauvegarder l'anonymat, que celles-ci lui soient transmises par écrit. En quelques secondes, le petit panier fut plein. La question clé tournait autour des seins. Pouvaient-ils être caressés, et si oui, devaient-ils rester couverts ou pouvaient-ils être même partiellement dénudés ? Si le brave pasteur se montrait trop rigide, il risquait de perdre ses ouailles. Il tergiversa. Les seins étaient en principe tabou, mais si le couple était stable et envisageait des fiançailles proches ils pouvaient être abordés par des caresses superficielles. Le reste, y compris le corps de l'homme, était relégué aux calendes grecques d'un éventuel mariage.

La leçon ne fut pas retenue par tout le monde. Quelque temps après, le meilleur élève de la classe terminale, qui avait déjà été accepté à l'Université de Virginie, fut contraint de quitter l'école avec son amie, qui était en seconde avec moi. Elle était enceinte. Ils durent se marier rapidement et toutes les filles restèrent long-temps sous le choc de ce scandale. Le corps était un instrument dangereux qui pouvait abîmer des projets de vie.

J'écoutais ces leçons religieuses et sexuelles des assemblées du vendredi après-midi avec grand détachement. Je venais de trop loin, géographiquement, culturellement et même religieusement, pour qu'elles me concernent. Je ne connaissais pas de l'intérieur ces élites WASP. Je comprenais mal leur éthique du « service envers la société », car je raisonnais avec les catégories jacobines de l'Etat, du citoyen et de ses droits formels. Je n'avais pas accès au monde des clubs, des cotillons et des rallies, où les garçons et les filles se rencontraient : il n'était pas ouvert aux juifs. L'école de garçons était séparée de celle des filles, je n'avais donc aucun moyen de les connaître. Et puis, l'idée du *date* me paraissait bête : j'aurais souhaité sortir en groupe entre copains, comme avec mes amis italiens, mais ce n'était pas dans les mœurs américaines de l'époque. Les rencontres dans la bibliothèque ou dans un petit café aménagé pour les élèves qui étaient sur le tableau d'honneur ne suffisaient pas à diminuer la tension latente. Les rapports entre les sexes demeuraient crispés, complexés, empreints de tabous sexuels. A la cafétéria scolaire, les garçons et les filles mangeaient séparément. Aucune interdiction n'empêchait de se mêler, mais personne n'avait le courage de traverser la ligne de démarcation invisible. Même les couples « officiels » ne se retrouvaient qu'après le repas. Nous vivions ainsi cloisonnés en pleine ignorance les uns des autres. Mais je survivais dans ma solitude en me disant que je ne faisais que passer.

Pourtant, le puritanisme ambiant pénétrait imperceptiblement mon âme, profitant du terreau austère et petit-bourgeois de mon judaïsme à l'italienne. Le sentiment de culpabilité lié au péché originel me gagnait et je m'accrochais au code d'honneur qui régissait nos examens et devait nous guider dans la vie. Le sens de la responsabilité de l'individu pour tous ses actes se conjuguait avec un puritanisme sexuel qui associait l'amour à la dignité de l'amour-propre, au respect d'autrui et qui excluait tout plaisir naturel. Je devenais sans le savoir la parfaite disciple de l'éthique protestante si bien décrite par Max Weber, soucieuse de la valeur de mes résultats et de mes actions, mue par un sens du devoir qui allait bien au-delà des tâches quotidiennes que j'étais censée accomplir. Perpétuellement en quête d'une perfection toujours inaccessible, j'adhérais à une existence parsemée de prescriptions mais sans rédemption. Je devins moralement rigide, intolérante à l'égard des comportements flous, cassante par mon sens des obligations et puriste quant aux intentions. Au moment même où je m'accrochais le plus à mon identité « européenne », je perdais tout contact avec l'âme latine.

L'influence jacobine, associée à mes nouvelles tendances protestantes, redoublait mon austérité et ma rigidité. C'était particulièrement vrai dans les activités *extracurricular* de l'école. A Westminster, comme dans toutes les écoles américaines, développer l'esprit associatif parmi les élèves était un objectif fondamental de la formation. L'école attachait beaucoup d'importance aux élections de classe et à la représentation des élèves dans des instances coordinatrices. Nous avions ainsi droit chaque année à l'élection de la présidente de classe, d'une vice-présidente et d'une trésorière. La campagne électorale se déroulait à coups de posters inspirés de dessins animés, le plus souvent Snoopy et Superman, où chaque candidate promettait que tout irait mieux sous son égide. C'était en fait un concours de popularité sans enjeu, une parodie démocratique dérisoire. Plutôt que de céder, je commettais le pire des crimes : je refusais de voter. On acceptait ce comportement bizarre parce que j'étais étrangère, mais il était clair que je ne pouvais jamais devenir une des « leurs ».

L'esprit associatif trouvait également à s'exprimer dans les clubs et les organisations les plus diverses. Certains prenaient en charge des écoles perdues dans l'arrière-pays géorgien — toujours des écoles blanches. D'autres initiaient leurs membres à l'écriture littéraire ou à la quête de Dieu. Il y avait un groupe théâtral, un orchestre, une chorale, un journal et plusieurs clubs linguistiques. Une équipe préparait l'annuaire. Mais le groupe le plus recherché et le plus exclusif était celui des *cheerleaders*, ces jeunes filles qui attisaient l'enthousiasme des supporters de Westminster pendant les matches de football ou de basket. Accéder à ce panthéon valait tous les sacrifices.

Je détestais ces formes de sociabilité trop structurées. La plupart du temps, on se réunissait pour évoquer de simples questions d'intendance qui devenaient des fins en elles-mêmes : l'élection du président du club, celle de son trésorier, la création de la charte, le paiement des cotisations, le recrutement de nouveaux membres. On avait à peine le temps d'évoquer les questions censées nous réunir, fussent-elles les événements de politique internationale, l'étude de la Bible ou l'ouverture à une autre culture. Tout se passait comme si ces clubs étaient de simples trompe-l'œil suffisants pour donner l'illusion d'agir et de se cultiver.

On devenait membre d'un club en principe par passion : c'était le cas des musiciens, des comédiens ou de quelques journalistes en herbe. Mais le plus souvent aussi par calcul. Chaque élève de terminale avait droit à une grande photographie dans l'annuaire de l'école, sous laquelle une légende indiquait les honneurs obtenus pendant les cinq ans de *high school*, ainsi que l'appartenance aux différents clubs. Chacun voulait avoir le plus de titres de gloire possible, figurer dans le plus de photographies de groupe, tendance qui se perpétuait ensuite à chaque phase de la vie d'un Américain bon teint.

L'apothéose pour une élève de Westminster avait lieu au mois de mai de la dernière année, lors de la fête de May Day. Les plus jeunes préparaient une vaste mise en scène avec ballets et sketches. Les grandes fêtes du *Homecoming* en novembre, quand l'équipe de football revenait de ses matches à l'extérieur, le bal de Mardi Gras où l'on élisait les *most popular boy and girl* et où il fallait absolument paraître au bras d'un *date*, avec une orchidée, n'étaient que de pâles copies du finale fastueux qui se déroulait sur les amples pelouses fleuries devant les bâtiments officiels.

Habillée d'une robe longue, escortée par deux demoiselles d'honneur, chaque *Senior* était présentée au son du *Midsummer's Night Dream* de Mendelssohn à un parterre d'invités composé de parents et de membres de l'élite d'Atlanta. C'était un « début » dans la vie comparable au premier bal de Natacha dans *Guerre et Paix* ou à celui de Scarlett dans *Autant en emporte le vent*. Après le défilé de la classe venait la présentation de là Reine du May Day et de ses quatre ancelles, chacune représentant les vertus les plus importantes de la vie, que la Reine incarnait le plus pleinement : *Nobility* (la noblesse d'âme), *Ability* (la capacité de comprendre et d'agir), *Play* (l'esprit sportif et humain) et *Service* (la capacité de se dévouer aux autres). Ces quatre qualités, bien éloignées de la vision méritocratique et scolaire à la française, résumaient l'esprit des élites américaines. Encore aujourd'hui, il suffit de lire la moindre nécrologie ou, si l'on est ancien élève de Harvard, d'élire chaque printemps les membres du *Board of Overseers* de l'Université, pour se rendre compte que les critères qui servent à juger le succès d'un homme et désormais d'une femme n'ont pas changé. Aujourd'hui que j'ai retrouvé la méritocratie jacobine, j'ai appris à apprécier et même à respecter ces valeurs que je trouvais trop éclectiques lorsque j'étais encore adolescente.

Je quittai Westminster juste avant ma dernière année d'études, une fois encore pour suivre mon père transféré à Montréal. J'entrai à l'Université avec un an d'avance. Je revins toutefois en juin 1967, en pleine guerre des Six Jours, pour recevoir mon diplôme de *high school* avec mes anciennes camarades. Mon nom n'était pas gravé sur le parchemin entouré de cuir vert, mais ajouté à la main avec un gros feutre noir. Mon diplôme avait occasionné le même débat que mon entrée à l'école quatre années plus tôt : un an à l'Université McGill de Montréal équivalait-il au *Senior Year* ? Je sortis donc par la petite porte, comme j'étais entrée, apprenant par des amies que si j'étais restée, on m'aurait sans doute élue pour incarner l'*Ability* de la Reine de Mai. Je poursuivrais ainsi ma vie américaine sans l'avoir jamais « commencée ».

II

Mes distances par rapport au petit univers WASP qui gravitait autour de Westminster venaient de mes attaches juives et européennes, mais surtout, grâce à ma mère, des échos du monde noir. Isolée dans mon paradis bucolique, je connaissais le revers de la médaille et, seule parmi tous les élèves, je savais dans quelles ruelles tristes et sombres se faufilaient le soir nos souriants serviteurs « adorés » le jour par les bonnes âmes protestantes.

Après l'école, je quittais les quartiers luxueux du Nord-Ouest d'Atlanta pour rejoindre le quartier résidentiel « bourgeois » du Nord-Est où nous habitions. Le car scolaire longeait les plus grandes demeures de la ville, des *mansions* dignes d'Hollywood.

Nous nous arrêtions au bord de routes aux courbes généreuses, entourées de pins, qui cachaient d'énormes portes cochères en fer forgé. Les fils et les filles de l'élite financière de la ville descendaient et rejoignaient leurs nannies noires, toujours souriantes, qui les attendaient pour les ramener dans leur univers feutré. Puis, lentement, le car traversait le périphérique tout près d'un restaurant de la chaîne Howard Johnson, véritable poste de douane, qui vantait ses vingt-huit parfums de glace. Les maisons et les jardins retrouvaient une taille « normale ». Je descendais, suivie d'autres camarades, laissant une jeune orpheline et un fils d'immigrés grecs rejoindre leur maison de *shingles* entourée d'un simple jardinet. Fin de la boucle sociale.

Au même moment, ma mère, ses cours à l'Université noire achevés, effectuait l'ascension inverse. Elle quittait le campus verdoyant copie conforme de ses homologues blancs, pour suivre les longs boulevards rectilignes du Sud-Est qui permettaient aux voitures de police de facilement sillonner le quartier noir. Les maisonnettes, serrées les unes contre les autres comme pour mieux se protéger des dangers du monde blanc, incarnaient la dignité petite-bourgeoise de leurs propriétaires. Elles étaient entourées de magasins, de petits bureaux et de restaurants où se déroulait la vie de la communauté. C'était le seul endroit d'Atlanta où, avant 1964, blancs et noirs pouvaient manger ensemble. Au fur et à mesure qu'approchait la frontière entre la ville noire et la ville blanche, ces petites maisons coquettes étaient remplacées par des structures délabrées, parfois abandonnées, parfaits pendants des vieux hangars poussiéreux de l'Atlanta historique, de ce *downtown*, encore endormi, que seuls deux grands magasins animaient. Le centre géographique, tel celui de Berlin, était un vaste no man's land séparé par un mur racial.

Le long des voies de chemin de fer qui coupaient la ville en deux, des *mansions* du Nord-Ouest aux portes d'Atlanta, se dressaient des *shantytowns*, bicoques retapées avec des matériaux de récupération, qui tenaient debout par miracle. Ma mère les traversait pour aller retrouver mon père dans le seul gratte-ciel de l'Atlanta moderne d'alors, sur Peachtree Street à quelques pas de Five Points, le cœur commercial de la ville. Le vieux drugstore où, à la fin du siècle dernier, on avait servi pour la première fois cette boisson locale qui s'appelait Coca-Cola était encore debout.

Dans ces *shantytowns,* si semblables aux quartiers de Soweto aujourd'hui, vivaient les fantassins de la *Southern gentility,* les femmes de ménage, les chauffeurs, les jardiniers, qui, le jour, donnaient vie aux quartiers idylliques du Nord. A l'aune de leur expérience, aux portes de la bourgeoisie noire, dans l'antichambre des maîtres blancs, les beaux discours de mes camarades et de mes professeurs, enfermés dans leur ghetto doré, qui n'avaient jamais mis le pied *on the wrong side of the tracks,* paraissaient dérisoires.

Il fallait d'ailleurs être blanc pour croire qu'il n'existait qu'une seule « communauté » noire. Elle était, au contraire, extrêmement complexe, et ses différences se mesuraient le plus souvent au degré de pigmentation de la peau. Les normes sociales qui accompagnaient ce système de castes et de classes n'avaient rien à envier à leurs équivalents dans la « bonne » société blanche. Les noirs « très noirs » restaient en bas de la pyramide sociale, alors qu'au sommet, à force de s'entremarier, certains noirs « clairs » parvenaient à « sauter la barrière » et à se fondre, avec leur terrible secret, parmi les blancs.

Notre arrivée à Atlanta coïncida avec des années charnières. Ma mère put observer chez ses étudiants le bouleversement de cette hiérarchie. Les noirs les plus « foncés » prirent l'initiative de la lutte pour les droits civils. Par la suite, lorsque ce mouvement se radicalisa, ce sont eux qui imposèrent le slogan *Black is Beautiful,* avant tout conçu comme une provocation contre les noirs « clairs », qui n'avaient jamais osé s'unir pour conquérir leur dignité et avaient longtemps préféré feindre d'être blancs pour s'élever dans l'échelle sociale. Le mouvement des *civil rights* dans son ensemble fut ainsi tout autant une lutte contre la ségrégation due aux blancs qu'un effort de rupture avec les vieilles élites noires.

A l'époque, la bourgeoisie noire vivait en autarcie : elle avait ses médecins, ses professeurs, ses avocats, ses hommes d'affaires, ses millionnaires et formait avec ses homologues des autres grandes villes américaines une bourgeoisie « nationale ». La majorité des étudiants de ma mère et la plupart de ses collègues appartenaient, presque par définition, à cette caste.

La seule exception à ce système hiérarchique venait du monde religieux. La carrière de ministre de Dieu, de *reverend,* était si prestigieuse parmi les noirs qu'elle conférait à ses représentants une noblesse qui pouvait compenser leurs origines et leur teint trop sombre. C'était le cas du Reverend Martin Luther King Jr.

et de sa femme Coretta, dont le rôle politique prenait une envergure nationale précisément pendant ces années. C'était vrai aussi du président de Morehouse, le Reverend Benjamin Mays, un homme déjà âgé, dont le père était né esclave, qui avait un rayonnement spirituel si large que John Kennedy en fit un des émissaires officiels des Etats-Unis aux funérailles du pape Jean XXIII.

Riches ou pauvres, « clairs » ou « foncés », les noirs partageaient la même ferveur religieuse et le même respect pour leurs pasteurs, véritables autorités morales de la communauté. De leurs pupitres, le dimanche, ceux-ci conseillaient, réconfortaient, aidaient leurs fidèles avec une profondeur qui était le fruit de la misère psychique de leurs ouailles. Leurs sermons n'avaient rien à voir avec les litanies bien ordonnées des presbytériens de Westminster. Lorsqu'ils parlaient de moralité, lorsqu'ils invoquaient le Sermon sur la Montagne, ces pasteurs ne cédaient pas à une simple rhétorique : ils définissaient une forme bien concrète de survie. Jouant de tous les effets de leur voix, évoquant le monde futur comme les tourmentes présentes, ils savaient redonner dignité à leurs fidèles pour qui la vie était une humiliation perpétuelle. Lorsqu'ils cédaient la place aux chœurs qui entonnaient les hymnes avec des voix incomparables, chauffées par la ferveur collective, je frissonnais d'émotion. Les octaves se succédaient comme autant de prières éternelles devant le *miserere mundi* : nous étions au cœur de la souffrance humaine. L'ambiance chaude de ces églises aux intérieurs peints de couleurs vives, où tout le monde transpirait, souffrait et se sentait délivré ensemble, demeure pour moi un des symboles les plus forts de toute quête spirituelle.

Une différence de taille séparait en fait l'élite noire de sa réplique WASP. Si un noir, fût-il diplômé de Harvard, pénétrait dans la ville blanche, il était perçu comme un « nigger » par le petit peuple blanc et ne pouvait s'asseoir dans un restaurant, aller aux toilettes ou boire à une fontaine. Dans l'autobus, il devait rester au fond, et même debout, s'il n'y avait plus de places assises dans leur section. De même, en vertu d'une loi non écrite, s'il se trouvait sur le même trottoir qu'un blanc, il devait descendre sur la chaussée pour lui céder la place. Dans l'agora, l'homme noir n'était plus un être humain à part entière. Il perdait toute individualité pour devenir un objet de mépris collectif, un fantôme à lui-même.

Ce système subsistait pendant mes deux premières années à

Atlanta, jusqu'à ce qu'en 1964, le *Civil Rights Act* rende ces comportements illégaux. Je me souviens encore de mon état de choc face à ces preuves aussi concrètes de racisme à l'état pur, face au naturel avec lequel de telles pratiques étaient acceptées par la majorité des blancs, même cultivés, qui nous entouraient. Personne à Westminster, dans les centaines d'homélies que je dus subir, ne fit jamais la moindre référence à cette injustice. L'amour qu'on portait aux jardiniers noirs s'arrêtait à cinq heures de l'après-midi.

Ma mère entra dans la communauté noire par la porte royale de l'enseignement de la langue et de la littérature françaises et italiennes. Elle incarna d'emblée la « civilisation » auprès de centaines d'étudiants noirs, pour qui l'étude de l'Europe était une véritable bouffée d'oxygène. Entourée de seulement quatre ou cinq autres professeurs blancs dans toute la faculté, mais la seule étrangère, ma mère était la figure de proue d'un univers perçu comme tolérant et « éclairé ».

Ses étudiants éprouvaient de la vénération à l'égard des classiques français. La grandeur de Molière, de Racine et de Corneille, de Rousseau et de Voltaire éclatait d'autant plus lorsqu'ils étaient lus par ces jeunes noirs, aux origines parfois plus que modestes. Lorsque nous nous promenions dans la Géorgie rurale, il m'arrivait souvent, dans un village perdu au milieu des champs de coton, d'entendre ma mère s'exclamer « Mais Untel vient de là ! ». C'était un triste village, aux rues encore poussiéreuses, où se remarquaient seulement une petite banque, un drugstore, un bureau de poste et une épicerie. Deux ou trois baraques éloignées de la rue principale, pour ne pas porter offense aux blancs, formaient le « quartier » noir. Ma mère sombrait dans l'émerveillement. L'étudiant né « là » était son meilleur élève, il écrivait le français le plus riche, réussissait les analyses de texte les plus originales, comme pour s'échapper de son désert quotidien par le truchement d'une autre langue. Les étudiants savaient tous que la France avait libéré ses esclaves au moment même où les Américains, par compromis, décidaient de les compter pour une fraction d'homme : ils admiraient la terre des Droits de l'homme et sa civilisation leur paraissait avoir jeté les fondements d'une dignité humaine que le monde blanc leur ôtait aux Etats-Unis.

Cette francophilie était entretenue par le directeur du département de langues, Edward Jones. Il avait achevé ses études à la

Sorbonne au début des années cinquante, quand Saint-Germain-des-Prés était à son apogée et Félix Houphouët-Boigny et Léopold Sédar Senghor témoignaient de l'universalisme et de l'antiracisme français. Il avait gardé un souvenir inoubliable de la France, le premier endroit dans sa vie où il avait pu _irculer librement et se sentir un homme à part entière.

Lorsqu'il nous recevait dans sa maison immaculée, située sur une des plus jolies rues du quartier noir, dans son salon aux bibelots dignes du *Biedermaier*, il aimait évoquer sa vie française, symbole de raffinement et de grâce. Toujours habillé en complet trois-pièces, sa montre d'or suspendue à son gilet, M. Jones et sa femme Virginia, encore plus claire de peau que lui, incarnaient le prototype d'une bourgeoisie noire aux valeurs rigides, sans cesse à la recherche d'un style approprié à leur rang instable. Ce n'étaient nullement des révolutionnaires. Même amputés d'une citoyenneté à part entière, ils avaient trop à préserver pour vouloir détruire un système qui, dans certaines limites, les avait bien traités. Ils étaient flattés que nous les fréquentions et ils furent touchés le jour où ma mère les invita à dîner. Je me souviens encore des explications que mon père dut leur donner pour qu'ils puissent arriver jusque chez nous. Ils ne voulaient surtout pas emprunter les rues secondaires des quartiers blancs où ils auraient pu se perdre et risquer des ennuis. Le voyage des noirs dans la *terra incognita* blanche était presque aussi dangereux que celui des pèlerins du Moyen Age.

Il fallut de même les secourir pour une tâche en apparence banale, mais qui pour eux risquait de mal tourner. Ils devaient recevoir chez eux la fille d'amis français qui faisait un voyage aux Etats-Unis. M. Jones nous appela catastrophé. Il lui était impossible de ramener de l'aéroport une jeune blanche. La police, toujours aux aguets, en quête du moindre prétexte pour arrêter un noir dans une voiture convenable, aurait soupçonné le pire. Mes parents se chargèrent d'amener la jeune fille chez les Jones et de lui expliquer que dans les rues d'Atlanta un noir ne pouvait être vu avec une blanche. M. Jones nous apprit à cette occasion que les noirs assez riches pour posséder une voiture de luxe, lorsqu'ils circulaient en dehors de leur quartier ou sur les routes de campagne, mettaient une casquette de chauffeur pour éviter les tracasseries.

Ces épisodes ne firent qu'accroître mes réticences à l'égard de l'Amérique. Comment pouvait-on admirer un pays où des adultes honorables qui avaient le « défaut » d'être noirs vivaient dans une telle peur de la route, alors que des adolescents gâtés de seize ans, parce qu'ils étaient blancs, circulaient impunément dans leurs voitures jouets ? L'Europe, assurément, était exempte de ce genre d'ignominie. Je me rappelais avoir vu des noirs se promener librement dans les rues de Rome ou de Paris et être reçus convenablement dans les restaurants et les hôtels. Je ne me rendais pas encore compte qu'ils étaient accueillis avec tolérance et gentillesse parce que leur présence restait temporaire, à dose homéopathique. Avec candeur, je croyais encore que le racisme était une maladie réservée aux Etats-Unis et à deux autres pays lointains, la Rhodésie et l'Afrique du Sud.

Il allait sans dire que le « côté » de Westminster et celui de Morehouse ne se rencontraient pas. Mes amies et mes professeurs savaient que ma mère enseignait « chez les noirs », mais c'était pour eux le hobby un peu bizarre d'une Européenne. Personne ne me posa jamais la moindre question sur ce qui se passait « là-bas », même quand les journaux du monde entier rapportèrent les *sit-in* et les autres actions inspirées par Martin Luther King dans sa lutte pour les droits civils.

En 1965, lorsqu'un membre important du *State Department* vint à Atlanta pour une conférence, les deux mondes se rapprochèrent par hasard. Les meilleurs élèves de Westminster eurent le privilège d'aller l'écouter dans l'hôtel le plus chic de la ville. Entrant dans la salle avec mes cinq camarades et notre professeur, j'aperçus le doyen de Morehouse, un ami de ma mère. J'allai le saluer chaleureusement. Il me répondit avec surprise et émotion. J'appris plus tard, lorsque l'histoire fit le tour de Morehouse, à quel point mon geste spontané l'avait frappé. J'avais osé, en public et entourée d'amis blancs, me tourner vers lui et franchir sans peur la ligne invisible qui l'isolait. Mes camarades étaient tout aussi étonnés. Ils n'avaient jamais vu d'homme noir en costume cravate, qui avait visiblement fait des études. Le fait que je puisse le connaître renforçait mon image de jeune fille *sophisticated*, hors catégorie : je pouvais me permettre des comportements jugés inadmissibles dans la bonne société du Sud.

Notre relation avec le « petit peuple » noir était encore plus frappante. A Westminster, Gladys, une jeune femme d'une trentaine d'années, servait les boissons dans la cafétéria réservée aux élèves qui avaient mérité le tableau d'honneur. Elle était très sympathique et recevait toutes nos confidences. Gladys connaissait donc tous les petits potins de l'école. Un jour, je lui racontai que ma mère enseignait à Morehouse. Elle faillit laisser tomber le verre qu'elle m'apportait. Son visage se transforma. Son sourire gentil mais superficiel laissa la place à une expression d'émerveillement. Son regard devint complice : j'étais une des leurs. Désormais, après avoir écouté le récit des *dates* de mes camarades, Gladys venait me parler de nos propres « secrets » : les déclarations de Lester Maddox, un restaurateur très connu d'Atlanta, qui menaçait de ne pas servir des noirs même quand la loi l'exigerait, la marche de Selma et son cortège de femmes noires courageuses défiant la police de l'Etat, les réactions racistes du gouverneur de l'Alabama, George Wallace, ennemi juré du ministère de la Justice dirigé par Robert Kennedy. Nous chuchotions, comme les résistants dans les cafés de village. Nous étions en territoire « ennemi ». Gladys avait dû répandre la nouvelle dans toute la communauté noire de Westminster : lorsque je croisais l'un d'eux, la complicité perçait derrière les politesses d'usage. J'étais une héroïne par procuration.

Avec Iula, notre femme de ménage, et Willy, le jardinier, nos relations étaient bien plus complexes. Ils étaient heureux de savoir que nous étions favorables aux droits civils des noirs et au combat de leur peuple. Mais ils n'arrivaient pas pour autant à modifier leur comportement. Les *Yes Ma'am* et les *Yes Sir* scandaient toujours leur dialogue avec nous et ils continuaient à nous parler la tête baissée, évitant notre regard. Ils refusaient de boire dans nos verres habituels et préféraient en prendre un ébréché ou dépareillé, qu'ils se réservaient. Willy n'entra jamais à l'intérieur de la maison : il restait dehors son chapeau de paille à la main en attendant d'être payé. Iula n'accepta jamais de déjeuner à table avec nous, préférant grignoter quelque chose dans son coin. Je pus ainsi mesurer le poids historique de la ségrégation sur la *psyché* des hommes. Iula et Willy resteraient à vie marqués par une forme de ségrégation intérieure.

Pourtant, j'étais fière du travail de ma mère et de nos contacts avec les noirs. Je sentais égoïstement que nous étions à l'avant-garde d'une grande mutation historique, à mille lieues des blancs que nous fréquentions. Mais au-delà de cette autosatisfaction que les noirs allaient par la suite reprocher aux libéraux blancs, j'aimais les noirs parce qu'ils étaient les seuls, à mes yeux, pour qui la vie était pleine de « sens ». Par leurs souffrances quotidiennes, leurs blessures, par leur espoir religieux, leur soif de culture et leur quête de dignité, ils me paraissaient les plus nobles éléments de la mosaïque américaine.

Lorsqu'il fallut quitter Atlanta, la tension entre les noirs et les blancs s'exacerbait. Mais les signes avant-coureurs de l'explosion furent épargnés à ma mère : ses étudiants les plus radicaux, quand ils insultaient les blancs devant elle, précisaient toujours qu'elle n'était pas visée parce qu'elle était européenne. Le fait de venir de ce continent, pourtant vicié par l'Holocauste, exonérait ma mère de toute « culpabilité » historique envers le crime de l'esclavage. Par contre, les *juifs yankees*, tout aussi innocents à l'égard de l'esclavage, fervents apôtres de l'égalité raciale, qui s'étaient déplacés dans le Sud pour mener le combat des *civil rights* et parmi lesquels deux militants allaient être tués par des membres du Ku Klux Klan en 1964, n'échapperaient pas à la haine envers les blancs. Leur activisme presque trop dynamique, résidu du militantisme de gauche des années trente, leur mentalité de croisés heurtèrent les noirs, influencés par la tradition plus douce du *Southern gentility*. L'antisémitisme issu du Nord, l'attrait de l'idéologie tiers-mondiste et antisioniste auprès des jeunes militants noirs, contribuèrent également à écrire un des chapitres les plus douloureux des luttes inter-ethniques aux Etats-Unis. J'en découvris les retombées à Harvard, à la fin des années soixante, mais dans mes souvenirs, les années vécues à Atlanta l'emportent à tout jamais sur les années de tension qui suivirent.

III

Nous étions européens mais juifs, et mes parents, dans une Amérique où la sociabilité était le plus souvent liée à la religion, cherchèrent à me mettre en contact avec la société juive, sans doute pour me sortir de ma solitude de Westminster. Mais je me sentais aussi éloignée de ce monde que des autres, peut-être même plus, puisque je pouvais encore mieux mesurer sa distance culturelle.

Les grandes métropoles du Nord qui avaient reçu l'immigration de la fin du siècle gardaient encore la trace du prolétariat juif et d'une toute petite bourgeoisie. Au contraire, le monde juif d'Atlanta était formé d'élites en pleine expansion sociale et financière. Nous fréquentions essentiellement des médecins, des dentistes, quelques avocats, des industriels venus depuis peu s'installer en Géorgie, des fonctionnaires de grandes agences fédérales comme le *Communicable Disease Center*. Ceux qui étaient nés à Atlanta se souvenaient encore d'être venus « d'ailleurs », des toutes petites villes de Géorgie où leurs ancêtres possédaient un magasin et où ils vivaient en marge de la société... à cette seule différence près que les « Géorgiens » avaient au moins quelqu'un en dessous d'eux, les noirs.

Cette communauté vivait à côté du monde WASP, sans véritablement en faire partie. Les *country clubs* de l'élite blanche n'étaient pas ouverts aux juifs : ils avaient dû créer les leurs. Un des recruteurs du club le plus élégant d'Atlanta était venu voir mon père à son bureau, en sa qualité de représentant d'Air France, pour le convaincre de devenir membre. Outre les nombreux avantages du club, il souligna qu'on s'y sentait à l'aise puisque... les juifs n'étaient pas admis. Mon père répondit froidement que dans ce cas, le recruteur se trompait de client. Le pauvre « ambassadeur » d'une vie sociale « pure » se répandit en excuses. Je fis la même expérience lorsqu'une amie de Westminster m'invita un après-midi à son club. Les autres me regardèrent sortir de la piscine comme une véritable pestiférée ; elles m'accueillirent avec un « *Fancy meeting you here !* » où tout l'accent était mis sur le *here*. Je ne fus plus jamais invitée.

Sans en devenir membres pour autant, nous allions dans les clubs juifs, invités par nos amis. Ils reproduisaient leur modèle WASP avec les mêmes pelouses vertes, les mêmes golfs, les mêmes courts de tennis et l'inévitable restaurant où le fameux *socializing* devait avoir lieu. Mais les clubs juifs étaient infiniment plus bruyants et animés : les mamans parlaient tout haut de leurs espoirs matrimoniaux pour leurs enfants. Ces pauvres juifs me paraissaient faussement intégrés dans le grand « rêve » américain, dont mon jacobinisme à l'européenne me faisait percevoir les limites plutôt que les forces.

Mon introduction personnelle au monde juif prit la forme d'une inscription à la *Sunday School* d'une synagogue. Mes parents, qui n'étaient pas vraiment religieux mais qui observaient les grandes fêtes, étaient devenus membres pour pouvoir eux aussi *appartenir*

— le mot clé de la vie américaine — à une communauté. Ils avaient refusé de s'inscrire à la grande synagogue réformée, qui trônait dans les « beaux » quartiers, où l'hébreu avait pratiquement disparu. Ils avaient été choqués d'apprendre que le plus important service de la semaine avait lieu le dimanche matin plutôt que le vendredi soir et le samedi matin. Ils n'allaient pourtant jamais à ce service, mais ils n'acceptaient pas cette tentative de singer le protestantisme ambiant au point d'en adopter les horaires. Aussi préférèrent-ils une synagogue « conservatrice », qui séparait les hommes et les femmes, mais maintenait le rite.

Construite en briques rouges et en verre, de forme ronde selon la mode qui dominait l'architecture religieuse du début des années soixante, cette synagogue me frappa par sa froideur et sa fonctionnalité. Des couloirs climatisés aux omniprésentes fontaines d'eau glacée menaient aux bureaux du rabbin et de ses assistants. Il y avait toujours beaucoup d'animation autour du tableau qui annonçait les activités de la communauté : les conférences succédaient aux tournois de bridge, les sorties sportives aux barbecues, le tout couronné par les soirées dansantes. En toile de fond de cette vie mondaine frénétique, le *fund raising*, pour la synagogue, pour des œuvres, pour Israël, se portait à merveille et les jeunes participaient activement à toutes ces manifestations civico-religieuses et étaient initiés très tôt dans l'art de ramasser l'argent.

Le dimanche matin, nous étions accueillis au sous-sol, dans des salles de classe ornées de dessins enfantins. J'ai tout oublié de l'enseignement, plutôt superficiel. Je me souviens seulement des regards complexés qu'une quinzaine de jeunes filles et de garçons de treize ans se jetaient derrière leur acné ou leurs appareils dentaires. J'étais la seule nouvelle venue dans ce monde clos. Tout effort de ma part pour m'intégrer fut détruit immédiatement dès le premier jour, lors du *welcome brunch*. Confrontée pour la première fois de ma vie à du *lox and bagels*, je demandai à mes voisins ce que c'était. Tout le monde me fixa avec étonnement et la question, posée par le « chef » de la bande, vint : « Comment peux-tu être juive et ne pas connaître les *bagels* ? » A leur snobisme ashkenaze, j'essayai de répliquer que tous les juifs ne venaient pas de Pologne et de Russie et qu'après tout ils ignoraient nombre de plats juifs italiens. En vain. Mon relativisme culinaire ne les convainquit pas. Ils passèrent à d'autres questions et me demandèrent le plus sérieusement du monde quel était notre nom de famille avant que nous ne l'ayons raccourci. Je ne comprenais pas, ils suggérèrent des variations possibles : Pintoniewsky, Pintowsky... Je restai stupéfaite. Evoquer d'autres traditions juives ne servait à rien : je resterais l'exclue du *bortsch belt*.

La synagogue avait un club de jeunes filles, censé favoriser « l'éveil juif ». Mais, comme à Westminster, l'intendance dominait toutes nos rencontres. Après avoir élu notre état-major, il fallut choisir l'activité fondamentale qui nous occuperait pendant l'année. La majorité voulut créer une équipe de basket. Mais il fallait acheter des maillots. Après de multiples réunions, le club décida de vendre du *peanut brittle*, une friandise dure, caramélisée, à base de cacahuètes, que devait fabriquer un des pères. Chacune d'entre nous devait placer le plus rapidement possible une trentaine de boîtes. Le soir, le téléphone n'arrêtait pas de sonner : chacune voulait connaître les succès des autres. La plupart des filles étaient dans un état d'excitation permanente. C'étaient des *doers*, dans la meilleure tradition activiste américaine : l'important pour elles était de s'agiter au nom d'une cause, quelle qu'elle soit, afin de remplir leur contrat social.

Plutôt que cette éthique de l'action pour l'action, il me semblait important d'approfondir notre regard sur le judaïsme. Les voies du Seigneur sont multiples, mais un saut vers le judaïsme par *peanut brittle* et basket interposés était un peu trop long. J'abandonnai le club et, avec lui, tout espoir de m'intégrer dans la société juive d'Atlanta. Prétexter mes études ne fut jamais véritablement compris : cet argument n'avait aucun sens dans l'échelle des valeurs américaines. Deux mères essayèrent bien de me convaincre que j'étais « indispensable » pour la future équipe de basket, mais ce n'était qu'une façon de m'offrir une planche de salut pour éviter ma mort sociale. Je tins bon.

Cependant, par mes parents, je gardais un contact avec les juifs adultes. Le hasard d'une rencontre en avion entre mon père et un médecin qui travaillait au *Communicable Disease Center* détermina l'achat de notre maison derrière la sienne. Nos jardins se jouxtaient. James Lieberman et sa femme Lucille étaient des juifs new-yorkais, issus de parents déjà intégrés. Le père de Jim avait été longtemps professeur de littérature anglaise et proviseur d'un des grands lycées de la ville. Certains de ses poèmes avaient même été publiés.

La famille avait donc fait le saut dans le monde anglo-américain. Shakespeare cohabitait avec le Talmud.

Leur fils Jim avait su contourner l'ostracisme qui régnait après la guerre à l'égard des juifs qui se destinaient à des études de médecine : il avait choisi une carrière semi-militaire dans le *Coast Guard*. L'armée avait financé ses études et l'avait échoué à Atlanta pour un travail de recherche. C'était un fonctionnaire, très éloigné du monde du *business*, cultivé. Lou, sa femme, avait fait des études, mais elle s'occupait seulement de la petite fille qu'ils avaient adoptée. Liés à la fois à l'*establishment* de la recherche médicale et au monde militaire, les Lieberman incarnaient le cas assez rare à l'époque de juifs en cours de « waspisation ».

Leur maison était décorée dans le goût WASP. Des meubles en acajou côtoyaient un canapé et de grands fauteuils recouverts de chintz. Des scènes de chasse ornaient les murs peints en jaune clair. Ici et là, des livres classiques donnaient une note de culture et de couleur aux meubles sombres, parfaitement cirés, sur lesquels trônait une collection d'étains. Les Lieberman lisaient le *New Yorker* et *Time* comme tous les membres de l'élite, mais ils avaient des opinions libérales et étaient même favorables aux *civil rights*. A l'aise avec l'étiquette du monde blanc du Sud, ils n'en étaient pas prisonniers. A la fin de notre séjour en Géorgie, Lou s'inscrivit même à l'Université noire, sur les conseils de ma mère, afin de suivre un programme d'études qui lui permettrait de devenir bibliothécaire et de reprendre une carrière.

Habillés à la mode WASP, de tissus chinois, de madras et de chaussures anglaises, avec une élégance informelle, les Lieberman n'en demeuraient pas moins juifs. La maison restait strictement casher, pour que leurs parents respectifs puissent se sentir à l'aise lors de leurs visites. Ils étaient actifs dans la synagogue où ils nous avaient fait inscrire et, à part deux ou trois sorties par an à la base militaire la plus proche, ils ne fréquentaient que d'autres juifs.

Nous leur ouvrions de nouveaux horizons, mais notre présence était troublante. Pétris de culture anglo-américaine, les Lieberman connaissaient mal le continent européen, malgré leurs voyages en Angleterre. Pour des anglophiles comme eux, la France ou l'Italie restaient des pays malsains. Descendant d'immigrants russes, ils gardaient encore les souvenirs des pogroms et méprisaient une terre qui avait succombé à l'antisémitisme hitlérien et qui, libérée par les Américains, paraissait de moins en moins reconnaissante.

Au plus profond de leur âme, Jim et Lou ne pouvaient pas comprendre que ma mère puisse demeurer italienne et qu'elle cherche à m'élever autrement que comme une petite Américaine. Ils étaient fiers du destin que leurs grands-parents leur avaient offert, alors que pour eux, le vieux continent était désormais vidé de sa substance. Notre quête de l'Europe leur semblait signe d'une nostalgie malsaine. Lou insistait ainsi pour que j'adopte une attitude dynamique et reconnaissante. « Nous sommes tous des immigrants, fiers de notre pays », me répétait-elle. Elle avait sans doute raison. Je n'étais pas la meilleure candidate à une insertion réussie et mon peu d'effort pour adhérer au rêve américain devait la blesser profondément.

Il n'en allait pas de même avec l'autre couple juif que nous fréquentions. Amis des Lieberman, les Rauzin incarnaient une tout autre culture, celle du consumérisme triomphant, aux antipodes de l'austérité WASP. Ils descendaient de ces juifs commerçants de la province géorgienne. Eux-mêmes étaient devenus riches grâce à des magasins de *liquor* qu'ils possédaient surtout dans les quartiers noirs. Leur activité commerciale au cœur du monde noir, où ils ne mettaient jamais les pieds, me révulsait. D'ailleurs, les Rauzin partageaient l'attitude de l'ensemble des blancs envers les noirs : c'était une classe inférieure qui n'aimait pas travailler et qui ne méritait pas l'égalité avec les blancs. Le mouvement des *civil rights* leur semblait une forme particulièrement dangereuse de subversion, sans doute inspirée par les communistes.

Très fiers de leur richesse, ils craignaient tout ce qui aurait pu la menacer. L'alcoolisme des noirs désespérés leur avait permis de se faire construire une énorme maison moderne avec un *sunken living room*, une cuisine monumentale, une piscine et une multitude de chambres toutes équipées de télévision. Ils incarnaient jusqu'à la caricature le rêve américain de l'achat perpétuel. Je n'aimais donc rien dans leur vie, mais je les fréquentais pour faire une *mitzvah*. Leur fille, elle aussi élève de Westminster, devait, à cause d'une forte scoliose, rester en permanence au lit. Elle suivait ses cours à l'aide d'un système d'*intercom* très raffiné pour l'époque et ma mère voulait que je l'aide dans ses études et que je lui tienne compagnie. Nous allions donc souvent chez les Rauzin durant le week-end et je passais du temps avec Marylin.

Ils étaient très heureux de connaître des *Europeans*. L'Europe pour eux était en effet un vaste bazar de foulards Hermès, de chemises Lacoste, de chaussures et de gants florentins, de tweeds anglais. Elle incarnait surtout le raffinement cosmopolite, un je-ne-sais-quoi d'introuvable aux Etats-Unis, même avec des milliers de dollars. Mais elle n'avait pour eux aucune réalité, aucun sens présent et surtout aucun futur. C'était une « folie » mondaine. Le voyage européen était en effet une étape sociale : on le faisait pour pouvoir le raconter. Entrepris en cachette, sans photographies à exhiber, il aurait perdu toute raison d'être.

Nous leur servions de guides pour leur prochain voyage dans le paradis du chic. Ils comptaient sur nous pour leur indiquer les meilleures adresses de magasins de vêtements, les bibelots les plus originaux à ramener, ainsi que les sites qu'ils devaient absolument voir en un minimum de temps. Jamais ils ne nous demandèrent comment nous avions vécu « là-bas ». Ils n'imaginaient pas que des juifs puissent encore vivre en Europe, tandis que les non-juifs étaient les figurants d'une pièce exotique pour Américains en quête de divertissement. Les Etats-Unis étaient pour eux le centre du monde.

Nous vivions ainsi en porte à faux sur la planète juive d'Atlanta. Religieux, nous nous serions sûrement intégrés par la prière et la lecture de la Torah. Le reste serait devenu secondaire. A défaut, nous nous accrochions à une sensibilité culturelle vouée à l'échec. Pour ma mère et moi, c'était par hasard que nous vivions en Amérique. Pour les juifs américains par contre et, dans une certaine mesure, pour mon père, l'Amérique était la vie, le havre de paix, la protection. L'horreur que l'Europe avait engendrée conférait une nécessité vitale à leur présence quand la nôtre n'était que de circonstance. L'échange entre nous était un dialogue de sourds : chacun s'accrochait à une « essence » que l'autre, au plus profond de lui-même, ne pouvait accepter. C'était d'ailleurs également vrai avec les Israéliens.

Le consul général d'Israël pour le sud des Etats-Unis habitait notre rue. Sa fille Edna avait mon âge. A l'école publique du quartier où elle allait, elle était mieux intégrée que moi à Westminster, mais elle vivait aussi un peu à l'écart. Son père et je crois aussi sa mère, d'origine polonaise, étaient arrivés en Palestine avant la guerre. Edna était donc très fière d'être *sabra* et regardait les petites Américaines du haut de sa supériorité israélienne. Nous partagions le même regard sur l'Amérique, le même détachement pour ce monde consumériste et plat. Quant à ses parents, évidemment sionistes convaincus, ils méprisaient les juifs américains pour leur « philistinisme » et leur oubli de l'histoire. Les violences liées aux luttes des noirs démontraient à leurs yeux que les Etats-Unis, en raison de leurs troubles ethniques, ne pouvaient être « sûrs » pour les juifs. Israël était la seule voie.

Quand je leur parlais de l'Europe, ils m'opposaient un silence glacial. Pour eux, elle n'existait plus et mes références européennes constantes n'étaient que du radotage, fruit d'une aberration psychologique. Le vieux monde, à leurs yeux, n'avait même pas les charmes que les Américains lui trouvaient. Ce n'était qu'un vaste musée des horreurs, dont on connaissait l'existence mais qu'on n'aurait pas visité de son propre gré. Je ne me sentais pas concernée par leur rejet. La Pologne et l'Allemagne, dont ils venaient, ne faisaient pas partie de « mon » Europe et j'étais sûre que leur regard aurait été différent s'ils avaient été originaires de l'Occident « civilisé ».

Leur discours sioniste, par contre, me laissait froide. Mon déchirement entre l'Amérique et l'Europe ne laissait pas de place à une voie israélienne. Mais je crois aussi que j'avais déjà assimilé la leçon « pluraliste » de la démocratie américaine et adhéré aux idéaux de Martin Luther King lorsque, du haut du Lincoln Memorial dans son fameux discours du *I have a dream*, il avait esquissé le rêve d'une Amérique de la cohabitation fructueuse entre les races et les cultures. Comparée à cette vision, l'idée d'une patrie réservée aux juifs, sûre mais monolithique et cloisonnée, me paraissait terne. J'étais hostile à tout nationalisme, préférant un pluralisme enrichissant, aux antipodes de l'expérience historique européenne et de son ultime incarnation juive.

Et pourtant, à l'époque, je ne pouvais pas me déclarer « américaine ». Tout en moi clamait mon appartenance à l'Europe. L'identité que je m'étais construite était à mi-chemin entre le rêve et la réalité que j'apercevais lors de mes brefs séjours italiens. Mais elle me donnait une force intérieure avec laquelle résister à ma solitude profonde. Le contact quotidien avec l'Amérique la rendait plus forte et j'aimais me sentir appartenir à une minorité infime qui, par sa simple existence, détruisait le programme du vaste ordinateur culturel américain où juifs et Italiens occupaient des compartiments étanches.

Si j'essaie aujourd'hui de définir ce qu'était cette identité, à une époque où personne ne connaissait encore aux Etats-Unis les écrits de Primo Levi, je me rends compte qu'elle était sans doute contradictoire. Au sommet venait le poids de l'histoire, le fait que les juifs étaient en Italie bien avant l'Italie elle-même et donc qu'ils portaient en eux aussi bien la mémoire de l'Empire romain que le souvenir de la destruction du Temple et de la résistance à Massada. J'ajouterais le poids des vieilles pierres et des vieux cimetières, celui des synagogues où l'on pouvait entendre les prières de plusieurs générations, loin de l'atmosphère climatisée des temples vitrés américains.

Me sentir juive italienne signifiait aussi une certaine manière d'être : bourgeoise, raffinée, courtoise, partie prenante de l'histoire nationale, mais avec le recul d'une perspective millénaire. J'aimais une certaine discrétion religieuse, proche de l'*understatement*, une assurance culturelle fondée sur la longue liste de grands noms qui étaient « des nôtres ». J'aimais aussi la symbiose entre le monde chrétien et le monde juif, héritée d'une longue cohabitation. Mes amis américains juifs ne comprenaient pas cet enchevêtrement d'ambiances : l'émotion éprouvée dans une cathédrale, le son familier des cloches lors des promenades de l'après-midi, la messe de minuit où aller « en voisin », sans éprouver la sensation d'être colonisés. Pour eux, une église était une église, porteuse d'une culture spécifique. Ils pouvaient en admirer la valeur artistique, mais de l'extérieur, sans que leur être en soit touché. Pour moi, elle faisait partie de mon patrimoine subjectif, de mon âme, elle me renvoyait un morceau de ma propre image.

Mais, pour que cette identité « tienne », il me fallait mettre l'accent sur le tennis des Finzi-Contini et oublier leur déportation, évoquer les familles sauvées et non les petits chefs fascistes, glorifier les libres penseurs et mettre de côté l'Inquisition, penser aux prêtres sympathiques et non aux cardinaux, à la tolérance humaniste et non au zèle du Moyen Age, vénérer certaines pierres au dépens des autres. Il fallait imaginer un Fra Angelico œcuménique, un Dante universalisant, un Laurent de Médicis tolérant, un Goldoni qui aurait écrit son *Campiello* dans le ghetto, un Alessandro Manzoni laïc ou encore un Cavour pluraliste. Le défi était de taille, mais des milliers de juifs italiens semblaient l'avoir réussi et ils avaient hérité en contrepartie de quelques pans d'une des plus belles civilisations du monde. En comparaison, le monde juif américain, ses maillots de basket, ses ventes de *peanut brittle* et son esprit « club » paraissaient bien dérisoires.

Et pourtant... Tout en les refusant dans leurs incarnations adolescentes, je grandissais à l'ombre des organisations juives américaines aux voix fortes et aux forces réelles. Sans toujours l'apercevoir, j'évoluais dans les espaces de liberté qu'elles balisaient. J'apprenais à ne pas aller à l'école lors des grandes fêtes religieuses. Je proclamais haut et fort mes droits publics de juive, m'attendant à ce que la société s'y conforme. Dans une Amérique à l'histoire courte, j'ignorais le poids terrible d'un antisémitisme latent à l'européenne. Je glorifiais d'autant plus mon judaïsme italien que je le contemplais de l'extérieur, dans une version idéalisée.

IV

C'est dans le petit cercle franco-méditerranéen d'Atlanta que nous nous sentions le plus à l'aise. On y rencontrait des juifs déracinés par la guerre, des aventuriers, des femmes qu'on aurait jadis appelées demi-mondaines, deux ou trois artistes, quelques rares chercheurs et hommes d'affaires et tous ceux et celles qui avaient épousé des Américains et qui cherchaient à retrouver une part d'eux-mêmes, étouffée par leur nouvelle vie domestique.

Nous nous serrions les coudes, unis par une chaleur et un humour qui nous distinguaient du monde WASP et de son analogue juif américain, tous deux si sérieux. Dans mon regard d'adolescente solitaire, les « Européens » savaient spontanément mêler vie publique et vie privée, sans le rituel des *drinks* obligatoires dans une soirée américaine détendue. La conversation dans nos soirées touchait à tout : à la mode, aux livres, à la politique, au commérage, à la caricature, aux comparaisons transatlantiques, à l'inévitable évocation du retour au pays. Le groupe était uni, avant tout, par la nostalgie pour les villes du vieux continent et leur esprit civique, pour leurs rues commerçantes chargées d'histoire, pour la sociabilité de leurs restaurants et de leurs cafés. Par contraste, l'Amérique des *shopping centers*, des distances inhumaines, des contacts superficiels et du fonctionnalisme sans élégance, semblait dépourvue d'histoire. Et tous se plaignaient de la fausse intimité amicale américaine, affable mais vide. Tous en appelaient à l'« humanisme » européen, qu'ils ne définissaient jamais du reste.

La cuisine jouait un rôle important dans ces retrouvailles. Dans l'Amérique d'avant le *Cuisinart,* d'avant le *Big Business* de la cuisine française, la nourriture, souvent fade et plate, démoralisait le palais tout autant que l'âme. Le poulet frit, les *pecan pies*, les *grits* (une friture de pommes de terre), grands mets du Sud, alternaient avec le très WASP *roast beef*. Seul un restaurant chinois venait parfois rompre cette monotonie. Les restaurants « français » élégants de la ville étaient incroyablement prétentieux, leurs sommeliers bardés de chaînes, leurs maîtres d'hôtel obséquieux. Les réunions du club français ou du club italien offraient au contraire l'occasion de conjuguer les talents et les nostalgies culinaires : pâtes *al dente*, légumes assaisonnés, viandes en sauce, salades composées qu'aucun *French dressing* ne venait ruiner, salades de fruits se succédaient, joyeuses, triomphales. Nous mangions tout cela entre nous, recréant la fête d'un village fantôme, aux racines grecques, françaises, italiennes. Aucun Américain ne venait déranger l'atmosphère de ces soirées et demander une « recette » aux ingrédients mathématiquement pondérés.

Dans cette *Little Europe*, juifs et catholiques se sentaient plus proches les uns des autres que de leurs coreligionnaires américains : le passé commun primait la foi. La Deuxième Guerre mondiale rapprochait des individus qui l'avaient vécue de manière différente, voire antagoniste. On pouvait ainsi voir se côtoyer Anna Marly, qui avait composé en Angleterre auprès du général de Gaulle la musique du *Chant des Partisans* sur des paroles de Joseph Kessel, un peintre italien, Athos Menaboni, disciple de Marinetti, débarqué à Atlanta pendant la guerre comme prisonnier fasciste, un couple de juifs grecs, dont la femme avait survécu à Bergen-Belsen, un juif polonais rescapé d'Auschwitz, qui se sentait italien par adoption, une minuscule juive hongroise mariée avec un géant de Caroline du Nord, qui venait respirer « l'air de l'Europe ». A Atlanta, le poids des vies détruites ne se faisait pas sentir. Les monuments aux morts des villages étaient loin, les familles amputées par l'Holocauste inexistantes, les bases militaires invisibles. Il ne restait que des individus isolés, à l'itinéraire tourmenté, se fuyant dans l'anonymat américain, se cachant parfois les yeux dans les mains lorsqu'ils revivaient en pensée un moment de l'horreur.

Chez ces « Européens », tous issus d'une bourgeoisie cosmopolite, la valse des objets qui avaient traversé l'océan témoignait de leur existence passée : des boîtes à lettres jaunies aux écritures stylées, de petits portraits d'une enfance tranquille, qu'un artiste oublié avait esquissés, un piano Bechstein, quelques bijoux si resplendissants qu'on les tenait, en Amérique, pour des faux, des livres rares, souvenirs d'une vieille culture familiale, de petites boîtes argentées, deux ou trois photographies encadrées. Ces bibelots, talismans d'une altérité silencieuse, codes secrets d'un autre monde, ne « parlaient » qu'aux initiés. Il fallait les connaître pour pouvoir les reconnaître.

A côté de cette vieille Europe tourmentée, une autre s'esquissait, fière de sa modernité, portée en avant par les plus jeunes. Elle m'était infiniment plus accessible. C'était une Europe d'objets *design*, ramenés au fil des voyages, de vases de Murano aux couleurs éclatantes, de posters de Mathieu, d'Alfa Romeo étincelantes, de cafetières espresso aux lignes élancées, de machines à écrire Olivetti, de lampes *high tech* milanaises, de stylos Mont Blanc, de cartables de cuir cousus à la perfection, de mocassins ultra-légers et de vêtements de cachemire et de laine — autant d'indices, à une époque où les marchés étaient encore cloisonnés, que leurs propriétaires venaient de « l'autre côté » de l'Atlantique, autant de preuves que, « là-bas », vivait encore une Europe dynamique, à la fois classique et moderne, qui contredisait les préjugés américains ambiants.

Les derniers romans en format de poche de Françoise Sagan ou d'Alain Robbe-Grillet trônaient sur les étagères européennes d'Atlanta, comme autant de phares dans la nuit ambiante. La collection jaune des Classiques Garnier veillait à maintenir la tradition. Ce classicisme conjugué avec la modernité, nous le fêtions lors de la tournée annuelle de la Comédie-Française. Dans un faste de costumes digne des grandes années Malraux, elle offrait à tous les Européens une bouffée de culture, et il n'était pas rare de voir certains sortir en déclamant des vers retrouvés, souvenirs de leurs années d'écolier. Comme il était facile de se sentir européenne en ces occasions, lorsque sur les marches d'un auditorium lointain, prêté par un collège ou une école, on entendait le bruit des conversations françaises. Soudain, les acteurs de la troupe sortaient, leurs chapeaux à plumes d'autruche à la main, Harpagon ou Célimène encore dans l'air. Ils saluaient les derniers spectateurs éblouis, montaient dans leur autobus et s'enfonçaient dans la nuit américaine.

En d'autres occasions, notre condition d'Européens était moins agréable. Nous sentions parfois se manifester les ambiguïtés, voire l'hostilité des Américains à l'égard du vieux continent. Ils l'avaient sauvé et le regardaient avec condescendance, comme un espace sous tutelle. Ils se méfiaient de l'Europe technologique et n'aimaient pas que l'Europe politique prenne trop d'initiatives.

Par le pire des hasards, notre arrivée à Atlanta coïncida avec l'accident d'un Boeing d'Air France qui s'était écrasé à Orly tuant tous les passagers à bord, tous membres de l'élite WASP d'Atlanta. Un nombre impressionnant d'élèves de Westminster se retrouvèrent ainsi orphelins. Je n'osais pas leur dire que mon père travaillait pour Air France, rebaptisée à l'époque *Air Chance*. Mais j'écoutais leurs conversations. Les pilotes *frenchie* étaient mis en cause pour leur incompétence bien caractéristique d'un pays au bord du sous-développement. La France était considérée à peu près comme aujourd'hui certains pays africains. En réalité, lorsque peu de temps après deux autres Boeing, qui appartenaient à d'autres compagnies, s'écrasèrent, on s'aperçut que les trois appareils, sortis l'un après l'autre de la même chaîne de montage, avaient le même défaut de fabrication. L'Américain Boeing était responsable, non les pilotes français, victimes de leur propre appareil. Personne, pourtant, ne changea d'avis. La France demeura coupable.

Bien avant le retrait français de la partie militaire de l'OTAN en 1966, bien avant son action pendant la guerre des Six-Jours, les Américains étaient très hostiles à l'égard du général de Gaulle. Plus encore que ses choix, son indépendance d'esprit, son ton, son discours nationaliste, son refus de la *Pax Americana* les irritaient. Il en allait de même à l'égard de l'Italie, où tout parti autre que la Démocratie chrétienne était suspect de philocommunisme, donc d'anti-américanisme exacerbé. Il suffisait que la presse parle de ces deux pays pour que nos amis américains nous demandent d'un air angoissé, inquisiteur, ce qui se passait, comme si nous étions responsables des choix nationaux. Dans ces conversations, il était vite clair qu'ils n'accordaient pas aux autres la liberté d'action qu'ils s'octroyaient eux-mêmes. Je devins donc, comme mes parents, farouche partisane du général de Gaulle, symbole pour nous d'une Europe qui ne se laissait pas faire. Je me souviens encore du jour où il réclama l'or français de Fort Knox et des regards furieux que les amis américains de mes parents nous lançaient. L'Amérique était pour eux décidément à part, au-dessus du reste du monde.

Et pourtant, contrairement à l'Europe de l'époque, qui paraissait une oasis relativement sûre, les Etats-Unis baignaient déjà dans la violence, dans les crimes commis à l'aveugle, contre n'importe qui, sans mobile. Nos fenêtres étaient protégées contre les voleurs par d'épais barreaux de fer, mais il fallait surtout craindre les détraqués et les marginaux, prêts à attaquer, à une époque où la drogue n'existait pratiquement pas, pour le simple plaisir de régler de mystérieux comptes avec l'humanité tout entière. Les viols de jeunes filles étaient communs, comme les meurtres d'enfants. La télévision les rapportait dans tous leurs détails avec une emphase terrifiante. J'appréhendais les quelques centaines de mètres de terrains vagues que je devais traverser lorsque je descendais de l'autobus scolaire.

Un après-midi, je me retrouvai d'ailleurs face à face avec un homme d'une cinquantaine d'années dans sa voiture. Je me mis à courir pendant qu'il me suivait lentement, murmurant des phrases incompréhensibles derrière son volant. Je m'imaginais attaquée, à quelques pas d'un supermarché, dans l'indifférence la plus générale des clients, incapables d'entendre le moindre cri de secours. Personne n'était à la maison et les voisins étaient sans doute absents. Je me sentais totalement seule. L'arrivée inopinée d'une voiture effraya mon poursuivant qui fit demi-tour. J'atteignis la maison, tout essoufflée, tremblante. Je maudis l'Amérique sans ses kiosques, ses bars, ses boulangeries, tous ces lieux où l'on peut se réfugier auprès des gens du quartier. L'Europe, c'était aussi cela.

V

Mes années d'adolescence à Atlanta furent capitales sur le plan politique pour les Etats-Unis. A partir de 1962, avec la crise de Cuba, jusqu'à la fin, en 1975, de la guerre du Vietnam, l'Amérique passa par tout l'éventail des sentiments politiques : la peur, l'espoir, la rébellion, l'angoisse et la tragédie se succédèrent à une cadence infernale. Impossible de rester neutre et détaché devant le défilé d'événements que la télévision retransmettait tous les soirs à dix-huit heures trente, pour les vêpres médiatiques et le dîner familial. J'ai ainsi vécu « en direct » la crise de Cuba, l'assassinat de John Kennedy, le mouvement noir des *civil rights*, la course vers l'espace, l'esquisse de la *Great Society* de Lyndon Johnson, mais aussi bien le lent embourbement vietnamien. Et chaque fois, je vibrais intensément devant l'actualité.

Mon acculturation politique fut toutefois graduelle. Nous venions de nous installer dans notre maison d'Atlanta lorsque la crise de Cuba éclata. Pendant la semaine cruciale de la *brinksmanship*, lorsque l'Amérique, forte de ses photos satellites des bases soviétiques, posa ses conditions à Khrouchtchev, nous étions toujours en quête d'appareils ménagers dans les grands magasins à l'heure des informations. On pouvait sentir la tension dans l'air. Les vendeurs aussi bien que les clients quittaient, dès que le sujet faisait la une des informations, le rayon des machines à laver, des fers à repasser, des aspirateurs pour se précipiter vers le stand des télévisions. Là, en couleur, sur une centaine d'écrans, nous écoutions Pierre Salinger, le porte-parole du Président Kennedy, ou quelque général du Pentagone faire le point de la situation. Leurs voix étaient graves, ils fixaient les téléspectateurs droit dans les yeux et leur regard ferme indiquait que le pays serait prêt, si nécessaire, à entrer en guerre. Le public écoutait, silencieux, conscient de la gravité du moment. Tous pensaient que les Soviétiques devaient être remis à leur place, coûte que coûte.

L'Amérique s'apprêtait à un nouveau sursaut : elle se disposait à oublier le confort quotidien de l'*American Way of Life*, pour renouer avec la détermination qui avait dû suivre le bombardement de Pearl Harbor. Au beau milieu du *department store*, de ses réclames et de ses invitations à entrer dans le royaume enchanté du crédit, on pouvait sentir que les principes politiques démocratiques qui avaient animé les GI's, en Europe et en Asie, continuaient à primer.

Autant la lutte de Castro contre Batista m'avait paru juste, autant je réprouvais l'option communiste qu'avait prise le chef cubain. Les mensonges politiques hongrois, racontés par mes cousins, m'avaient rendue méfiante. La construction du Mur de Berlin m'avait traumatisée. Comment des dirigeants politiques pouvaient à ce point retirer la liberté à leur peuple ? La presse américaine regorgeait d'histoires qui faisaient froid dans le dos : les familles séparées, les tentatives de traversée du Mur qui se soldaient par une fusillade, Berlin coupée en deux, les stations du Bahnhof murées. C'étaient autant d'attaques contre la dignité de l'Europe. Je conjuguais ainsi ma vision américaine de la liberté absolue des individus avec une vision culturelle « européenne » qui niait la coupure de la Guerre froide. Dans les deux cas, l'URSS me paraissait coupable. Je pouvais donc soutenir Kennedy contre Cuba.

Mais j'étais beaucoup plus sceptique vis-à-vis des réactions américaines à la crise de Cuba. Les préparatifs pour une éventuelle troisième guerre mondiale me faisaient rire. Pendant la même semaine, on ne parlait ainsi dans notre quartier et dans mon école que des *fallout shelters*, ces abris souterrains, climatisés, prétendus étanches, censés protéger leurs habitants d'une éventuelle irradiation. Les Rauzin avaient commencé à en faire construire un au fond de leur jardin. Beaucoup, fort intéressés par l'idée, avaient dû renoncer devant son prix. Mais après tout, un bon père de famille se devait de protéger ses enfants contre tout danger : on n'allait pas rechigner quand l'enjeu était la simple survie de l'humanité.

Je riais, car l'ultimatum de Kennedy était de dix jours. Après cela, la guerre aurait pu éclater, d'emblée atomique. Aucun abri n'aurait été prêt à temps. Mais ce scepticisme ne semblait pas affecter les Américains : leur mentalité de *doers* les poussait à faire à tout prix quelque chose pour se préparer contre la guerre. L'acte comptait plus que le résultat. Westminster, d'ailleurs, était en état d'alerte. On nous fit visiter les longs couloirs souterrains qui serviraient d'abri. D'énormes bidons d'eau, des masques à gaz étaient en place.

Contrairement à mes camarades qui écoutaient et regardaient tout cela avec une terreur biblique, je ne pouvais pas m'empêcher de sourire devant cette mise en scène. Je n'étais pas du tout sûre de vouloir survivre à une guerre atomique. Une fois sortis de nos trous respectifs qu'aurions-nous fait dehors ? Les images des victimes d'Hiroshima trottaient dans ma tête : je ne voulais pas connaître leur mort lente. Je savais aussi que ma mère n'aurait sans doute pas survécu. L'université noire ne pouvait se permettre une telle panoplie anti-atomique. Tournés vers leurs propres luttes, pétris de fatalisme, les noirs ne participaient pas à l'hystérie collective. Pour eux, Cuba et Khrouchtchev étaient loin comparés aux dangers quotidiens dont ils devaient d'abord se protéger.

La crise passa, les abris anti-atomiques continuèrent à se vendre pendant quelques mois encore. Les fûts d'eau restèrent dans le tunnel de l'école pendant tout le reste de ma scolarité, mais l'Amérique reprit petit à petit sa vie de consommation. Le prochain choc fut bien plus détonant. L'assassinat de Kennedy bouleversa la vie politique, détruisit la vision irénique d'une Amérique calme, assurée dans son rôle de pilier mondial : une décennie de violence et de tourmente commença, au terme de laquelle l'Amérique perdit son innocence. J'avais quatorze ans lors de l'assassinat, j'avais vécu la moitié de ma vie aux Etats-Unis : je sentis qu'une époque venait de s'achever.

Il était treize heures quinze lorsque nous avons appris la nouvelle de l'attentat. La directrice de Westminster alluma l'*intercom* pour nous annoncer que le Président était gravement blessé et qu'il fallait prier pour lui. Peu de temps après, la nouvelle de son décès éclata comme une bombe. Des étudiantes se mirent à crier de détresse pendant que d'autres restaient figées, muettes et incrédules. Tout le monde évoqua la thèse d'un complot étranger, comme pour éviter d'imaginer qu'un Américain ait pu commettre un tel geste. Même si leurs parents avaient voté pour Nixon et désapprouvaient les réformes de Kennedy, la plupart des élèves ressentirent l'assassinat comme une tragédie nationale. On ferma l'école, on nous renvoya à la maison en signe de deuil. Dans l'autobus, personne ne parlait. Le chauffeur noir, d'habitude si jovial, ne faisait que répéter à voix basse « Ils l'ont tué, ils l'ont tué », en une lamentation digne du vendredi saint.

A la maison, ma mère venait de rentrer. Nous nous sommes embrassées comme dans un film de guerre. Nous avions l'impression de flotter dans un cauchemar. Ma mère me raconta qu'à Morehouse et dans le quartier noir, la nouvelle de l'assassinat avait été ressentie comme une catastrophe. Les gens ne pleuraient pas seulement la mort de Kennedy, mais presque la leur, tant ils étaient convaincus que leur cause serait enterrée par le nouveau Président, Lyndon Johnson, un homme du Sud. Plongés dans l'angoisse la plus totale, les noirs se préparaient à revivre les violences des blancs réactionnaires désormais à l'abri. Le symbole du renouveau américain venait d'être happé dans sa jeunesse et l'Amérique allait sombrer dans la réaction.

Mon père revint lui aussi de son travail avec des informations troublantes. Au cœur de la ville, *downtown*, les petits blancs, racistes et réactionnaires, étaient en train de célébrer la mort de Kennedy, à grand renfort de cris de joie et de pétards. Eux aussi, à l'instar des noirs, étaient persuadés que le mouvement pour les droits civils allait être stoppé net. Ils fêtaient le retour imminent du bon vieux temps de la *white supremacy* en dansant dans les rues. Tout paraissait possible dans un Sud en convulsion.

Pendant trois jours, nous avons vécu, comme tous les Américains, rivés à notre poste de télévision, comme si, au sommet du deuil, les journalistes étaient les seuls capables de nous soulager. Nous mangions à peine, sans horaires, pendant ce long week-end qui n'en finissait plus de nous épouvanter. Jack Ruby tua Lee Harvey Oswald en direct. L'épouvante politique laissa place au roman noir. Lyndon Johnson avait beau diriger le pays, les Américains continuaient à se sentir orphelins, à la merci d'un vaste complot.

Nous étions tout près de la grande fête de *Thanksgiving*. Malgré tout, l'Amérique tout entière se mit à table autour de la dinde traditionnelle, peut-être pour remercier Dieu du fait que le pays tenait debout en dépit de tout. Mais seules les funérailles de Kennedy, dans leur dignité parfaite, fermèrent cette période suffocante. Les grands de ce monde vinrent défiler, De Gaulle au premier rang, pour rendre hommage au prince de Camelot, figure encore charismatique, dont les défauts et les erreurs ne seraient révélées que bien après. Je me souviens encore, lors de l'exposition du catafalque dans la rotonde du Congrès, des quatre soldats portant un béret vert qui montaient la garde autour du cercueil. Les *green berets* étaient un corps d'élite que le Président affectionnait tout particulièrement et qu'il venait d'envoyer au Vietnam dans un *advisory role*. En 1963, personne ne fit attention à ce « détail ».

Lors de l'assassinat de Kennedy, c'est comme une « Américaine » que j'ai vibré. Seule la présence d'un professeur de littérature française de la Sorbonne, de passage à Atlanta, me permit de mesurer combien devait être différente la réaction des Européens. Le cher professeur avait tenu une conférence à Morehouse la veille de l'assassinat et ma mère avait promis de l'accompagner dans les bons magasins de la ville pour acheter des disques de jazz et voir un peu d'Atlanta. Il arriva comme convenu, totalement indifférent aux bouleversements qui l'entouraient. Il commenta à peine la mort de Kennedy et insista pour que nous l'accompagnions faire ses emplettes. A sa grande rage, la plupart des magasins étaient fermés en signe de deuil. Nous sentions la terre céder sous nos pieds, les noirs étaient en deuil profond, les blancs respectables sous l'emprise du choc, et cet universitaire venu de trop loin dédaignait l'événement. Cette froide distanciation, ce mépris se retrouvèrent plus tard chez nombre d'Européens, face au *Civil Rights Act*, lors de l'assassinat de Martin Luther King ou celui de Robert Kennedy, pendant le scandale du Watergate.

Johnson prit les rênes du pouvoir à un moment critique de l'histoire des Etats-Unis et, à son grand honneur ainsi qu'à la surprise de ceux qui le connaissaient, il appuya la cause des noirs autant et même plus que Kennedy. Lorsqu'il signa le *Civil Rights Act*, que le Congrès, ému par l'assassinat de Kennedy, avait voté rapidement, ce fut pour nous le soulagement. Le progrès n'était pas arrêté. L'Amérique se montrait enfin digne d'elle-même.

Dès le lendemain, la loi fut mise à l'épreuve dans les restaurants blancs d'Atlanta : tous sans exception, y compris celui de Lester Maddox, s'inclinèrent. Les noirs s'attablèrent enfin à côté des blancs. Grâce à cette nourriture partagée, ils entraient enfin dans l'agora et, malgré leur haine, les blancs obéirent. La tradition protestante conférait au pouvoir de la loi une transcendance presque mystique.

Le progrès, d'ailleurs, était bien réel. Désormais, ma mère pouvait aller déjeuner *downtown* avec ses collègues noirs, elle ne devait plus se cantonner avec eux dans les mêmes deux restaurants du quartier noir. Elle me décrivit l'émotion de ses collègues la première fois qu'ils entrèrent dans des lieux où ils n'avaient jamais mis les pieds. Cette initiation sociale, cette découverte de leur propre ville révélaient toute l'horreur du racisme, mais prouvaient aussi combien il était dépassé. Ce moment de triomphe légal, apothéose de la lutte pour les droits civils, demeura pour moi un événement charnière, même lorsque la radicalisation du mouvement noir et la mise à feu des ghettos jetèrent une nouvelle ombre sur les rapports des noirs avec les blancs. A l'inverse, les Européens, moins familiers avec le Sud, trouvèrent toujours cette loi évidente et bien tardive : ils n'arrivaient pas à comprendre à quel point elle avait pu faire changer les comportements du jour au lendemain.

Le même orgueil me gagna lorsque Johnson, après sa victoire aux élections présidentielles de 1964, présenta à la télévision son plan pour une *Great Society*, qui instaurerait la justice et l'égalité sociale dans un pays de deux cents millions d'âmes. Sa vision était peut-être démesurée, mais, sur le moment et avant que la guerre du Vietnam ne sape le moral du pays, elle était porteuse d'optimisme et d'espoir, elle demeurait conforme à la tradition et à l'esprit américains. Le message était simple : avec de la bonne volonté tout était possible et, puisqu'il y avait tant à faire, il fallait se mettre au travail au plus vite pour gagner la guerre contre la pauvreté. Cet appel fut entendu : les jeunes volontaires ne se firent pas attendre. Ce seraient souvent les mêmes qui protesteraient plus tard contre la guerre du Vietnam, brutale et conventionnelle cette fois.

Il était difficile, dans ce contexte, de ne pas se sentir porté par cet élan. Pour une fois, le jacobinisme éclairé des couches libérales et le *community organizing* à l'américaine allaient dans le même sens, celui de la justice. Pourtant, à Westminster, des forces hostiles demeuraient. Pendant la campagne électorale, certains élèves arboraient des canettes de boissons sur lesquelles on pouvait lire *Au H20*, l'équivalent en notation chimique du nom du candidat conservateur républicain, Barry Goldwater. Même à la synagogue se tenaient des débats politiques au cours desquels de jeunes juifs critiquaient l'interventionnisme fédéral au nom des valeurs du *free enterprise*. J'étais choquée : je ne pouvais comprendre comment on pouvait être à la fois jeune et du « mauvais » côté, auprès des forces de la réaction. Le fait que Westminster n'accepte pas, dès après le *Civil Rights Act*, quelques excellents élèves noirs me semblait injuste. En 1966, à mon départ, l'école restait d'ailleurs encore entièrement blanche.

Ma vision de l'univers des affaires, quant à elle, était très peu américaine. Le profit me semblait immoral et les seules activités « nobles » pour moi étaient l'enseignement, la fonction publique, le travail social, la médecine et le droit. Le travail de mon père, directeur administratif d'Air France, je le rangeais dans la fonction publique : la compagnie aérienne était une entreprise nationalisée et lui ne réalisait aucun profit. Je fusionnais ainsi l'antipathie pour le commerce caractéristique des juifs européens « libres » et éclairés, en rébellion contre l'activité obligée de leurs ancêtres, leur vénération du service de l'Etat, digne du *Beamte* de Hegel, avec de nouveaux réflexes puritains. L'argent devait rester un simple moyen au service de fins plus nobles. Le culte du *business*, du *free enterprise*, je le méprisais. Son incarnation la plus parfaite était à l'époque une série télévisée sur le *Far West*, présentée par un ex-acteur de Hollywood qui exaltait les valeurs de l'entreprise dans ses réclames pour Borax ou pour General Electric : Ronald Reagan.

Par la télévision, nous participions aussi aux exploits des derniers grands explorateurs, les astronautes. Nous suivions leur préparation, le parcours en direct de leurs premiers vols, programmés, sans doute exprès, le plus souvent pendant le week-end. Les programmes habituels s'arrêtaient pour nous emporter dans l'espace à leur suite. Nous savions tout sur eux, sur leurs familles qui devenaient parties prenantes de notre univers collectif, mais surtout nous étions dans la salle des opérations pendant la durée du vol. Nous partagions les peurs, les émotions et les explosions de joie des gens de la NASA. A tout moment, en allumant la télévision, nous pouvions nous informer des dernières péripéties de vols magiques. Les journalistes, ces hérauts de l'âme américaine, gardaient l'antenne comme une flamme symbolique, et nous instruisaient au fur et à mesure que « l'homme » découvrait et osait l'inconnu.

Cette aventure, dont les Européens ne voyaient que des bribes, était en réalité une vaste fête que les Américains s'offraient à eux-mêmes. En dépit de la compétition soviétique qui les préoccupait et les stimulait à l'extrême, il allait de soi pour le public que l'espace était la dernière frontière. C'était l'étape ultime du rêve national. En dialoguant avec le ciel, c'était avec elle-même que l'Amérique entretenait un dialogue. Les Russes pouvaient essayer de s'immiscer dans l'espace, mais ils n'y étaient pas chez eux. D'ailleurs, leurs tenues, leurs capsules avaient un aspect rudimentaire, elles semblaient bricolées et leurs atterrissages « à sec » de paysans contrastaient avec le flottement poétique et rythmé des nacelles américaines dans l'eau.

Comment pouvait-on d'ailleurs comparer les vols américains, filmés en direct pour les ménagères, avec les lancers soviétiques, annoncés souvent bien après que tout soit fini et applaudis par un peuple passif ? Avec leurs blagues, leurs conversations en direct qui s'achevaient toujour par un *O.K. Roger* ironique, les astronautes américains étaient des héros glorieux mais proches : des fils, des frères, des maris qui faisaient un travail plus passionnant que les autres, mais avec le même esprit compétent et jovial, avec la même allure indépendante que tous les autres Américains. Les cosmonautes russes, entourés de gerbes de fleurs, proclamés héros de la patrie, transportés comme des icônes, semblaient déjà figés, abstraits : il ne leur manquait que le piédestal.

Depuis le jour où le Président Kennedy avait annoncé l'intention d'envoyer un homme sur la lune, une horloge implacable semblait mesurer les progrès réalisés. Les vols Gemini furent remplacés par les vols Apollo, dont chaque mission marquait un pas de plus vers la lune. Nous contemplions avec émerveillement les premiers astronautes flottant dans l'espace et nous attendions l'inimaginable. Mais lorsque le but fut atteint, par une nuit de juillet 1969, il était trop tard. Washington était envahi par des noirs, des blancs, des Indiens qui critiquaient le gaspillage du programme spatial. Les ghettos était en flammes, et dans une Amérique déchirée par la guerre du Vietnam et les conflits de générations, l'exploit de Neil Armstrong, le *white middle class american* par excellence, n'eut pas l'écho imaginé au début de l'aventure spatiale. Bien avant le désastre de Challenger, le lien quasi religieux des débuts entre la NASA et l'âme américaine était déjà distendu. Emportés par une série d'explosions sociales, les Américains délaissaient ce Lego national, ce rêve d'enfant, dont à Atlanta j'avais vécu les moments les plus intenses.

C'est à Atlanta aussi que je découvris les premières ombres du Vietnam, au cours d'une manifestation de soutien qui me laissa songeuse. Les élèves de Westminster étaient profondément patriotes, même si leur esprit sudiste ressurgissait parfois brutalement pendant le cours d'histoire américaine. Lorsqu'on étudiait la guerre de Sécession, une bonne partie des élèves amenaient les journaux de guerre de leurs arrière-grands-pères confédérés, qui décrivaient les horreurs de Gettysburg ou de Manassas, ou ceux de leurs arrière-grands-mères qui déploraient le passage du général Sherman à Atlanta et l'incendie de la ville. La mémoire historique était exceptionnellement vive dans le Sud en ces années où l'on commémorait le centenaire de la guerre de Sécession et où les luttes raciales dressaient une fois encore les Etats du Sud contre le gouvernement fédéral du Nord. Mais ces vieilles luttes fratricides s'estompaient lorsqu'il s'agissait d'honorer le drapeau américain à l'étranger.

Dès 1964, la femme d'un missionnaire américain vint nous

montrer des diapositives du Vietnam du Sud. La mission semblait en position dangereuse, au milieu de Vietcongs résolus et cruels. L'équation s'imposait d'emblée : d'un côté, les forces démocratiques et humanitaires, celles de Dieu ; de l'autre, les forces cruelles et dictatoriales, celles des communistes. Le schéma de l'intervention était déjà en place. Les seuls absents étaient les Vietnamiens du Sud eux-mêmes, de simples marionnettes à la merci des deux camps.

Peu de temps après, avant même que le Président Johnson ne proclame la résolution de guerre du golfe du Tonkin, des élèves avaient affiché une pétition favorable à une présence militaire accrue au Vietnam. Nous étions tous invités à la signer et je me souviens encore de la longue queue qui s'était formée. J'invoquai mon statut d'étrangère pour éviter de signer. Car je n'étais pas certaine que la présence américaine au Vietnam s'imposait. Cette forme d'interventionnisme me rappelait la tactique de Dulles en Europe, que mes parents détestaient. Je me méfiais aussi de l'Union soviétique, même si je concevais une certaine sympathie pour les forces communistes nationalistes. Hostile au sentiment américain de supériorité à l'égard des « autres », je prêtais aux Vietcongs des velléités de culture nationale et de patriotisme. Je leur reconnaissais surtout le droit à l'altérité. Comme tant d'autres, je me trompais, mais en 1965, j'avais au moins la satisfaction de ne pas suivre le troupeau des patriotes. Par la suite, d'ailleurs, un troupeau chasserait l'autre : les manifestations gigantesques contre la guerre du Vietnam seraient souvent menées par ceux-là mêmes qui, à ses débuts, l'avaient soutenue.

En juin 1966, je suivis mes parents à Montréal, la nouvelle destination professionnelle de mon père. Nous quittions l'Amérique peut-être pour toujours, sans doute pour longtemps. Mon père voulut que je devienne américaine tant que c'était encore simple et possible. C'est ainsi que je me retrouvai dans une vaste salle du tribunal fédéral d'Atlanta, entourée de mes parents et de mon professeur d'histoire américaine, ainsi que de quelques autres dizaines de candidats pour prêter le serment du *pledge of allegiance* à ma nouvelle patrie. Je venais tout juste d'avoir dix-sept ans et comme mineure, j'eus droit à une naturalisation simplifiée qui n'exigeait de moi aucun examen sur la Constitution des Etats-Unis. Je dus me soumettre à l'épreuve toujours humiliante des empreintes digitales, prêter serment que je n'avais jamais été communiste, ni prostituée. Je me vis offrir la possibilité de prendre un nouveau nom, un nouveau prénom, comme si la nationalité américaine constituait une seconde naissance. Cette expérience, si capitale pour des millions d'autres immigrés, je la ressentis de l'extérieur avec même un brin d'ironie. Je n'arrivais pas à accepter le présupposé de base de l'identité américaine, la sensation d'infinie supériorité par rapport aux autres, qui faisait de la cérémonie de naturalisation une sorte de transsubstantiation civique, le pain et le vin des autres pays devenant le corps et le sang de l'Amérique, messie terrestre.

A la fin de la cérémonie, j'étais bien moins émue que mon professeur d'histoire, dont l'élève était finalement devenue une concitoyenne. Je ne sais toujours pas ce qu'éprouvèrent mes parents. Sans doute étaient-ils fort pris par les soucis de notre nouveau déménagement. A vrai dire, j'étais devenue américaine par commodité plutôt que par idéalisme. Je partis quelques jours après, avec mon certificat flambant neuf dans la poche, pour m'installer au Canada comme une immigrante. Les agents canadiens d'immigration n'avaient jamais vu cela. Encore une fois, j'allais à contre-courant de l'histoire.

Étés européens

A l'heure où les enfants de France et d'Italie se déplaçaient au plus de quelques centaines de kilomètres à l'intérieur de leur propre pays pour leurs vacances scolaires, chaque été, rituellement, je quittais l'Amérique pour l'Europe, *Yurop* comme prononçaient mes camarades de Westminster. Je laissais derrière moi le Nouveau Monde pour retourner tout simplement chez moi, mais ce « chez-moi », aux limites floues, était un lieu de l'âme plutôt que de la mémoire.

Ce vieux monde auquel je me sentais appartenir se présentait comme un ensemble magistral. C'était une Europe continentale, qui laissait de côté l'Angleterre, trop isolée et surtout, à mes yeux, trop liée à sa « fille » américaine pour pouvoir servir de contrepoint à ma vie transatlantique. Je me rends compte aujourd'hui que le mot Europe de mon enfance traduisait, au-delà d'une référence historique et géographique, au-delà des retrouvailles avec ma famille, une série de négations de ma vie quotidienne en Amérique. En ce sens, mon « chez-moi » européen commençait dès la cabine de l'avion d'Air France à l'aéroport de New York et s'achevait, plusieurs semaines plus tard, au retour, devant les officiers d'immigration américains. De même que par le passé, les immigrants avaient considéré et construit l'Amérique comme une anti-Europe, de même, anachronique, je percevais l'Europe comme l'anti-Amérique par excellence. Elle défilait devant moi comme la parfaite négation d'une vie de solitude, d'inculture, d'une vie matérialiste et superficielle.

De 1957 à 1966, pendant toute mon enfance et mon adolescence, je suis ainsi venue tous les étés en Europe. Chaque année, je pouvais mesurer sa croissance spectaculaire tout en savourant son identité éternelle, voir un monde vivre de l'intérieur tout en venant d'ailleurs. Chaque été, j'éprouvais une symphonie de sensations que je ramenais avec moi, tel un butin, pour les savourer pendant les longs hivers américains.

I

Initiation symbolique à mes étés européens, le voyage qui m'amenait de Washington ou d'Atlanta jusqu'à New York, de New York à Paris et finalement de Paris à Milan, était un moment capital. Je reconstituais à l'envers notre migration. New York, où mon père avait débarqué en 1940, était pour moi la ville de mon départ, lorsque nous nous y arrêtions pour renouveler nos passeports italiens et rendre visite au vieux couple juif qui avait fait venir mon père en Amérique.

J'arpentais avec ma mère les gigantesques avenues de la ville pour arriver au consulat italien sur Park Avenue, où, la porte à peine entrouverte, nous nous retrouvions en plein cœur d'une Italie poussiéreuse et bureaucratique. Assis sur une vieille chaise de bois dans le hall de ce qui avait été une demeure patricienne de la fin du siècle, un concierge, vêtu d'un uniforme bleu marine lustré, boutonné et galonné d'or, aboyait avec un fort accent sicilien. D'un vague geste de la main, il envoyait les « Italiens » renouveler leur passeport au deuxième étage. Nous nous retrouvions au milieu d'une petite foule de paysans immigrés. Bien que résidents américains, et parlant un italien méconnaissable à force d'américanisme, ces braves gens avaient gardé leur ancienne nationalité, sans doute pour pouvoir bénéficier des nombreuses pensions d'invalidité que le gouvernement démocrate-chrétien octroyait avec libéralité dans les villages. C'était dans un silence déférent qu'ils montaient l'escalier d'honneur et passaient devant le premier étage, où se trouvaient les bureaux de « vrais » Italiens, bourgeois raffinés et souvent prétentieux qui tenaient à se distinguer de la masse immigrée.

Au deuxième étage, nous étions accueillis par un fonctionnaire pas aimable, qui renouvelait les passeports avec force timbres fiscaux et grognements. C'était l'administration bourbonne transportée à Manhattan par un coup de baguette magique. Je contemplais ces scènes avec beaucoup de détachement. Ce n'était ni « mon » Italie ni « mes » Italiens : la religion et l'histoire nous séparaient inexorablement. Je m'identifiais aux « vrais » Italiens du premier étage, assis devant les inévitables copies des fresques de Michelangelo, et non au sang et à la poussière d'un Sud meurtri. Mais un petit doute restait... Le passeport était un droit non une faveur. Ce traitement était indigne.

Munies de nos passeports, ma mère et moi arpentions les rues de New York. La librairie française du Rockefeller Center et Rizzoli, la librairie italienne située alors sur la 57e Rue, étaient les deux seules ambassades de « mon » Europe. Sur les vastes avenues new-yorkaises, aucune boutique européenne, aucune griffe Rive Gauche. Un isolationnisme vestimentaire intransigeant faisait triompher l'élégance anglo-saxonne. Chaque culture nationale semblait avoir été broyée pour composer la mosaïque new-yorkaise.

Notre visite annuelle chez les Kracov, qui avaient fait venir mon père en Amérique, avivait ce sentiment. C'était un couple âgé, qui habitait dans un de ces vastes appartements de West End Avenue, lieu prisé des riches d'avant-guerre. Notre visite était un rituel : l'homme que les Kracov avaient sauvé de l'ignominie du vieux continent venait leur rendre hommage avec sa petite famille. Dans leur vision du monde, je leur devais donc la vie. M. Kracov avait fait fortune dans le commerce de conserves de fruits et de légumes et surtout dans les sauces tomates. En faisant des affaires avec l'Italie d'avant-guerre, il avait découvert l'existence des juifs italiens et s'était empressé d'en faire généreusement venir un aux Etats-Unis. Cet homme était doté d'une certaine sagesse que ne partageait pas du tout le reste de sa famille, une femme et une fille hystériques, un fils passif, véritables caricatures sorties tout droit des films de Woody Allen.

Ce qui me frappait le plus chez les Kracov était le fait qu'ils appelaient mon père par son deuxième prénom, David, plutôt que par son prénom usuel, Achille. Ce choix révélait toute une philosophie de l'histoire. Pour les Kracov, les Italiens étaient de pauvres paysans. On pouvait faire du commerce avec eux, mais il n'était pas question de partager leur vie. A leurs yeux, mon père était un juif né par hasard en Italie, comme leurs propres parents en Pologne. Il était donc naturel qu'une fois débarqué en Amérique, il abandonnât son prénom italo-classique « superficiel » pour retrouver son prénom juif, d'autant qu'Achille était totalement imprononçable pour l'Américain moyen, qui ignorait tout de l'*Iliade*.

Entre l'insolence bureaucratique italienne et l'arrogance américaine, je ne savais que choisir. La piètre allure des foules newyorkaises et le délabrement de la ville me faisaient toutefois trancher en faveur de l'Europe. Nous prenions beaucoup l'autobus à New York et j'y découvrais une misère de tiers monde. Sales, les vitres brisées, pleins de cafards, les autobus étaient au bord de la syncope mécanique. A l'époque, seuls les plus démunis utilisaient ce mode de transport : femmes de ménage exténuées revenant des beaux quartiers, clochards ivres, noirs désœuvrés, Portoricains bruyants.

Tout ce monde se baladait avec d'énormes *shopping bags* à l'aspect fripé. Ces sacs, signés Gimbel's, Macy's, Bloomingdale ou même Bergdorf Goodman, en étaient à leur deuxième ou troisième vie. Après avoir transporté les beaux objets de consommation d'une Amérique aisée, ils étaient devenus maisons ambulantes, tiroirs de rangement, trousses de survie ou simples paniers repas... objets recyclés pour des vies de seconde ou de troisième main. On pouvait lire dans les yeux de leurs propriétaires une immense souffrance, née peut-être d'existences misérables dans de lointains villages, que le déracinement new-yorkais n'avait pas soulagée. Ce n'étaient plus les masses opprimées que la statue de la Liberté avait accueillies cinquante ans plus tôt, mais des foules fatiguées, frappées d'une immense lassitude physique et surtout métaphysique, au regard insupportablement vide.

Le bus qui nous amenait à l'aéroport passait dans les quartiers délabrés où habitaient ces gens. Avant d'atteindre l'asphalte aseptisé de l'autoroute, nous traversions Jamaica, une partie du Queens, où vivaient des noirs des Caraïbes, des Hispaniques et quelques vieux immigrés blancs. Loin des maisons proprettes de la petite bourgeoisie blanche, nous voyions défiler ce quartier, où quelques magasins d'alimentation, un drugstore et un vendeur de journaux jouxtaient un *barber shop* digne d'un tableau d'Edward Hopper. Au milieu de ces rues et de ces maisons poussiéreuses, dans cet urbanisme minimaliste, les gens me paraissaient des taupes sorties du métro. J'éprouvais une immense tristesse pour leurs existences souterraines à l'ombre des gratte-ciel lumineux. Ils ne bénéficiaient d'aucun des avantages du rêve américain, ni de sa richesse matérielle, ni de ses grands espaces. Pauvres et confinées dans des périmètres asphaltés, ces foules s'acharnaient vers un rêve de réussite qui leur avait échappé et qu'elles transféraient sur leurs enfants.

Ces scènes de périphérie urbaine étaient la dernière image que j'emportais avec moi lors de mes départs. Franchir la porte du terminal d'Air France, c'était en effet déjà entrer en Europe, un espace calme et raffiné. L'accueil se faisait en français pour un public de hauts fonctionnaires, de diplomates et de rares hommes d'affaires. Nous nous faufilions parmi cette *jet set* aux gestes élégants, aux vêtements classiques et aux voix modulées bien différents de la démarche boitante, des corps obèses et des voix bruyantes des policiers new-yorkais, d'origines irlandaise et allemande, qui déambulaient dans les couloirs, le pistolet sur la hanche et les menottes ballottant à la taille. Nous étions au carrefour de deux mondes.

Je garde des souvenirs très intenses de nos vols transatlantiques. Les avions étaient élancés, vastes et confortables. Leur nez peint en noir et leur fuselage blanc contrastaient avec le gris métallisé des avions à hélices de mes premiers voyages. Ces *jets* incarnaient un nouvel âge, à la modernité confiante et joyeuse. Parmi eux, je fis très tôt mon classement. L'équipage des avions d'Air France leur conférait un parfum élégant, un style raffiné, à la fois courtois et distant. Ils n'avaient rien à voir avec les omnibus américains, aux couleurs criardes, où des hôtesses de l'air aux manières faussement amicales et informelles poussaient des éclats de rire vulgaires à la moindre blague d'un passager ivre. J'aimais la politesse impénétrable des Françaises.

Ma « soif » d'Europe était telle que je m'extasiais devant les plateaux repas, servis à l'époque avec de vrais couverts et des serviettes en tissu pliées en quatre. A peine survolions-nous les terres ingrates du Nord canadien, que l'Europe remplissait nos assiettes : petits pains dorés tout chauds au lieu de ces tranches caoutchouteuses de pain de mie qui étaient la ration quotidienne de l'Amérique provinciale, plats de viandes en sauce accompagnés de jardinières de légumes plutôt que l'inévitable steak accompagné de patates bouillies, plateaux de fromages où triomphait le camembert, pâtisseries délicates. Ce que je savourais, dans cet avant-goût de l'Europe, n'était pas seulement la nourriture, mais la convivialité et la juste mesure qu'elle évoquait. Par contraste, l'Amérique, avec ses sauces artificielles, ses portions de géant, ses fruits et légumes aux couleurs parfaites mais insipides et ses desserts criards, m'écœurait comme un étalage vitaminé de calories à l'état brut.

Dans mon ascension vers l'Europe, l'horaire du vol lui-même participait du rite initiatique. Nous quittions New York au crépuscule, à la fin d'une journée fatigante. Au décollage, je pouvais voir les banlieues : succession infinie de demi-cercles délimités par les mêmes arbres, qui cachaient les mêmes carrés de pelouse religieusement tondues. Les maisons s'alignaient, coiffées des mêmes cheminées, des mêmes antennes de télévision. A intervalle parfaitement régulier, piscines et supermarchés ponctuaient cet espace infini, barré de routes aussi droites que des axes cartésiens. Le paysage, à part la vue sublime de l'enfilade des gratte-ciel à l'horizon, était sans âme, comme si un dieu lointain et indifférent s'était amusé à jeter des cailloux insignifiants sur une plaine oubliée.

L'arrivée au-dessus de l'Europe était autrement plus émouvante. Elle se faisait dans l'atmosphère douce de l'aube. Le soleil surgissait devant nous avec une vigueur annonciatrice d'un éveil triomphant. Tout paraissait frais, reposé, calme. L'avion descendait vers une nature sereine, où les clochers des villages se dressaient comme autant de témoins d'un enracinement durable. Plus loin, des tracteurs flambant neufs sillonnaient des champs aux proportions humaines. Nous survolions une tapisserie agricole, un *patchwork* séculaire créé par l'homme. Dans les dernières minutes qui précédaient l'atterrissage, la précision du détail devenait époustouflante : on pouvait voir les taches sur les vaches dans les champs, la voiture du postier faisant sa tournée, la paysanne et ses enfants courir après une poule dans la cour de la ferme. Le nez collé au hublot, je contemplais avec un pincement d'émotion ces vues dignes d'un livre d'enfants. J'étais en Europe. L'Ile-de-France n'était que la porte magique par laquelle j'abordais mon continent tout entier. Nous nous réveillions ensemble.

L'atterrissage se faisait au cœur d'une modernité resplendissante. Flambant neuf, l'aéroport d'Orly ne pouvait se comparer au modernisme déjà fatigué des installations américaines. Tout reluisait, à commencer par les pistes fraîchement peintes, les camionnettes qui s'empressaient autour de notre carlingue, l'autobus pour les voyageurs. L'arrivée de notre avion était attendue comme un événement par une petite foule amassée sur la grande terrasse. Des paysans des villages avoisinants et même des Parisiens venaient en promenade contempler un progrès qui leur était encore inaccessible, mais auquel ils s'identifiaient pleinement. A la descente de l'avion, ce petit public qui n'attendait personne nous acclamait dans un envol de mouchoirs blancs. Nous faisions partie d'un rêve.

L'aéroport d'Orly était baigné d'un modernisme hautement symbolique. Il devait incarner la nouvelle France du général de Gaulle. Aucun détail n'avait été oublié, des premiers chariots que l'on poussait soi-même aux espaces de restauration équipés de sièges orange, en passant par l'élégance moquettée des *duty-free shops* et les vastes tapis roulants d'où tombaient les bagages, quelques minutes à peine après l'arrivée de l'avion. Au sous-sol, on trouvait même un supermarché modèle où il n'était pas rare de croiser des pères de famille venus faire le *shopping* familial dans cette vitrine futuriste.

Le contraste était frappant avec les aéroports américains, surgis, au fur et à mesure des besoins, de manière chaotique et inesthétique. Là-bas, les seuls chariots disponibles étaient ceux des porteurs noirs. Il fallait marcher des kilomètres pour trouver un restaurant, une simple boutique, et l'on se perdait dans le dédale des couloirs. Rien n'était conçu pour les usagers. La jungle new-yorkaise commençait dès l'atterrissage et il ne serait venu à l'idée de personne de visiter un aéroport. Vieillie, la modernité laissait déjà indifférent, alors qu'en Europe, au début des années soixante, elle faisait fureur.

Plus spectaculaire et plus humaine, la modernité qui m'accueillait dès mon arrivée, greffée sur le corps du vieux monde, manifestait une parfaite symbiose entre le passé et le futur. Elle semblait annoncer une harmonie que l'Amérique ne pourrait jamais posséder et que je ressentais dès que nous quittions Orly. Dans le silence d'un bus ultra-moderne, au milieu d'un défilé de Dauphines, nous glissions vers la porte d'Orléans sur une route fraîchement asphaltée. Depuis le carrefour d'Alésia, nous remontions l'avenue du Maine vers le terminal des Invalides. La matinée venait de commencer. Je pouvais voir les magasins ouvrir pour leurs premiers clients, les femmes avec des paniers d'osier sous le bras faire leur marché devant des étals bigarrés, les enfants aller à l'école en tablier noir, leur cartable sur le dos, les garçons de café servir les croissants.

La vie européenne s'offrait à nouveau à moi dans son infinie douceur, telle un tableau que l'on revient admirer pour mieux en saisir le détail. Le temps semblait s'arrêter devant ces scènes quotidiennes, auxquelles j'attribuais une puissante valeur symbolique. Je n'avais ni famille ni maison à Paris, et pourtant le style de vie, les odeurs, le timbre des voix me faisaient me sentir chez moi, tout comme le mouvement des piétons le long des trottoirs, les vitrines des boutiques, le ronronnement des moteurs et l'odeur d'huile des garages, les étals de fruits et légumes, le parfum rassurant du pain qui cuit.

Certes, il y avait la visite des monuments, les musées à arpenter, le périple touristique que mes parents m'offraient et s'offraient, comme une cure de civilisation. J'admirais, mais c'étaient surtout les scènes quotidiennes qui attiraient mon regard : les rires des enfants près des bacs à sable, les cris de la marchande de journaux aux portes du métro, les regards complices entre les garçons du café du coin et le concierge de l'hôtel, les conversations de bistro, les jeux de séduction entre vendeuses et clients, les recommandations critiques d'un libraire.

En Amérique, il me semblait avoir laissé un film muet. L'Europe, au contraire, me plongeait au cœur d'un film au son stéréophonique, amplifié pour recréer la symphonie de la vie. C'était dans les autobus que se jouait la partition la plus complète, autour des vieilles poinçonneuses et de leurs pianos à bretelles qui tenaient l'incompréhensible comptabilité des parcours et des sections. Au bruit et à la confusion de ces hégires sur roues répondaient les réactions des passagers, les conversations modulées des mères et de leurs enfants, les rires des amoureux, les remontrances d'un monsieur importuné dans sa lecture du journal, bien plié en deux et qu'on venait de lui froisser. C'était la société tout entière qui arpentait ainsi les rues de Paris dans ces salons mondains, aux antipodes des bidonvilles ambulants new-yorkais.

Pourtant, chaque été, ce n'était pas tant Paris que je voyais et que j'aimais, mais ce que cette ville avait de typiquement européen. Paris était l'antichambre de mon séjour italien, l'entrée royale du domaine cisalpin que j'associais à sa sœur gallicane. Les spécificités, bien réelles, de ces deux mondes étaient masquées dans mon esprit par leur radicale différence avec l'Amérique. Mon

« voyage en Italie » n'avait donc rien à voir avec les expériences initiatiques des Anglais, des Français ou des Allemands, en quête de merveilles artistiques dans le berceau du classicisme. En Italie, je retrouvais simplement mes sources, ma langue, mon monde familial. A bord de la Caravelle qui m'emmenait vers Milan les passagers lisaient *Le Monde* ou le *Corriere della Sera*. Toutes les villes paraissaient être à une heure de distance les unes des autres. La vallée du Pô et ses peupliers m'émouvaient moins que l'Ile-de-France : j'étais déjà en Europe. Ce que j'attendais maintenant était la réunion familiale. J'arrivais là où, d'après ma mère, nous aurions dû toujours rester.

II

Milan n'avait pas la beauté de Paris et pourtant, à chaque retour, je la trouvais plus belle, plus mystérieuse dans sa richesse, plus accueillante. Je me faufilais comme une vieille habituée dans cette grande ville capitaliste du Nord, au caractère austère et fermé, si éloignée de l'Italie touristique et ensoleillée. Phare du miracle économique des années soixante, Milan se présentait à moi comme un tout harmonieux qui prenait chaque jour, tel un adolescent musclé, plus de force. Je me délectais de son histoire et de son éclectisme architectural : ses très vieilles églises romanes en briques marron, aux colonnes blanches si fines ; ses maisons du Moyen Age à l'ombre de la forteresse des Visconti-Sforza ; ses palais aux courbes baroques incarnant la domination éclairée des Autrichiens, ses immeubles sobres et dignes d'un XIXe siècle triomphant, ses maisons jaunes des quartiers populaires avec leurs escaliers et leurs couloirs extérieurs, havres de la convivialité ouvrière. J'admirais en vrac les immeubles Art Nouveau aux façades fleuries, l'énorme gare de style assyro-milanais, qui annonçait l'architecture fasciste des années trente, les nouveaux gratte-ciel de la Piazza Repubblica, qui témoignaient de la vigueur économique de la ville.

Si je vibrais devant les trois plus grands symboles de Milan, le Duomo, la Galleria et le gratte-ciel Pirelli, ce n'était pas pour leur beauté, peu remarquable, mais parce qu'ils incarnaient un état d'esprit, le bonheur familial d'une sociabilité retrouvée. A Paris, j'étais émue par la vie urbaine, j'aimais les rues et les boutiques. A Milan, au contraire, je retrouvais des lieux marqués par des souvenirs personnels. Depuis ma plus tendre enfance, le Duomo avait servi de toile de fond à nos promenades familiales. Noirci par la saleté de l'air, il trônait au cœur de la ville : elle eût été inimaginable sans lui. Sous son aile, j'observais les petits attroupements de vieux messieurs, aux costumes gris, sans cravate mais coiffés d'un chapeau, qui comparaient les performances des deux équipes de football, l'Inter et l'AC. Tout près, deux *carabinieri* en grand uniforme suivaient la scène d'un œil à la fois curieux et détaché. Aucune femme ne venait jamais déranger ces conciliabules. Un peu plus loin, le long de la nef de la cathédrale, le vendeur de billets de la loterie de Merano, un vieillard aveugle portant de grandes lunettes noires, promettait le bonheur en secouant une petite clochette. Le Duomo était associé pour moi aux grandes boîtes bleu ciel de *panettoni* que ma tante nous envoyait au fin fond de la Géorgie et qui le représentaient. Chaque hiver, cette brioche aux fruits confits, gâteau traditionnel milanais, ravivait en moi les souvenirs de l'été précédent, madeleine de la douceur italienne.

A côté du Duomo, s'étendait la Galleria, vaste passage couvert au plafond doré et aux dalles de marbre rose, blanches et noires. Peuplée de cafés, de restaurants et de boutiques élégantes, elle marquait pour moi le retour dans l'agora européenne. C'était là que ma mère donnait rendez-vous à ses amies. Je me souviens encore du pas, légèrement empressé, de ces femmes à l'élégance parfaite, gants blancs dans la main. Nous allions dans le salon de thé Motta, où un choix impressionnant de petites pâtisseries et de canapés salés nous accueillait. Les vendeuses étaient en uniforme noir et en bonnets de dentelle blanche. Elles nous servaient avec de grands instruments argentés, dans un silence feutré. A côté de la caisse, trônaient les sucreries en marzipan, les tartes aux fruits, les gâteaux au chocolat aux motifs les plus variés, le tout exposé avec un goût exquis. Espace en trompe-l'œil, où chaque façade était décorée comme l'intérieur lambrissé d'un théâtre, rythmé par le va-et-vient d'une foule paisible, la Galleria me paraissait incarner le meilleur de la comédie humaine.

Le gratte-ciel Pirelli, quant à lui, au milieu d'immeubles de la fin du siècle dernier, évoquait une modernité raffinée. Lorsque le gros œuvre avait été terminé, les ouvriers avaient hissé le drapeau italien et fait la fête : ils étaient et se sentaient l'incarnation du renouveau. Pincé sur les côtés, comme s'il avait été dessiné par un couturier, le gratte-ciel manifestait la confiance de la ville dans son avenir. Les trottoirs qui l'entouraient étaient recouverts de caoutchouc noir, pour signaler aux piétons qu'ici ils marchaient déjà dans le futur. On s'y pressait avec le même émerveillement, la même fierté que suscitaient le tunnel creusé sous le Mont Blanc ou la voix « milanaise » de Maria Callas. Mais, à deux pas des hôtels climatisés, des snack-bars et des supermarchés qui entouraient le gratte-ciel, on retrouvait, intactes, les vieilles merceries aux dix mille boutons, les papeteries au parfum de poussière, de carton et d'encre, les maroquineries aux cuirs infiniment souples, ainsi que de toutes petites boutiques de couturières.

Milan était avant tout la ville de ma famille la plus proche, l'endroit où des gens qui me connaissaient depuis toujours m'accueillaient avec simplicité. J'étais la nièce, la cousine, l'amie. Pourtant tout changeait selon que j'allais chez ma tante paternelle, symbole d'une bourgeoisie juive établie, ou chez mon oncle maternel, venu d'Egypte prospérer dans l'Italie de la croissance. Ces deux mondes ne se fréquentaient pas et ne vivaient pas dans les mêmes quartiers.

La sœur de mon père vivait à Milan depuis la fin de la guerre. Son mari, fils d'un grand rabbin, journaliste sportif passionné, avait fait fortune en inventant le Totocalcio. Ils vivaient dans un immeuble luxueux, construit au début des années cinquante en plein centre, à deux pas de la Via Manzoni et de la Scala. Avant la guerre, ce quartier avait été celui des grandes villas avec jardins de la bourgeoisie industrielle. Décoré de meubles anciens, d'un grand piano et de tableaux de peintres italiens du début du siècle, leur appartement était typique de la bourgeoise juive assimilée, sans complexe malgré l'Holocauste, qui avait coûté la vie à un frère de mon oncle. La petite boîte métallique bleu et blanc dans laquelle on mettait l'argent pour Israël trônait à côté du téléphone. Les fêtes religieuses étaient scrupuleusement observées. Les enfants allaient à l'école juive. Mais la famille était foncièrement italienne.

Chaque dimanche matin, mon oncle couvrait un match de football pour son journal, plongeant ainsi au cœur de l'âme italienne. Ma tante, active dans de nombreuses œuvres charitables et dans les organisations juives, vivait la vie d'une grande bourgeoise. Mes cousins avaient leur propre aile dans l'appartement, près de leur gouvernante et des domestiques, tandis que leurs parents s'isolaient de l'autre côté des salons. Mon oncle et ma tante faisaient partie du Tout-Milan qui allait écouter Maria Callas à la Scala, fréquentait de nombreux *circoli* mondains, dînait chez Savini et voyageait énormément. La vie de leurs enfants était organisée autour des études, des leçons de tennis, des cours de piano et des sorties entre amis. Les repas étaient servis par une domestique que ma tante appelait en appuyant sur un bouton placé sous son siège.

La vie chez le frère de ma mère était on ne peut plus différente. Débarqués d'Egypte sans plus un sou, ils s'étaient installés dans un appartement moderne à la périphérie de la ville. Chez ma tante paternelle, le temps était comme figé dans une identité bourgeoise éternelle. Chez mon oncle maternel, par contre, il suivait les évolutions de la société de consommation. Chaque été, la voiture était plus grande, la maison plus pleine de gadgets électroniques. La femme de mon oncle appartenait à une famille juive francophone d'Egypte et était venue à Milan avec tous ses frères et sœurs. Ce n'étaient entre eux qu'évocations nostalgiques du « chez eux » égyptien, références que ma mère supportait mal. Mais il régnait dans cette partie de la famille une bonhomie et une simplicité qui manquaient dans l'ambiance froide de la maison de ma tante. Les soirées familiales étaient pleines de rires, de jeux et la nourriture était une fête de légumes frits, de sauces aillées et de viandes farcies. Malgré tout, nous nous sentions trop « italiens » pour participer sans retenue à ces réjouissances méditerranéennes transposées au cœur de la Lombardie.

C'était dans le quartier de mon oncle que je savourais le mieux les joies de la vie quotidienne en Italie. Avec ma tante « élégante », je parcourais les plus belles rues de Milan, la via Spiga et la via Montenapoleone, où se trouvaient ses fournisseurs. Dans les boutiques somptueuses qu'elle fréquentait, la nourriture était servie avec une sobriété silencieuse. Autour de l'appartement de mon oncle, par contre, les petits magasins regorgeaient de nourriture et de friandises et l'on pouvait prendre le pouls de la vie de la rue. Les femmes les plus âgées, munies de filets en plastique coloré, parlaient des emplois que leurs fils et filles trouvaient dès la sortie de l'école dans les nombreuses petites industries du coin. On comparait les biens : le réfrigérateur faisait désormais partie du patrimoine de chaque famille, il était question de télévisions et de machines à laver. La vie paraissait simple et facile, en dépit des petits « pépins » qui survenaient inévitablement et qui étaient largement commentés par le conseil des voisines, présidé par l'épicier, grand prêtre de la vie quotidienne. Comparé à l'anonymat du supermarché américain, ces bains de foule me paraissaient merveilleux, et j'écoutais, de la manière la plus indiscrète du monde, ces morceaux choisis de vie quotidienne. Le fatalisme du peuple, la méfiance envers l'Etat se conjuguaient à un optimisme à peine avoué, que la vie quotidienne renforçait.

Au début des années soixante, mon oncle acheta une maison dans un nouveau quartier pavillonnaire qui se construisait dans la banlieue de Milan, à Segrate. Le *Villaggio Ambrosiano*, financé par des banques proches de l'Eglise, était censé mêler les couches sociales. Tout était nouveau, jusqu'à l'église, dans ce village dont les maisons, groupées autour de la place centrale, avec son bureau de poste et son bar-tabac, arboraient un minuscule bas-relief représentant le pape Jean XXIII. A coup sûr, mon oncle et sa famille étaient les seuls juifs dans ce village où les rues portaient des noms de fleurs et d'arbres.

En longeant les nombreux jardins, on aurait pu se croire dans une *suburbia* américaine miniature. Le sort avait voulu que mon oncle, fait pour le rêve américain, habitât en Italie, tandis que nous, nés pour la vieille Europe, vivions aux Etats-Unis. Mais les magasins du village étaient bel et bien italiens. Dans des boutiques toutes neuves, les commerçants avaient reconstitué sinon les odeurs ancestrales, du moins les évocations d'un passé intemporel. On trouvait partout des calendriers avec les noms des saints et des images du Christ, ainsi que l'annonce des matches de la toute nouvelle équipe de football locale, entraînée par le jeune curé, que tout le monde adorait, y compris mes cousins. Les aliments traditionnels, les pâtes, les légumes, les fruits, côtoyaient de nouveaux produits : boîtes de céréales Kellogg's, crème à tartiner Nutella, barres de chocolat, chewing-gums. Tout le village se retrouvait dans ces quelques boutiques. On croisait ainsi la femme de l'ingénieur, première dame du village, les grands-mères qui vivaient avec leurs filles pour s'occuper des enfants pendant que celles-ci remplissaient les nouveaux emplois de service, des femmes de ménage venues du village traditionnel voisin, Segrate, et surtout

Faustina, la coiffeuse attitrée du village, une dame souriante, dont le mari, éboueur municipal à Milan, buvait trop.

Faustina était la Madame Roland de ce microcosme. C'était sur ses chaises en plastique bleu et sous ses grands casques à sécher les cheveux, que les femmes du village se retrouvaient régulièrement. Chacune amenait sa lecture, *Epoca*, l'équivalent de *Paris-Match,* ou le dernier roman-photo. Mais la conversation prenait rapidement le dessus : les problèmes des enfants, leurs résultats scolaires ou sportifs, la préparation des communions, les dernières homélies du prêtre ou le dernier potin entendu chez le boucher. On s'étendait longtemps sur le programme télévisé de la veille, les jeux intervilles, les meilleures chansons présentées au festival de San Remo, les dernières réclames. Nous étions à mille lieues de la culture classique aussi bien que du monde traditionnel des ouvriers ou des paysans. Mais il régnait dans le village une bonhomie, une tolérance, qui reflétaient bien la nouvelle volonté d'ouverture politique et sociale du gouvernement de centre gauche et qui me paraissaient les signes d'un avenir radieux.

III

Milan était le point de départ de mes villégiatures, deux ou trois semaines passées avec mes oncles, mes tantes et mes cousins ou avec des amis de la famille dans de beaux hôtels des Dolomites, de la côte toscane, des bords de l'Adriatique ou d'Anzio.

Jusqu'à mes douze ans, nous étions plutôt montagnards. Chaque été nous prenions, très tôt le matin, les grands cars qui quittaient Milan depuis le Castello Sforzesco pour se rendre dans la province du Trentin. Le lac de Garde passé commençait l'ascension. Aux arrêts, le chauffeur livrait aux habitants des villages les paquets qui lui avaient été confiés à Milan : pièces détachées pour le garagiste, petits appareils électroménagers pour le quincaillier, coupons de tissu pour la mercière. Les retrouvailles avec le chauffeur, que tout le monde appelait par son prénom, constituaient un petit événement. Chacun demandait des nouvelles de tel ou tel jeune montagnard descendu chercher du travail dans la vallée. On parlait des vieillards qui se trouvaient à l'hôpital de la ville la plus proche ou des courses cyclistes, plus prisées en montagne que le football. Quelques minutes plus tard, l'autobus repartait et la même scène se renouvelait un peu plus loin.

Vers la fin du parcours, on atteignait les plus grandes stations de montagne. Les vacances commençaient. On partait à la découverte de sa chambre, du jardin, de l'hôtel et du village en attendant l'heure du dîner. Dans le hall, les clients de l'hôtel dévisageaient les nouveaux arrivants avec un mélange de curiosité et de méfiance : trop bruyants, ils dérangeraient le repos ; trop taciturnes, ils nuiraient à la sociabilité. D'ailleurs, l'entrée dans la salle à manger, pour le premier repas, était semblable à des « débuts » en société. Tous les clients se tournaient pour nous regarder. Le maître d'hôtel nous conduisait à la table qui allait être notre observatoire social pendant toute la durée du séjour. Nous saluions nos voisins, qui nous scrutaient derrière leurs bouteilles de vin et d'eau minérale, soigneusement étiquetées à leur numéro de chambre. Durant ce premier repas, nous parlions à voix basse : il fallait passer l'examen d'entrée.

Dans ces hôtels de pension, les journées étaient réglées avec précision. Le matin, après les politesses du petit déjeuner, les clients s'attroupaient autour du menu. Il s'agissait de planifier les deux repas de la journée et l'on pouvait entendre chacun réfléchir à voix haute sur les mérites relatifs de chaque plat en fonction des activités prévues. En dépit de ces longues méditations, la gourmandise finissait toujours par l'emporter. Avant de commencer les promenades, les adultes, tenant leurs enfants par la main, faisaient un tour chez le marchand de journaux du village. Chacun achetait « son » journal, pièce capitale pour les futures conversations dans le jardin de l'hôtel. Le choix du titre définissait la personne politiquement mais aussi géographiquement, puisque l'on pouvait trouver tous les quotidiens des grandes villes. On savait ainsi à qui l'on avait affaire, un communiste, un modéré, un catholique militant, un Romain ou un Turinois, et l'on pouvait moduler sa conversation en conséquence.

Dans cet univers très structuré, nous présentions un certain exotisme : il n'y avait pas d'étrangers. Lorsqu'ils apprenaient que nous habitions en Amérique, les gens avec qui nous sympathisions nous posaient quelques questions d'ordre géographique ou social. Nous venions d'un monde lointain qui ne parlait pas vraiment à l'imagination de ces membres de la classe moyenne, sans aucun souvenir personnel des vagues d'immigration vers le Nouveau

Monde. La conversation revenait vite à des sujets italiens, et notre exotisme était oublié jusqu'au moment des adieux, où l'on notait notre adresse du bout du monde avec délectation. Il y aurait des timbres pour les collections des enfants, des cartes postales, une correspondance qui sortirait tout à fait de l'ordinaire. Mais, dans leur esprit, nous demeurions avant tout italiens.

Les excursions en montagne étaient merveilleuses. Nous partions tôt le matin avec des paniers de nourriture préparés par l'hôtel pour gagner des sites réputés. Nous visitions de petits hameaux de montagne qui allaient disparaître avec la construction d'un énorme barrage. Nous nous arrêtions souvent dans les petits restaurants des grands cols, où cadres, industriels, intellectuels ou ouvriers, riches et pauvres, de droite ou de gauche, communiaient dans la fraternité, la simplicité, le bonheur d'un même repas après la randonnée.

A la mer, au contraire, les divisions sociales subsistaient. Les prix pratiqués par les établissements balnéaires faisaient le tri. Etalés sur trois rangées aussi longues que la plage, les parasols devenaient les nouveaux salons où il fallait officier toute la matinée. Les enfants jouaient ensemble pendant que les hommes commentaient les informations ou les derniers résultats sportifs. Mais c'étaient les femmes qui étaient au cœur des mondanités. Elles faisaient l'objet de la convoitise des marchands ambulants qui venaient leur proposer nappes, robes de plage, sacs de cuir et, pour leurs enfants, fruits confits, pizzas, tranches de noix de coco rafraîchies dans d'énormes seaux d'eau. Elles commentaient entre elles les revues de mode, le tricot de chacune, la recette de cuisine à s'échanger, le sommeil agité d'un enfant, le dernier roman de plage, les flirts des grandes actrices. On faisait ensemble les mots croisés de la *Settimana enigmistica*. Au loin, dans les bars de la plage, les adolescents s'attroupaient pour écouter les disques de l'été.

La mer jouait en fait un rôle secondaire. On y plongeait pour quelques brasses, on la parcourait sur de petits catamarans à rames, les *pattini*, on y dormait sur de petits matelas pneumatiques. Mais, souvent plate et toujours calme, c'était surtout un objet de consommation.

Chaque tranche d'âge vivait selon ses règles, ses rythmes. Après la matinée de plage, venait l'exode vers le déjeuner, suivi par la sieste. L'après-midi, habillés de manière élégante, les vacanciers déambulaient devant les vitrines des magasins. En fin d'après-midi, venait le moment de la glace, aux terrasses des bars, puis, un peu avant le dîner, quelques fruits de mer. Le soir tout le monde se retrouvait dans les cinémas en plein air. Je me souviens encore de ces comédies où Rock Hudson et Doris Day post-synchronisés en italien jouaient le parfait couple américain. Sous la lune méditerranéenne, je retrouvais les décors de ma vie quotidienne aux Etats-Unis, dont le luxe faisait s'extasier mes voisins. Je m'amusais des grands péplums et des polars italiens de série B, mais je n'allais jamais voir les westerns, dont je détestais la violence, la rudesse, l'individualisme sauvage. L'exotisme des autres était mon pain quotidien. Après le film, à des heures fort tardives, les cafés se remplissaient une dernière fois.

Parmi les stations que nous fréquentions, Milano Marittima, sur la côte Adriatique, était le lieu de villégiature privilégié des classes moyennes issues du miracle économique. Construite à partir de rien, elle regorgeait d'hôtels, de meublés et d'appartements tout neufs. Le long de ses vastes boulevards bordés de pins maritimes, les boutiques vendaient les vêtements les plus chers, les salons de coiffure offraient les meilleurs massages contre la calvitie, les tout premiers traitements contre la cellulite. C'était déjà la civilisation de l'individualisme.

A part les premiers quinze jours d'août, où toutes les familles affichaient complet, le reste du temps, on pouvait voir des mères seules avec leurs enfants pendant que le mari travaillait en ville. Le soir, elles faisaient la queue autour des cabines téléphoniques, pour parler à leur mari. Elles le traitaient comme un enfant, répétant mille et mille fois comment marchait la machine à laver, comment se faire un œuf sur le plat. Quand le mari ne répondait pas, elles ne cachaient pas leur désarroi. Elles imaginaient les mille infidélités de « l'homme seul en ville » dont se repaissait la presse féminine, la secrétaire trop jolie, les femmes en quête de célibataires occasionnels, qui avaient pour moi le visage de Marcello Mastroianni.

Milano Marittima comptait malgré tout quelques résidents qu'on reconnaissait à leur tenue sombre, à leur chapeau ou à leur châle, déplacés parmi les Bikinis, les shorts et les lunettes de soleil. Venus des villages de pêcheurs avoisinants, ils n'en revenaient pas de la manne apportée par le tourisme. Eux qui contribuaient à édifier ce petit paradis moderniste n'en gardaient pas moins le souvenir d'un passé encore proche : ils n'aimaient guère les Allemands dont ils acceptaient les marks, mais pas les manières. Ceux-ci d'ailleurs, comme les Hollandais, se souciaient surtout de leur bronzage. Classes moyennes au fort sentiment national, volontiers racistes, ils regardaient les Italiens avec indifférence. Mon idéal européen paraissait bien loin.

Anzio présentait un tout autre caractère. C'était une vieille petite ville construite en hauteur, avec sa place, ses églises et ses maisons d'autrefois. Du débarquement américain de 1943 il ne restait plus que quelques inscriptions fanées *government premises* sur les murs. Bien qu'elle ait été une des plus vieilles stations balnéaires de la bourgeoisie romaine, elle gardait son cachet et continuait à exister en hiver, lorsqu'elle n'était plus habitée que par des pêcheurs, quelques commerçants et les notables locaux. De la gare Belle Epoque, des fiacres tirés par des grands chevaux noirs menaient les estivants vers leur hôtel. La plage était bordée par une longue promenade, au bout de laquelle se trouvait un café-restaurant où résonnaient les dernières chansons de l'été. Du matin au soir, la voix de Gianni Morandi et de Rita Pavone rythmait ainsi le va-et-vient d'une jeunesse venue se rassasier de pizzas et de boulettes de riz chaud, les *supplì*. Du bar, on pouvait voir les trois rangées de parasols, et derrière, les cabines où on se changeait et où restaient les gens plus âgés.

Anzio était imprégnée de traditions. Les générations se succédaient au club nautique, au club de bridge, dans les mêmes librairies. Mais la station était surtout aussi calme et languide que Milano Marittima était bruyante et agitée. Les vieux messieurs qui arpentaient ses rues, les pêcheurs du petit port, les femmes du village continuaient leur existence immémoriale, nullement dérangés par les signes extérieurs d'une modernité discrète.

Nous descendions dans le plus bel hôtel, une vieille demeure au personnel silencieux et empressé. La salle à manger servait de scène pour le défilé de mode qui accompagnait la descente des clientes pour le dîner. Il n'était pas rare de voir une mère et ses filles habillées de la même symphonie de couleurs. En apprentissage, les plus jeunes s'initiaient à ces rites qui confirmaient leur statut social. Les hommes, habillés de bleu marine et de blanc, discutaient affaires pendant que leurs femmes faisaient salon. Il était toujours question de ventes et d'achats de terres ou d'actions, et surtout de la main lourde et tricheuse des politiques. Ils se passaient en chuchotant les petits secrets et les combines pour tromper le fisc, aussi complices que leurs femmes quand elles échangeaient leurs recettes ou leurs bonnes adresses. Lorsque les couples se recomposaient, on évoquait les derniers films, les dernières vacances. Les enfants prêtaient une oreille distraite. Le temps coulait, paisiblement, doucement.

Pourtant, tout près, les autoroutes, les gratte-ciel, les hôtels ultra-modernes sortaient de terre. A deux pas de cette villégiature très début du siècle, à la monotonie charmeuse, c'était le miracle économique italien. L'Europe du début des années soixante pouvait ainsi à la fois conserver ses traditions et devenir le lieu le plus à la pointe du progrès. Le voyage que je fis à treize ans de la Riviera jusqu'à Naples en passant par la Toscane, Rome et le littoral romain, avant d'atteindre au-delà de Naples la côte amalfitaine, en fut pour moi la démonstration. L'Italie m'apparut en pleine ébullition créatrice, un petit paradis dont les restes d'arriération étaient en train de se dissoudre. Où que nous allions, nous retrouvions non seulement les mêmes sourires, la même hospitalité, la même spontanéité, mais aussi une soif de renouveau et une énergie extraordinaire.

Dans un faubourg ouvrier de Gênes, où nous nous étions arrêtés pour demander notre direction, les nouveaux immeubles surgissaient non loin de la mer, à un jet de pierre du port et de son activité fébrile. Au cœur de la ville, les vieux marchands ambulants coexistaient avec les boutiques élégantes, et partout les garçons de café sifflotaient en transportant leurs espressos vers les bureaux avoisinants. L'odeur de poisson se mêlait à celle du béton tout frais. Je comprenais mal l'argot du port, mais je pouvais apprécier le sourire confiant de ceux qui nous voyaient passer dans notre petite voiture, chargée de valises, ou les instructions de l'hôtelier qui voulait à tout prix nous faire connaître une toute petite *trattoria* sur notre chemin.

Sur la Riviera, à Diano Marina, nous empruntâmes la route de la haute corniche. De leurs belles fermes aux couleurs ocre les fermiers nous racontaient qu'ils comptaient vendre leurs terres en pente. Les oliviers ne rapportaient plus.

La descente vers la Toscane fut éblouissante. Je découvrais avec émerveillement les chefs-d'œuvre artistiques dont l'évocation avait habité mon enfance. C'est sur les remparts de Lucques que je m'initiai à la photographie et les raies noires et vertes de son église furent mon premier sujet. A San Gemignano, je touchai le cœur d'une vieille civilisation artisanale. A Florence, je découvris avec mon père la synagogue où le nom de son jeune oncle, tué pendant la Première Guerre mondiale, était gravé sur une plaque de marbre. Fort laide, elle me semblait pourtant participer pleinement aux beautés de la ville, même si elle ne datait que du siècle dernier. Incapable de m'imaginer un *Quattrocento* dont les juifs auraient été exclus, je lui conférais une antiquité symbolique. Je me baladais dans les marchés de cuir, fascinée par cette foule qui remplissait les mêmes espaces couverts depuis des siècles.

De Pise, je garde le souvenir de la minuscule chapelle au bord de l'Arno, qui gardait jalousement les secrets des siècles passés, à l'écart des foules qui se pressaient devant la tour penchée. Les portes du Baptistère, illuminées par les rayons du soleil, je n'avais pas l'impression de les découvrir, mais de retrouver une beauté enfouie au plus profond de mon âme, comme si le regard de mes aïeux y avait déposé un négatif que je n'avais plus qu'à développer.

Sur la côte qui descend de Toscane jusqu'au Latium, Orbetello m'apparut comme une perle renfermée dans sa lagune, protégée par le sable et les joncs. Après les douceurs toscanes, le paysage était plat, mais il annonçait les couleurs de Rome. Pour ma tante du Chili qui n'était jamais venue, il fallut visiter la Ville éternelle en deux ou trois jours de canicule, au milieu des touristes. Heureusement, sur la route qui nous menait vers Naples, Terracina survint comme une oasis, après cette bousculade et cette chaleur. On pouvait oublier les constructions fascistes en tournant les yeux vers la mer aux couleurs limpides. Pour la première fois, sans doute, me vint une sensation de bonheur parfait, mêlée de la tristesse que suggérait cet instant fragile. Je ne sais pourquoi elle me saisit au bord de la mer plutôt qu'au milieu de ruines antiques ou des palais florentins. Je sentais peut-être que ce voyage extraordinaire touchait à sa fin et que nous ne retrouverions plus cette douce intimité que nous partagions, ma tante, mes parents et moi, quatre déracinés déambulant sur les routes d'une Italie à l'apogée du bonheur. Quelques mois plus tard, ma tante, la seule à avoir connu nos deux univers, mourut d'un cancer.

Après Terracina, ce fut Naples et les retrouvailles avec la famille de mon père. Sous le soleil torride, le bruit de la joyeuse bande que nous formions avec mes cousins remplaça nos réflexions paisibles. Ce fut ensuite la descente, plus au sud, jusqu'à Paestum :

au milieu d'herbes jaunes, le temple grec, l'un des plus intacts, dans sa majesté tranquille, dominait le paysage agraire. Les siècles semblaient avoir glissé comme de simples gouttes d'eau sur l'éternité de sa pierre. Un peu plus loin, aux confins de la Calabre, nous allâmes retrouver des amis de mon oncle sur une plage déserte bordant une mer turquoise. L'arrière-pays était tout aussi désert. Dans ce bout du monde, je touchais les limites de « mon » Europe.

A la radio, une voix annonça la mort de Marylin Monroe. La nouvelle fut un choc pour tous, mais surtout pour moi. Elle venait d'un univers lointain qui était aussi le mien et je pouvais entendre les sirènes de police autour de la maison de Marylin, la tonalité du téléphone décroché, la voix de l'opérateur que, peut-être, Marylin, dans son désespoir, avait essayé de joindre. Je pouvais voir la boîte de plastique jaune contenant les barbituriques et, glissée à l'intérieur, la petite feuille de prescriptions tapée à la machine par le pharmacien. Tous les échos d'une Amérique domestique affluaient à ma conscience : ils signaient la fin de mon voyage initiatique.

IV

Mon Italie estivale ne se limitait pas aux rues de Milan, aux chemins de montagne et aux plages. Rome et Naples, loin du capitalisme industriel du Nord, incarnations sublimes d'un monde agraire et foncier, accueillaient aussi les séjours de mon enfance et de mon adolescence.

Rome était la ville de ma mère. Les Romains que je fréquentais étaient tous liés à ma mère depuis sa plus tendre enfance. La plupart étaient nés en Egypte de familles juives italiennes et étaient retournés en Italie pour leurs études. Les femmes étaient devenues professeurs de lycée et enseignaient la littérature, le latin et le grec. Les hommes, plus ambitieux, étaient professeurs d'université en province ou diplomates. Ma mère les fréquentait moins. Pour les besoins de leur carrière, ils avaient dû composer avec le fascisme et, après la guerre, estomper leur judaïsme. Les femmes, aux choix plus modestes, étaient restées plus pures. Toutes maîtrisaient parfaitement le français et la culture française, mais elles se sentaient profondément italiennes.

Au cœur de ce monde, il y avait Gina, une amie d'enfance de ma mère. Son père était un richissime rentier d'Alexandrie, qui aimait lire les classiques latins dans le texte et qui n'a jamais dû travailler de sa vie. Reclus et misogyne, il avait eu cinq filles, qu'il s'était empressé de marier pour avoir la paix. Gina avait ainsi épousé un cousin lointain, propriétaire foncier juif, qui parlait comme un paysan et s'enorgueillissait de son enracinement dans le Latium. Une sœur plus âgée, Nella, avait épousé un grand professeur de droit romain, juif lui aussi, le plus jeune détenteur d'une chaire universitaire en Italie et qui devait devenir membre du Conseil constitutionnel. Fils d'un grand mathématicien sénateur de la République et opposant dès la première heure au régime fasciste, cet homme impressionnant appartenait à l'intelligentsia laïque de gauche proche des communistes. Je le contemplais avec peur et respect : il ne fallait absolument pas déranger ses heures d'étude. Les enfants de ces amies de ma mère constituaient un gigantesque club de cousins unis par le sang, les références communes, les angoisses de familles surprotégées et les plaisirs des rencontres estivales. Rien ne pouvait être plus différent de ma petite famille américaine.

Mes passages à Rome se faisaient ainsi dans un monde bourgeois, à l'écart de la vie industrielle, à la mentalité rentière même quand les rentes avaient fondu, pétri de traditions et proche du monde des idées, peu enclin à s'enthousiasmer pour la modernité et encore moins pour l'Amérique. A notre arrivée, ces gens nous contemplaient avec une sagesse à la limite de l'indifférence, comme un vieux lézard immobile au soleil contemple un grillon fébrile et instable. Même venant de Milan, on pouvait sentir le rythme de vie s'épaissir, le temps ralentir.

A Rome, ce qui frappait tout d'abord mon regard d'enfant, c'étaient les maisons de nos amis. Leurs plafonds étaient extraordinairement hauts et leurs proportions gigantesques semblaient faites pour minimiser l'existence des enfants. Malgré la lumière intense à l'extérieur, il y faisait toujours sombre : les stores étaient souvent baissés pour préserver la fraîcheur que dispensait le sol de marbre. C'était plein de livres et d'objets anciens. Chez le professeur de droit romain, les livres eux-mêmes, d'épais volumes très anciens, dictaient la température ambiante : en hiver, le bureau était à peine chauffé et les volets restaient toujours fermés en été pour protéger les manuscrits précieux et leurs reliures. Les tables en bois exotique que l'on ne pouvait pas même effleurer du pied, les encoignures de marbre qu'il fallait faire attention de ne pas bousculer étaient autant d'obstacles à la spontanéité enfantine, autant de preuves matérielles du peu de place impartie aux vivants dans l'identité culturelle romaine. Les tableaux et les dessins, tous dignes d'être exposés au musée, renforçaient encore la sensation pesante qu'on éprouvait là de n'être qu'un passant dans cette demeure éternelle. Je me réfugiais dans la chambre de mon amie, où des meubles relativement modernes nous faisaient retrouver notre époque.

Chez les intellectuels engagés, socialistes ou bien communistes, les livres remplaçaient au contraire les objets. Les murs en étaient recouverts. Des montagnes de revues et de journaux s'empilaient partout. Entre deux textes latins, on découvrait les derniers manifestes d'une gauche minoritaire. Un présent frémissant tendait la main au passé.

La lenteur des rythmes romains, pour moi qui venait d'un monde tachycardique, était proche de l'hypotension. Les déjeuners duraient deux heures. Ils étaient suivis de siestes et la ville ne reprenait vie que vers cinq heures. Passivité historique, fatalisme économique, cynisme politique n'empêchaient pas la joie de vivre. Le résultat était une ville calme, sédentaire et presque statique, qui se prélassait dans des plaisirs éternels : la nourriture, le repos, une réflexion languide, la lecture et les longues promenades à pied.

Autre source de fascination à Rome : les bonnes. Elles faisaient partie de la famille, qu'elles servaient tout en la dominant parce qu'elles étaient indispensables. Elles se renouvelaient à chaque génération, de tante en nièce, comme une caste parallèle. De leur chambre près de la cuisine, elles vivaient en parfaite harmonie avec l'univers urbain et raffiné de leurs employeurs, qu'elles quittaient seulement leur jour de sortie. Otant alors leur tenue de travail bleu clair, elles endossaient leurs robes du dimanche, leurs tricots beiges et, leurs foulards sur la tête, elles retrouvaient leur vieille identité campagnarde. J'étais fascinée par cette métamorphose et j'essayais de m'imaginer leurs sentiments lorsqu'elles devaient revêtir à nouveau le costume neutre de leur fonction. Le dimanche, les maisons semblaient avoir perdu leur âme, les repas n'avaient pas de goût, on vivait dans un monde provisoire.

Chez Gina, nous étions toujours accueillis par Bruna, une

Toscane. Elle organisait la vie de la maison, orchestrait la cuisine, réglait les factures, introduisait les visiteurs, ménageait l'humeur du mari. Gina était trop occupée par les problèmes de sa tribu : l'insertion des derniers réfugiés arrivés d'Egypte, terrifiés par ce qu'ils croyaient être le rythme « anglo-saxon » de Rome ; la santé de cousins très vieux, reconvertis dans les leçons de yoga et de tennis, nostalgiques de leurs anciennes vies de gigolos ; les démêlés scolaires de son fils ou les problèmes universitaires de jeunes cousins flegmatiques persuadés que la famille leur trouverait bien un travail, le moment venu ; les déplacements de son mari aux horaires impossibles ; les problèmes de sa concierge. Son interventionnisme paternaliste ne trouvait pas de limites. Obèse, affalée sur de grands coussins, elle régnait sur une gigantesque famille dont certains membres vivaient même en Rhodésie. Maman universelle, elle se faisait du souci pour tout le monde, mais était incapable de faire cuire un œuf. C'était l'antithèse de la mère américaine, à l'efficacité froide. Prisonnière de son monde, elle ne sortait que rarement, accompagnée par son chauffeur qui l'amenait dans les plus grands magasins de Rome pour qu'elle puisse acheter les robes amples des sœurs Missoni, les seuls vêtements qui pouvaient épouser sa silhouette. Sans Bruna, Gina n'aurait pas existé. La protectrice avait besoin de son propre soutien.

Chaque famille possédait sa fée indispensable. La bonne du professeur de droit romain retrouvait les discours mal rangés ; celle de l'avocat savait faire patienter les clients impossibles... celles des militants de gauche savaient faire le tri entre les propos révolutionnaires de leurs patrons et la réalité de leur statut. A notre égard, elles étaient toutes extrêmement gentilles et nous pénétrions dans leur cuisine pour prendre longuement de leurs nouvelles. C'étaient elles la mémoire de la famille.

J'aimais me balader dans la Rome populaire de la Via Cola di Rienzo aux centaines de magasins de tissus et de vêtements, à deux pas du Campidoglio. Les propriétaires et leurs employés étaient souvent juifs, mais leur accent, leurs gesticulations, leur regard à la fois aigu, ironique et amusé, en faisaient des membres à part entière du petit peuple romain. Un seul signe les distinguait pourtant des catholiques : au lieu d'une croix, c'était une énorme étoile de David qui brillait à leur cou. Cette coexistence immémoriale au cœur du vieil Empire romain m'émouvait, d'autant que c'était dans ce quartier que ma mère avait vécu pendant ses études.

Dans les boutiques du quartier du Panthéon, se mêlait tout un bric-à-brac d'uniformes militaires, de vêtements laïcs et de fournitures religieuses qui attiraient les bonnes sœurs et les ecclésiastiques du monde entier, nullement effarouchés par les femmes nues qui s'affichaient aux couvertures des magazines bien en évidence à côté des crucifix et des ciboires. Malgré ses siècles, le Panthéon lui-même ne paraissait pas si vieux, parfaitement fondu avec les immeubles qui l'entouraient.

Le long de la Via Veneto, j'essayais de m'imaginer en jeune Italienne qui n'aurait pas changé de continent. L'ambassade américaine était tout près. Je la contemplais avec une certaine méfiance. Derrière ses palmiers et son jardin fleuri, à l'intérieur de ses murs en stuc, des diplomates hautains décidaient du sort d'un pays qu'ils considéraient comme une colonie. Dehors, le long des cafés, des Américains menaient une vie de luxe, au nom d'une *Pax Americana* qui paraissait encourager les pires aspects du caractère italien. Je n'aimais pas les regards hautains des uns et obséquieux des autres, cette relation faussée, qu'on voit percer même dans le simple flirt entre le jeune Italien et la « princesse » américaine incarnée par l'Audrey Hepburn de *Vacances romaines*. J'évitais cette Rome tapageuse et vulgaire.

Les églises m'étaient chères : l'odeur des cierges brûlés, le crissement des bancs de bois, le pas des fidèles dans les chapelles, le bruit des préposés au nettoyage, haut perchés sur leurs échelles devant les lustres de bronze, le silence des vieilles dames en noir, agenouillées devant le Christ, peuplaient mon univers sensoriel. Mais je me sentais éloignée des prêtres, de leurs confessionnaux, de leurs soutanes noires et de leurs chapeaux ronds. J'aimais les églises anciennes et l'esprit Renaissance de Saint-Pierre, mais je me sentais mal à l'aise à l'intérieur des églises baroques, comme si la vague de zèle qui avait porté au bûcher Giordano Bruno retentissait encore. Je contemplais les pèlerins avec détachement. Je ne comprenais ni le mystère de la trinité ni le pouvoir du chapelet. Mais j'aimais la bonhomie religieuse d'un peuple tolérant, qui rapprochait humanisme et christianisme.

Je n'aurais pourtant pas songé à épouser un chrétien. La chaîne millénaire du judaïsme aurait été rompue. Et pourtant, marchant parmi les pierres du vieux ghetto, dont les habitants étaient sans doute plus romains que beaucoup de catholiques, je ne me sentais pas vraiment à ma place. Je n'arrivais pas à m'imaginer en juive opprimée, à la merci des décisions arbitraires d'une Eglise tutélaire, qui avait gardé mon peuple en vie pour qu'il témoigne au moment du Jugement Dernier. J'entrais dans les boulangeries et les restaurants casher sans grande émotion. Après l'Amérique, la dose supplémentaire d'identité que m'apportait ces signes de judaïsme m'était inutile : c'était l'Italie avant tout qui était mon « chez-moi ».

La Rome qui m'émouvait le plus se trouvait au cœur du Forum. Le long des Termes de Caracalla, j'oubliais tout. Les marchands ambulants de diapositives et de glaces, les touristes s'exclamant devant chaque vieille pierre, les guides pérorant dans toutes les langues disparaissaient derrière le mystère d'un empire déchu. J'étais happée par ces restes d'une civilisation d'autant plus noble que ses héritiers étaient plus bruyants et agités. Je scrutais leur visage pour y trouver les marques de leur lignage. Je n'en trouvais pas. Dans la Rome antique, je me sentais transportée dans un univers purifié, enveloppé d'un silence énigmatique, un univers qui me semblait avoir atteint le sommet de la rationalité éclairée. Je me sentais romaine vieille manière.

De loin, j'adorais Rome comme le symbole d'une illustre civilisation, mais, de près, mon puritanisme américain ne supportait pas sa langueur narcissique et son passéisme. Vieille comtesse trop fardée, sa présence, tour à tour, m'attirait et me lassait. Je savais dans mon for intérieur que je ne l'aimais pas comme Milan.

Quant à Naples, la ville de mon père, je nourrissais à son égard un préjugé défavorable. Après tout, mon père l'avait quittée et n'avait jamais voulu y retourner. Mais je succombais à son atmosphère chaleureuse, rendue encore plus gaie par la présence de nombreux cousins. De Naples, je gardais surtout des souvenirs enfantins : les jeux avec mes cousins sur la terrasse de ma tante, qui dominait la baie sur les hauteurs du Vomero ; les courses de patins à roulettes le long de la Via Caracciolo, la Promenade des Anglais locale, où habitaient mon oncle et sa famille ; les balades en tandem dans la Villa Royale, près de superbes manèges du début du siècle ; l'escalade des arbres de la Villa Floridiana. C'est là que je découvris le monde des garçons, dont les jeux me fascinaient. Je me découvrais aussi gourmande. Je dégustais les meilleures pizzas du monde à la pâte fine et croustillante, aux légumes bien dorés. Je savourais des glaces et des sirops de fruits incomparables. Je me délectais des *cassate*. Le soir, en famille, nous allions sur le port manger du poisson. L'atmosphère était joyeuse, les rues paraissaient en fête et les soirées, si douces, interminables. Je découvrais les plaisirs du funiculaire qui reliait Naples au quartier bourgeois du Vomero et que nous empruntions pour aller à la plage, dans un désordre joyeux de rires et de grincements.

J'étais pourtant consciente des contrastes de cette ville qui grouillait. A Naples, plus qu'ailleurs, on pouvait toucher les extrêmes de la société : voir les dames bourgeoises sortir pour l'heure du thé habillées en bleu marine et blanc de la tête aux pieds, tandis que de pauvres bougres déjà âgés tiraient à la force de leurs bras d'énormes chariots croulants de légumes et de fruits. Dans la basse ville, à côté du port, des familles entières vivaient entassées dans des cavernes sans fenêtres. Des enfants pâles et sales couraient sur le trottoir qui servait d'antichambre. L'énorme télévision côtoyait la statuette dorée de la Vierge. Les murs étaient tapissés des emblèmes d'équipes de football, véritables ex-voto, et d'énormes cornes de corail rouge qui conjuraient le sort. Ce monde impénétrable, je ne pouvais le comparer qu'à une Cour des Miracles. Il regardait passer les grosses cylindrées du miracle économique sans jalousie et sans amertume, tandis que, de leur côté, les nantis le considéraient sans pitié et sans culpabilité, comme si chacun devait attendre patiemment son tour pour parvenir au sommet.

Ces extrêmes pouvaient cohabiter grâce aux quartiers où régnait la contrebande liée à la base américaine. Mes oncles et tantes nous amenaient parfois au fond de ses cours où l'on trouvait la modiste qui faisait des chapeaux merveilleux pour trois fois rien ou un artisan qui réparait les sacs de manière magistrale. Le long des trottoirs sévissait une illégalité plutôt bonhomme. Des hommes aux dents dorées vendaient de fausses montres, de fausses Marlboro, des bouteilles de faux Johnny Walker et des parfums dilués. A côté, je découvris mes premières prostituées, très maquillées, habillées de minijupes dix ans avant la mode anglaise, quand elles n'étaient pas à leur fenêtre presque nues. Partout, des enfants, au crâne rasé pour lutter contre les poux, s'affairaient d'une porte à l'autre, petits émissaires de louches affaires. Tout le monde hurlait. Tout le monde riait. Nous étions au cœur de la Méditerranée. Pour pouvoir supporter ces scènes, il fallait imaginer que ce petit monde était heureux. Je n'en étais pas tout à fait sûre, mais les rires et les chants étaient bien là. Et puis ma famille paraissait le croire et mon oncle m'affirmait que les habitants de ces bas-fonds sortaient le dimanche aussi bien vêtus que les autres et qu'ils n'auraient quitté leur *basso* pour rien au monde. Au moins ces pauvres n'étaient-ils pas noirs comme en Amérique : ils pouvaient s'en sortir s'ils le voulaient vraiment, me disais-je.

Seule une tour de vingt étages, le plus grand hôtel de la ville, incarnait l'âge moderne. Mais elle se prélassait au milieu des traditions et des inégalités comme une courtisane désabusée. Elle-même accueillait les superstitions locales, en particulier la peur du numéro dix-sept. L'ascenseur montait directement du seizième étage au dix-huitième étage. Même ici on se disait que le rationnel n'existait pas. Le mauvais œil comptait plus que l'Etat.

Nous étions à la limite extrême de l'Europe. La ville faisait-elle partie de « mon » Europe ? Elle paraissait trop indépendante et trop heureuse dans son immobilisme pour chercher à participer au renouveau italien. Je comprenais que mon père, imbu de justice, l'eût quittée : ce n'était pas un lieu pour des esprits férus de rationalité. Tout en elle glorifiait l'exagération, l'esbrouffe, l'approximation, au nom de la passivité résignée.

Malgré ou peut-être à cause de cela, c'était la seule ville italienne où, à ma connaissance, le rêve américain brillait de tous ses feux. Il hantait les imaginations, dans les bas-fonds aussi bien que dans la bonne société. Mes oncles et mes tantes, pourtant plus riches que nous, nous regardaient avec une pointe de jalousie. Je me souviens encore de la femme de mon oncle, dans sa cuisine digne de l'an 2000, entourée de toutes les inventions possibles, et aidée de deux domestiques, parlant à ma mère du style de vie merveilleux qu'elle devait avoir aux Etats-Unis. « Là-bas » semblait exister un lieu mythique que nul ne songeait à visiter, mais qui devait receler des trésors. Ma mère avait beau souligner les multiples problèmes américains, personne ne voulait l'entendre. Il fallait, pour ces familles bourgeoises, ce rêve auquel on pouvait s'abandonner quand le chaos napolitain prenait trop le dessus.

Pourtant, à quelques kilomètres, on pouvait se promener parmi les restes d'un âge d'or : dans le silence absolu des rues de Pompéi, chaque détail rendait le passé plus proche. Le contraste avec Naples était saisissant. La merveille absolue de la maison du faune, les couleurs des fresques, les décorations sur les instruments de cuisine, les motifs floraux sur les murs étaient autant de traces d'un monde serein, à mille lieues de l'âme napolitaine baroque et décadente.

Mais, à Naples, le futur attirait infiniment plus les imaginations. C'était ainsi aux bords de la Méditerranée que l'Amérique resurgissait. L'été finissait, l'heure sonnait du retour.

V

Parce que je reprenais l'école les tout premiers jours de septembre, nous quittions chaque année une Italie qui se prélassait encore dans les douceurs de l'été. Après la mer et la montagne, les enfants de la bonne société s'apprêtaient à partir à la campagne, tandis que les autres continuaient leurs jeux en ville. Nous nous installions dans le bus qui menait à l'aéroport, nos valises pleines de chaussures et de vêtements neufs, nos sacs à main gonflés de livres. Un geste de la main, et nous partions. Durant notre absence, le boulanger et le boucher continueraient à servir leurs clientes, les tramways suivraient inlassablement leur parcours, les boutiques de vêtements poursuivraient la valse régulière de leurs collections. A notre retour, nous retrouverions cette comédie humaine où nous n'étions que des figurants de passage.

Les derniers jours d'août à Paris, lors de notre escale, offraient un avant-goût d'automne. Nous filions chez Gibert acheter les cahiers qui m'accompagneraient toute l'année, les livres qui nourriraient les cours de ma mère. Mon père, la plupart du temps, nous avait devancés, aussi passions-nous toutes les deux quelques jours en tête à tête dans les petits hôtels du quartier Saint-Sulplice. Nous flânions dans les musées et les galeries, au Bon Marché, chez Franck et Fils. Mais, sur le chemin du retour, Paris n'était plus la porte royale de l'Europe. La ville retrouvait son caractère propre. Je la sentais austère dans sa beauté, froide et hautaine comparée à Milan. Ses cafés étaient sombres, à mi-chemin entre la lumière italienne et la noirceur louche américaine. Ses restaurants étaient trop gras ou trop pincés, dépourvus de la chaleur familiale des *trattorie*. Ses immeubles étaient trop sales, sa modernité trop incertaine, sa langue trop saccadée et aiguë. Eprise de l'Italie, je ne cherchais pas l'âme derrière les façades, l'esprit derrière la forme. Pourtant, le moment du départ venu, je m'accrochais à ces dernières manifestations européennes.

L'avion d'Air France nous posait gentiment sur le sol américain en tout début d'après-midi. Dans le vaste hall d'accueil de l'aéroport Kennedy, nous nous retrouvions au milieu de voyageurs venus du monde entier : d'Amérique latine, des Caraïbes, d'Afrique et d'Asie. Devant les services d'immigration, qui devaient examiner mon passeport et celui de ma mère, et surtout nos Cartes Vertes, beaucoup étaient intimidés. Ils se présentaient, bardés de lettres d'accréditation, d'épais dossiers aux feuilles tamponnées, signées, notariées. Ils se collaient les uns aux autres lorsqu'ils passaient la ligne blanche en famille et entraient dans la petite cabine pour l'entretien avec l'officier d'immigration. Ce fils d'Irlandais ou d'Allemand, ou même plus tard ce Chicano les dévisageait avec condescendance. L'entretien était généralement court : on ne se présentait pas aux portes du paradis américain sans bonnes raisons et sans avoir été annoncé. L'ambassade américaine avait fait son travail d'inspection et de recherche. Les autorités locales ne laissaient personne embarquer pour les Etats-Unis sans le visa requis. Perméable à ses frontières terrestres, l'empire américain était étanche dans ces aéroports qui le protégeaient d'une marée humaine venue de loin.

Une fois sûrs que nous ne figurions pas sur la liste des indésirables, où l'on trouvait les plus belles signatures de la gauche intellectuelle européenne proche du communisme, venait la douane. Contrairement à leurs équivalents français ou italiens qui laissaient passer les touristes et les voyageurs avec indifférence, les douaniers américains voyaient en chacun un coupable potentiel. Son crime probable : introduire de la nourriture fraîche, des fruits ou des plantes sur une terre virginale. Nous étions immanquablement questionnés sur les salamis que nous aurions cachés au fond de nos valises, les petits poivrons et l'ail frais que nous aurions glissés dans notre trousse de toilette. Ces braves types ne connaissaient que les ingrédients de la cuisine sicilienne : ils ne nous demandèrent jamais de sortir notre parmesan, nos tranches de *polenta* ou de *cotechino*. Je souriais devant leurs limites.

Mais, au-delà de ce folklore, les Etats-Unis, avant qu'ils ne s'ouvrent au tourisme des pays nantis, semblaient crispés sur leur sentiment d'autosuffisance. Pour les douaniers comme pour les porteurs, pour le conducteur d'autobus comme pour le personnel de l'aéroport, nous tombions de cieux lointains. *Yurop* représentait une carte postale inaccessible, un luxe surfait et factice, nullement un monde quotidien où vivaient de vraies personnes. J'aurais expliqué à ces gens que leurs équivalents se portaient souvent mieux en Europe, qu'ils ne m'auraient pas crue. Sans références, ils mesuraient leurs petites vies à l'aune du rêve américain, auquel, pourtant, ils ne participaient qu'à demi.

Je rentrais ainsi, américaine à l'égard de l'Europe et européenne à l'égard de l'Amérique. Parfois, je n'étais même plus sûre de la réalité de mon autre moitié de vie. La tête pleine de paysages et de visages harmonieux, je retrouvais la chaleur féroce de New York et reprenais l'avion pour Washington ou Atlanta. J'arrivais chez nous, tard dans la nuit, avec la sensation que la porte d'un conte de fées venait de se refermer sur mon sommeil enfantin.

Intermezzo canadien

Certains séjours dans un pays étranger sont déterminants dans les choix d'un individu et la connaissance qu'il prend de lui-même. Leur intensité empêche de les décrire à la faveur d'anecdotes ou de sensations, parce que leur vérité tient aux échos profonds qu'ils éveillent dans l'âme. Telle fut mon expérience canadienne. J'avais dix-sept ans lorsque j'arrivai à Montréal à la traîne de mes parents. Je repartis exactement douze mois après : les Etats-Unis, dans leur absence, m'étaient devenus indispensables. Cette fois, le changement de ville ou de pays n'était pas dicté par des causes extérieures, mais par ma propre volonté. Lors de mon séjour au Canada, j'avais compris qu'aucun compromis, aucune troisième voie, n'était possible entre mon univers américain et mon univers européen : on ne pouvait diluer, mélanger les essences.

En quittant Atlanta, une grosse ville de province, pour Montréal, une grande cité bilingue, pluriculturelle, j'aurais dû satisfaire ma nature cosmopolite et découvrir un « chez-moi » idéal. En fait, déjà hybride, je trouvais un lieu tout aussi composite, plus mal à l'aise encore que moi. Je ne pus que fuir un pays qui me renvoyait ma propre image, déformée par les tensions politiques, éclatée en groupes hostiles dans un espace national dépourvu de sens et d'histoire. Dans ces années 1966-1967, le Canada connaissait en effet une grave crise intérieure qui tenait à l'éveil du séparatisme québécois et aux ambiguïtés de sa position par rapport aux Etats-Unis. A Toronto ou à Vancouver, j'aurais regardé de loin ces troubles. Mais Montréal était l'épicentre de ce malaise.

Le Canada s'apprêtait à fêter le centenaire de son indépendance, mais dans tous les bureaux de poste, on voyait encore le portrait de la reine d'Angleterre. La feuille d'érable de son tout nouveau drapeau n'arrivait pas à couvrir sa nudité nationale. Géant naturel aux pieds sociaux d'argile, repère exotique pour des Américains en manque d'altérité, bastion d'une certaine tradition anglaise, ce pays vivait collé à la vaste frontière américaine comme à une source de chaleur : son dynamisme propre semblait impuissant à lui donner une raison d'être.

Durant cette année initiatique, la force d'attraction des Etats-Unis et les premiers nuages dans mon paysage idyllique européen allaient m'apparaître.

I

Je découvris Montréal par l'hôtel Queen Elizabeth, où nous logions en attendant de trouver une maison. Point de rencontre des élites anglophones, c'était l'observatoire idéal. Situé dans le centre, près d'un parc aux allures séculaires, il ouvrait ses portes sur des quartiers d'affaires à l'activité bien plus impressionnante qu'à Atlanta. Mais surtout, dès le hall, le bilinguisme était patent. Le kiosque vendait la presse anglophone et francophone, et même *Le Monde*. J'y achetai le *Bonjour tristesse* de Françoise Sagan, preuve pour moi que mon existence quotidienne se déroulerait désormais dans un univers à la fois « adulte » et français.

Pourtant, il me fallut peu de temps pour saisir la complexité féroce des liens entre anglophones et francophones. Ces derniers remplissaient tous les menus emplois : femmes de ménage, serveurs, livreurs et conducteurs des autobus, plombiers, mais jamais concierges de l'hôtel, vendeuses des boutiques élégantes ou hommes d'affaires. Ils parlaient entre eux un patois incompréhensible à mi-chemin entre une langue de confrérie et un français aux voyelles déformées. Le pouvoir, en fait, était entre les mains des anglophones, qui dominaient avec une indifférence et une bonne conscience très anglo-saxonnes.

M'associer aux francophones et leur adresser la parole en français me semblait aller de soi. Mais ils ne se sentaient pas plus proches de moi pour autant. Je n'étais pas québécoise et, dans leur mémoire collective, les Français les avaient abandonnés : le « Je me souviens » de leur devise était une arme contre la supériorité anglaise aussi bien que française. Lorsqu'ils me voyaient peiner devant leur intonation et leurs expressions, ils se mettaient à parler un anglais qui les faisait disparaître dans l'océan des deux cents millions et plus d'anglophones : ils abandonnaient les sonorités québécoises qui les distinguaient inexorablement du français « universel » pour des sons anglais parfaits. Je ne savais trop que faire, d'autant qu'une bonne partie des expressions quotidiennes étaient traduites de l'anglais dans le français local. Je découvris ainsi que le « Bienvenue » qui, paradoxalement, remerciait l'acheteur quand il sortait du magasin n'était que le décalque de *« You are welcome »*. Les Québécois affichaient avec une certaine agressivité leur identité, mais leur langue elle-même avait perdu ses propres tournures au contact de la réalité nord-américaine.

A ces labyrinthes linguistiques se greffaient nombre d'ambiguïtés culturelles. L'orgueil québécois ne venait pas des merveilles de la civilisation française, de la pensée des Lumières, des exploits d'une République issue de la Révolution, mes raisons pour me sentir « française ». C'était plutôt un réflexe protectionniste contre le malheur, contre la perte de traditions agraires qui appartenaient en fait à un monde prérévolutionnaire, obscurantiste et refermé sur lui-même, un XVIIe siècle paysan transplanté en Amérique. Dans la définition de ce qu'était à l'époque un Québécois, la religion primait ainsi la langue. Les écoles francophones étaient catholiques. Si l'on était à la fois juif *et* francophone, on était envoyé dans les écoles anglophones. La mentalité forgée dans la résistance à l'empire anglais n'avait donc rien d'ouvert, encore moins de pluraliste. Tout juste la ténacité du combat pouvait-elle impressionner, une ténacité paysanne, qu'on retrouvait dans les quartiers pauvres, ces ghettos linguistiques et économiques dignes des quartiers noirs les plus démunis de Georgie. J'avais donc quitté le Sud américain, où la couleur était la grande ligne de démarcation, pour une ville où religion et langue jouaient ce rôle ingrat. Dans les boutiques, je pouvais facilement acheter des livres français ou les disques de Georges Brassens, mais un fossé culturel et religieux me séparait des Québécois.

Je me sentais tout aussi éloignée du monde anglophone. Nous avions trouvé un appartement dans un faubourg élégant, *The Town of Mount Royal*, à quelques minutes de train du centre-ville, où mon père travaillait. *The Town of Mount Royal* était une enclave de belles maisons où, avant la guerre, avait dû régner une ambiance digne des petits villages anglais du Kent. Le *club house* aurait pu se trouver n'importe où dans l'empire britannique, avec sa véranda ouverte sur une pelouse veloutée qui se remplissait l'après-midi de vieilles dames venues prendre leur thé, tandis que leurs époux jouaient à une forme de *shuttleboard*. La plupart de ces anglophones vivaient ainsi entre eux depuis des générations, pour ne pas dire depuis la défaite des Français.

Ce petit monde néo-colonial me gênait encore plus que les élites WASP américaines. Lui aussi était hybride. Il perpétuait certaines habitudes traditionnelles propres aux Anglais sans partager la force de leur passé, leur esprit de liberté et leur humour. Il vivait à l'américaine, sans le dynamisme collectif des Etats-Unis et sans avoir connu leur sursaut d'indépendance. Les Canadiens anglais me paraissaient des élites fatiguées, le double affadi, amolli, des deux peuples qu'ils singeaient. Vieux jeu et étriqué, leur élitisme à l'anglaise se mariait à une inculture bien plus prononcée qu'aux Etats-Unis. Hybrides sans grande tradition, sans vigueur, ils naviguaient à vue sur une mer de plus en plus agitée.

Parmi les anglophones, on trouvait aussi des juifs : leur ascension sociale et leurs valeurs étaient typiquement américaines. Ils ne participaient pas à la vie sociale des vieilles élites anglaises et ne connaissaient pas du tout les Québécois : la religion et la langue agissaient comme une double barrière. En fait, c'étaient des Américains manqués, sans doute parce que leurs grands-parents, venus d'Europe de l'Est, n'avaient pu prendre le bon bateau, pour New York. Ils restaient entre eux et beaucoup, à la faveur d'études aux Etats-Unis, finissaient par partir. Matériellement et professionnellement, leur parcours ressemblait à celui de leurs équivalents américains, mais sans le sursaut politique et moral qui en faisait précisément, dans ces mêmes années, de nouveaux croisés pour les droits civiques et les grandes causes politiques de la gauche libérale américaine. La plupart des juifs canadiens n'avaient pas le sentiment d'une mission à accomplir. Au-delà de leur bien-être individuel, comme les autres Canadiens, ils étaient trop préoccupés par les intérêts de leur propre groupe pour pouvoir penser au bien commun.

Ma plus grande découverte canadienne fut celle de l'immigration. L'Amérique que j'avais connue auparavant n'était plus un lieu d'immigration. Elle allait le redevenir à partir des années soixante-dix, mais, pendant mon enfance, c'était un monde clos, surtout loin des grandes métropoles comme New York ou Los Angeles. Les nouveaux venus étaient tous des Américains transférés pour leur travail ou en quête d'une nouvelle vie. Le Canada du milieu des années soixante était, au contraire, en pleine poussée migratoire.

A Montréal, je découvris ainsi les quartiers d'immigrants tels qu'ils avaient dû exister à New York, au début du siècle. Il y avait le quartier italien, le quartier grec, le quartier libanais, tous différents. Nous allions souvent nous balader dans le quartier italien, en quête de victuailles. Les immigrés venaient du Sud et la plupart travaillaient dans des entreprises fondées par des cousins arrivés quelques années auparavant. A la différence de ce qui s'était produit aux Etats-Unis, ils ne parlaient que leur langue maternelle. Aucune Statue de la Liberté ne les avait accueillis. Aucun mythe du *Canadian Way of Life* ne leur insufflait un élan créateur. La plupart comptait repartir après avoir amassé assez d'argent. Beaucoup se plaignaient des hivers rudes et de la froideur de la société canadienne, dont ils étaient exclus. Personne parmi eux ne se sentait en passe de devenir « canadien ».

Ils étaient pourtant l'enjeu de féroces luttes de pouvoir : les francophones supportaient mal que les Italiens, les Grecs et les Libanais optent pour la langue anglaise. Les immigrants, eux, préféraient se fondre dans l'océan américanisé plutôt que de rejoindre le camp retranché québécois. Aux yeux des francophones, ils étaient autant de chevaux de Troie de l'impérialisme anglophone. Ces luttes n'étaient pas faites pour favoriser leur intégration dans une « communauté canadienne » qui n'existait pas. Notre propriétaire, pourtant très à l'aise, ne se définissait ainsi jamais comme canadien mais d'abord comme ukrainien.

Pourtant, même continuant à pratiquer leur langue ou leur dialecte, même répétant des gestes séculaires, ce n'étaient déjà plus des habitants du vieux monde. Quelque chose d'essentiel, lié à l'horizon, aux odeurs, à la terre s'était perdu. Ils étaient entrés dans la grande diaspora des hybrides. Leurs quartiers n'étaient plus que des ersatz. Les vieilles Italiennes assises au pas de leur porte, qui m'émouvaient tant en Italie, tenaient désormais d'un folklore un peu misérabiliste, vidé de son essence.

Comment, dès lors, pouvais-je espérer demeurer « européenne » dans le Nouveau Monde ? Tout conspirait pour rendre cet effort dérisoire. Il suffisait d'un rien pour que la balance penchât du mauvais côté : un vêtement, un mot, un mets édulcoraient une synthèse trop fragile. Les affiches en français des magasins brillaient d'un éclat artificiel quand, dans la rue, tout était fondamentalement américain. Les individus ne pouvaient qu'être happés par ce qui les entourait. Dans leur quête d'un simple mieux-être, les immigrants fraîchement arrivés en étaient la preuve vivante. Le vrai paradis consumériste et matérialiste, dépourvu de culture, n'était pas les Etats-Unis, mais ce Canada prospère, dépourvu de responsabilités mondiales et de vigueur culturelle.

J'appris ainsi à apprécier les vertus américaines. Le complexe de supériorité de beaucoup d'Américains m'apparut comme l'envers des valeurs démocratiques autour desquelles s'étaient édifiés les Etats-Unis au Siècle des Lumières. Les élites WASP avaient ainsi mis en œuvre, souvent en dépit d'elles-mêmes, le mécanisme qui allait continuer à s'affirmer en incorporant des masses toujours plus hétéroclites. Au contraire, leurs équivalents canadiens, demeurés fidèles à la Couronne, n'étaient porteurs d'aucune valeur de rupture. Au-delà des bénéfices matériels que procuraient les deux sociétés, leurs différences, qui tenaient aux circonstances de leur naissance, ne s'étaient pas estompées avec le temps.

Les forces les plus ouvertes et les plus progressistes poursuivaient aux Etats-Unis un rêve d'intégration et d'assimilation. Le message de Martin Luther King ne s'adressait pas aux noirs seulement, mais aux Etats-Unis tout entiers qu'il voulait voir briller sous son meilleur jour. Il était l'incarnation la plus nouvelle et la plus profonde de la mission que s'étaient donnée les Pères Fondateurs. Le Canada, avec ses élites figées, ses Québécois et ses immigrés poursuivant leurs propres intérêts, ressemblait par contraste à une mayonnaise ratée : l'émulsion ne prenait pas. Les mondes multiples de ses citoyens l'appauvrissaient, au lieu de l'enrichir.

Le décalage entre l'appauvrissement symbolique et politique du Canada et son niveau de vie quotidien était frappant. A Montréal, nous suivions nos programmes télévisés américains favoris. A part quelques touches d'exotisme français ou britannique, le **gros** des biens de consommation était importé des Etats-Unis ou **produit** sous concession américaine. Le sigle *Limited,* qui suivait le nom bien américain des principales entreprises, semblait rappeler que le Canada tout entier n'était qu'une société à responsabilité limitée.

Je n'oublierai jamais ma stupéfaction lorsqu'un jour, j'achetai une bouteille d'encre de marque américaine. Elle était produite au Canada sous concession, mais le couvercle, lui, était fabriqué aux Etats-Unis. J'imaginais ces milliers de bouteilles pleines d'encre, immobilisées sur leur chaîne de production : personne n'aurait pu les bouger sans leurs couvercles, bloqués par une grève ou un incident technique de l'autre côté de la frontière.. Le Canada avait besoin du couvercle américain pour stabiliser son propre contenu. Au moins les Australiens et Néo-Zélandais avaient-ils le privilège de vivre loin de la Grande-Bretagne et des Etats-Unis, quand la géographie et l'histoire avaient condamné le Canada, dans l'ombre de son grand-frère, à n'être qu'un éternel benjamin.

II

J'avais laissé mes camarades de Westminster finir leur dernière année de *high school*. Mais le temps n'était pas encore venu pour moi de la rupture familiale qui accompagne aux Etats-Unis l'entrée à l'Université. C'était de chez mes parents que chaque matin je sortais pour prendre le petit train qui m'emmenait à l'Université McGill, où j'avais été acceptée comme *early admission student*. Je n'appartenais pas au petit monde clos de *The Town of Mount Royal*, bien loin des dortoirs qui hébergeaient les étudiants étrangers. Je vécus ainsi cette année dans une solitude que venait encore renforcer le grand froid : après les cours, personne ne songeait à s'attarder quand le retour dans la nuit complète de la fin d'après-midi se faisait par moins trente degrés. McGill ne serait donc qu'une escale.

Cette Université avait été fondée au milieu du XIXᵉ siècle pour accueillir des étudiants qui n'avaient pas les moyens ou la possibilité d'aller à Oxford ou à Cambridge. Ses bâtiments sombres, ses vitraux étaient caractéristiques du romantisme architectural anglais de l'époque : ils reflétaient la confiance mesurée des élites anglophones qui avaient construit l'ensemble au centre-ville, sans la verdure qui entoure en général les collèges anglais. Un immeuble ultramoderne abritait la Faculté de Sciences sociales et témoignait de la vitalité de leurs descendants. Mais, à vrai dire, l'Université avait peu de cachet.

En cette époque d'agitation politique, elle prenait les allures d'une oasis assiégée, symbole des privilèges et des pouvoirs des

« colonisateurs ». Cette crise d'identité et de vocation, dans une province qui voulait extirper toute racine anglophone, marqua de son sceau mes débuts universitaires. Avant de nous entraîner dans l'étude des *Canterbury Tales* de Chaucer, notre professeur de littérature nous demanda ainsi de disserter sur la question de savoir si le Canada existait. Même au fin fond du Chili, je ne m'étais jamais posé une pareille question. Qu'un pays existât me paraissait une évidence historique. Ce n'était apparemment pas le cas dans les couloirs de McGill, en 1966, au moment où certaines familles d'étudiants anglophones songeaient déjà à quitter le Québec par crainte d'une dérive séparatiste.

Ces débats me dépassaient et me lassaient. Je ne parvenais pas à me passionner pour des questions aussi brûlantes que la nécessité vitale d'enseignes bilingues devant les magasins. Autant la cause des noirs américains avait un sens universel, autant je trouvais étriquées les querelles linguistiques et ethniques canadiennes. Et pourtant, elles déterminaient la vie universitaire : par principe, les élèves de l'Université de Montréal, francophone, et ceux de McGill ne se fréquentaient plus. Plus de compétitions sportives, plus de soirées dansantes. La guerre linguistique avait pris le dessus sur l'esprit estudiantin. L'air était empoisonné.

Je me réfugiai dans l'étude, retour à la culture après quatre années provinciales passées à Atlanta. Il importait de rattraper le temps perdu. Après Chaucer, ce fut la découverte de John Donne, des Sonnets de Shakespeare, de Spencer, de Fielding, de Jane Austen, mais surtout des aspects les plus durs de l'âme française du XVIIIe siècle à travers *Turcaret* et les textes de Rousseau contre le théâtre. Une Canadienne gigantesque nous fit découvrir la *Mandragola* de Machiavel et la Commedia dell'Arte. Je me remis à traduire Cicéron. Mais étudier la littérature me semblait une forme un peu décadente de luxe. Dans ma tentative pour comprendre le monde, je préférais l'histoire.

Je m'offris ainsi le plaisir d'un cours sur la Chine et le Japon. Je ne connaissais rien à l'Extrême-Orient. Je voulais élargir mes horizons. Surtout à propos d'un pays qui maintenait ses relations diplomatiques avec une Chine que les Etats-Unis boudaient obstinément. Notre professeur était un Chinois très réputé et très favorable au régime de Pékin : il ne cachait pas son désir de voir le Canada se libérer de la tutelle américaine. En 1966-1967, les Etats-Unis, justement, s'embourbaient au Vietnam. Aux soldats

américains couverts de boue et luttant dans les marécages vietnamiens, la télévision canadienne opposait les millions de sourires
édifiants des Chinois de Mao arborant leurs Petits Livres Rouges
et les grands drapeaux des Gardes Rouges flottant dans le vent.
La Chine paraissait comme une étoile montante et beaucoup
d'étudiants canadiens ne cachaient pas leurs préférences révolutionnaires et ils se réjouissaient de voir le géant qui les étouffait
aux prises avec plus petit que lui.

Le professeur faisait parfois venir des invités pour commenter
l'actualité chinoise. Nous vivions ainsi la Révolution Culturelle à
chaud, pendant que les Américains, de leur observatoire de Hong
Kong, se tordaient le cou pour mieux saisir ce qui se passait de
l'autre côté de la frontière. Je n'aimais guère les mouvements de
foule et je me méfiais de tout enthousiasme collectif. Pourtant,
j'écoutais le récit des exploits des Gardes Rouges avec un certain
intérêt : ils étaient à peine plus vieux que moi et paraissaient
habités par la même rage contre l'injustice que j'avais éprouvée à
Atlanta. Je n'aimais ni leur ton ni leur style trop violent et
j'ignorais comme tout le monde la véritable nature de leurs actes,
mais je trouvais ridicule que les Etats-Unis s'obstinassent à ne pas
reconnaître le régime de Pékin. Même si, en 1958, celui-ci avait
réprimé le mouvement des Cent Fleurs, après tout, il existait.

Je passai ainsi une bonne partie de l'année à lire, pour mon
cours, les écrits de Mao ainsi que l'autobiographie de Pu Yi, le
dernier empereur chinois, traduite et éditée en anglais à Pékin,
imprimée sur un papier de mauvaise qualité, semée de tournures
approximatives et de coquilles. Pour l'acheter, il fallait aller dans
un magasin qui appartenait aux Presses de la République Populaire, où l'on pouvait trouver toutes les publications de la propagande officielle, mais aussi des objets d'artisanat ou du thé.
Forte de ma lecture des *Conquérants*, j'étais persuadée que ce lieu
devait servir surtout comme point de liaison pour les agents secrets
chinois, pour les intellectuels révolutionnaires de tous bords et
pour des opérations financières louches. Après les tabous idéologiques américains, mes deux gros volumes « interdits » dans les
mains, j'avais l'impression d'entrer dans le monde de la porno-
graphie.

Ces élans révolutionnaires s'accommodaient mal de la réalité
canadienne, aux marges de l'histoire. Les véritables enjeux étaient
ailleurs et les Canadiens semblaient seulement assis aux meilleures

places d'un spectacle écrit par d'autres. Lorsque l'intrigue tournait mal, comme pour les Américains au Vietnam, ils se réjouissaient de leur position d'observateur passif. Lorsqu'elle devenait passionnante, ils ne pouvaient que rester muets. Dans les deux cas, ils étaient confinés dans le rôle ingrat du chœur grec, sage mais impuissant.

Je préférais le centre de la scène historique, le chaos, les cris et la poussière. Je résolus ainsi de retourner aux Etats-Unis après un voyage à Atlanta, au mois de février, pour la célébration du centenaire de Morehouse. En Georgie, les premières jonquilles perçaient déjà. L'accueil fut chaleureux et les *spirituals* chantés dans l'église de l'Université noire pleins d'émotion. Le lendemain, je fus accueillie comme une jeune femme déjà mûre par mes camarades de Westminster, restées des écolières. Je me découvris de la nostalgie pour le monde protestant de mon adolescence : ses valeurs me paraissaient plus « vraies » que les fades traditions canadiennes.

Ainsi, dans ses erreurs comme dans ses prouesses, pour le meilleur comme pour le pire, les Etats-Unis demeuraient-ils le cœur palpitant du monde. Je les préférais au Canada, marge perdue dans un hiver interminable. Ma décision était prise : j'entrerais à Harvard.

III

Dans l'intervalle, se tint à Montréal une vaste exposition internationale qui célébrait le centenaire de l'indépendance canadienne. Je fus embauchée comme hôtesse au pavillon italien avec d'autres jeunes femmes qui avaient souvent dix ans de plus que moi. Cette expérience, en marge du cercle familial, allait être bien plus intéressante que toute mon année universitaire.

Le Canada avait choisi, pour fêter son centenaire, de mettre l'accent sur la détente entre les pays et sur l'entente entre les hommes. Au-delà des clivages idéologiques, la « Terre des hommes » se devait d'être une, à l'écoute d'un progrès scientifique qui devait profiter à tous. Nous étions en pleine mode de la « convergence entre les systèmes » et l'exposition rayonnait de cet optimisme planétaire nourri de planification et de progrès technologiques. Deux énormes bâtiments consacrés aux sciences et aux technologies soulignaient les réussites dans tous les domaines et annonçaient l'aube d'une ère nouvelle. L'avenir paraissait radieux.

Les pavillons des deux Grands, les Etats-Unis et l'URSS, constituaient la pièce maîtresse de cette Expo 67. Ils étaient, l'un en face de l'autre, séparés par un petit affluent du Saint-Laurent au-dessus duquel on avait construit un petit pont. Ce symbole faillit craquer juste avant l'inauguration, parce que le fleuve, encore glacé à la fin du mois d'avril, exerçait trop de pression sur sa structure légère. Le dégel politique avait ses limites climatiques.

Le contraste entre les deux pavillons était frappant. Les Américains avaient une incarnation lumineuse et aérienne, une sphère due à l'architecte utopiste Buckminster Fuller, dans laquelle ils avaient placé des œuvres d'Andy Warhol et d'autres artistes d'avant-garde, mais aussi des évocations de la vie traditionnelle américaine. L'ensemble se voulait une représentation humoristique et onirique de la nouvelle société d'abondance. Aucune mention n'était faite à la guerre du Vietnam. La seule présence technologique était une capsule Apollo destinée un jour à porter les astronautes sur la lune. Le pavillon cultivait l'*understatement* et mêlait la réalité, Hollywood et l'histoire.

Le pavillon soviétique, par contraste, impressionnait par son aspect imposant et lourd. Un gigantesque bas-relief représentant le visage de Lénine ornait l'intérieur. Les visiteurs en short, une bouteille de Coca-Cola à la main, contemplaient l'idole démesurée avec une surprise mi-amusée mi-respectueuse. Tout à l'intérieur glorifiait la modernisation technologique. Les tanks et les moissonneuses, sur des estrades richement décorées, côtoyaient les premières voitures sorties de l'usine FIAT de Togliattigrad et exaltaient les exploits de la classe ouvrière, encore personnifiée par de jeunes gaillards blonds et musclés. Des boulons et des vis étaient exhibés comme autant de miracles industriels. Le pavillon soviétique ne désemplissait pas. L'ennemi lointain fascinait : on n'avait jamais vu autant de « vrais » Soviétiques rassemblés en un même lieu. Mais derrière la curiosité perçait aussi un peu de crainte. Et si le géant endormi allait un jour dépasser l'Occident ? Puisque les systèmes convergeaient, tout devenait possible.

A dire vrai le pavillon soviétique n'avait rien de rassurant. Partout, des soldats en uniforme officiaient avec une maladresse évidente. Ils étaient plus habitués à aboyer qu'à sourire et à accueillir des visiteurs. Les « hôtesses » étaient des femmes robustes, sans charme. Tout ce petit monde s'activait par paires, comme si la tâche principale de chacun consistait à empêcher la défection de l'autre. Nous étions aux antipodes de la *Glasnost* d'aujourd'hui. Il s'agissait d'impressionner, d'effrayer, de dissuader. Trois ans après la chute de Khrouchtchev, l'ombre de sa chaussure planait encore sur ces lieux. Les affiches qui exhortaient les visiteurs à obéir aux ordres des gardes paraissaient trop vraies. Les visiteurs ressortaient d'ailleurs avec un certain soulagement : après le silence d'une visite austère revenaient les cris, les gesticulations. Le frisson d'une pause totalitaire était fini, on retrouvait la liberté.

Le pont qui reliait les pavillons des deux Grands relevait donc du vœu pieux. Mais tout le monde s'accrochait au symbole. On aurait même cru qu'en le construisant le Canada avait fait un grand pas pour favoriser la détente. La réalité et l'illusion fusionnaient dans l'île magique de l'exposition internationale. C'était particulièrement vrai du pavillon tchèque, l'un des plus populaires parce qu'il abritait, derrière sa façade austère et banale, un des plus beaux spectacles de l'exposition, la Lanterne Magique de Prague. A toutes les heures du jour et du soir, la queue s'allongeait sous les yeux sévères et vides des gardes tchèques. Personne ne s'arrêtait devant les réussites scientifiques et technologiques dont s'enorgueillissait un régime aux allures modernes. La Lanterne Magique, au contraire, captivait pour sa poésie.

Un jour, le pavillon parut en grand remue-ménage. Novotni venait d'être déposé et une nouvelle équipe, autour de Dubcek, avait pris le pouvoir. Le dégel commençait et bientôt ce serait le Printemps de Prague. Le pavillon ferma quelques jours et lorsqu'il rouvrit, la Lanterne Magique paraissait plus féerique encore : les gardes étaient moins crispés, une foule d'exilés tchèques venait parler avec un personnel surpris et souriant. La Lanterne Magique semblait elle aussi, à sa mesure, dans l'ordre du symbolique, avoir fait céder la langue de bois des plans quinquennaux.

Le pavillon iranien, où éclataient les rêves de grandeur du Shah, bien dans l'esprit général de l'exposition, attirait lui aussi un monde fou. Au milieu des tapis, des tissus, des faïences, s'exprimait une volonté farouche de modernisation dont tout souci religieux était absent. Tout juste quelques calligraphies et quelques couvertures dorées du Coran étaient-elles présentées, à titre purement artistique. Les hôtesses, filles des nouvelles élites iraniennes, apportaient une touche finale de grâce à ce pavillon qui brillait par sa richesse et son raffinement.

Chacun des pays européens s'était attaché à donner une image de lui-même qui rompe avec les stéréotypes ordinaires. Le pavillon français tenait à la fois de la Maison de la Radio et de la future aérogare de Roissy. Les prototypes du Concorde régnaient sur une noria d'appareils électroménagers et de tableaux d'avant-garde. Nul stand de vins ou de fromages. Juste quelques parfums, qui rappelaient la tradition du luxe, et des restaurants, lieux de rendez-vous des visiteurs élégants. Les hôtesses, en tailleurs Chanel, donnaient l'image d'une France sûre d'elle-même, raffinée et un peu distante, très « chic ». L'ensemble aurait pu sortir d'un film de Jacques Tati.

L'Angleterre, à l'inverse, avait choisi de se montrer sous des traits humoristiques. Les *Horseguards* côtoyaient des effigies de *Brittania*, création de la nouvelle génération contestatrice. Le portrait de la Reine dominait de son classicisme l'entrée du pavillon, un bric-à-brac on ne peut plus éclectique et digne des Beatles, très à l'image de l'Angleterre des années soixante.

Rien, dans ces deux pavillons, ne rappelait le rôle joué par l'Angleterre et la France aux origines du Canada. Le pavillon canadien, quant à lui, n'avait pas grand intérêt. Sous l'œil endormi d'agents de la célèbre police montée, il regroupait un fouillis de fourrures, de mocassins indiens, de gravures de chasse. Ce pittoresque un peu convenu se voulait didactique : il ennuyait. De même pour les stands de la Communauté européenne où il n'était question que de raffineries, recherche atomique, de production industrielle et de subventions agricoles. Un labyrinthe technocratique fastidieux. Même pour moi, le rêve européen semblait bien anémique. L'heure était aux élans patriotiques à la de Gaulle, qui venait de prononcer son « Vive le Québec libre ! », ou bien au tiers-mondisme. L'Europe demeurait un idéal lointain, dépourvu encore de sens collectif. Sans véritable dimension culturelle, contestée par les différentes gauches, coincée entre les deux Grands, elle paraissait seulement une idée de technocrates. J'en souffrais, mais je sentais bien que les jeunes gens de mon âge n'étaient guère disposés à partager mon idéal, si mal représenté dans cette exposition.

De pavillon en pavillon, c'était un petit tour du monde qu'on pouvait faire, mais ce fut sans doute le pavillon italien, où j'étais hôtesse, qui m'apprit le plus. C'était sûrement le plus ambitieux dans sa volonté de rompre avec tous les stéréotypes. Là où l'on se serait attendu à une accumulation d'œuvres d'art, de gondoles, de bouteilles de Chianti ou de pizzas, on trouvait une création artistique sans compromission. Les immigrés italiens, d'ailleurs, s'en offusquèrent. Le clivage, caractéristique d'avant 1968, entre culture des élites et culture de masse était patent. Le bâtiment était conçu comme un parcours initiatique. Son énorme toit blanc était décoré de sculptures de Fontana et de Munari et, dès l'entrée, sur une musique de Luigi Nono, plusieurs projecteurs renvoyaient sur les murs des images conçues par un peintre au style proche de Jackson Pollock, Emilio Vedova. Leurs couleurs contrastées et leurs mouvements violents étaient censés représenter l'esprit de résistance, en souvenir de la lutte contre le fascisme. La foule des visiteurs était ébahie par cet avant-gardisme violent.

La deuxième salle évoquait l'homme dans son habitat. S'inspirant des cavernes préhistoriques, l'architecte avait conçu une maison de l'an 2000, où les éléments fonctionnels n'étaient que la prolongation de murs au contact rugueux. Dans les niches, clins d'œil ironiques, quelques copies de statuettes rappelaient la préhistoire. Plus loin, l'art du Moyen Age et de la Renaissance était évoqué par allusion. Le détail des mains d'un Christ de Mantegna, un triptyque de Fra Angelico et une des batailles de Paolo Uccello entouraient une copie du fameux Christ de Cimabue, détruit quelques mois plus tôt, en décembre 1966, pendant l'inondation de l'Arno à Florence. Des clous formaient le contour du corps et rappelaient le supplice subi par le Christ comme par l'œuvre. La seule concession à un goût plus populaire était une grande reproduction de la Vénus de Botticelli et, un peu plus loin, une référence aux films de Fellini. Pour le reste, les visiteurs qui n'étaient pas initiés à ces jeux intellectualistes en étaient réduits à patauger. A peine pouvait-ils se raccrocher aux robots, aux machines à calculer, aux Alfa Romeo, aux merveilles du design italien qui occupaient la troisième partie de l'exposition italienne. Décidément, il fallait enterrer l'idée d'une Italie rétrograde et retardée. Exténué, le touriste ordinaire repartait douché dans sa vision simpliste de l'Italie, mais sans rien d'autre à se mettre sous la dent que les signes d'une culture élitiste qui, la plupart du temps, lui échappait. Même le restaurant lui était inaccessible : exigu, très coûteux, ouvert seulement le soir, spécialisé dans la meilleure cuisine de l'Italie du Nord, il tournait résolument le dos aux badauds en quête de découvertes sans prétention.

J'étais la première aux Etats-Unis à exalter la culture italienne, son goût raffiné, la profondeur de ses œuvres contre l'image vulgaire d'une Italie de pizzas, de mafiosi et de gondoles. Mais pourquoi donc les créateurs du pavillon avaient-ils pris ce parti de lutter contre les stéréotypes en jouant la carte de l'hermétisme ? Pourquoi avaient-ils ainsi accentué le clivage entre la Culture, placée sur un piédestal qui la rendait inaccessible, et les masses, traitées comme du bétail ?

La vie quotidienne comme hôtesse du pavillon m'ouvrit les yeux sur ce contraste entre l'élite et le reste de la société, que mes séjours en Italie, trop empreints d'onirisme et de nostalgie, m'avaient, jusqu'alors, un peu voilé. Pendant les premières semaines de l'exposition, nous étions envahis de dignitaires italiens, qui venaient voir « leur » pavillon. Ambassadeurs, ministres plénipotentiaires, directeurs de la *Sovraintendenza delle Arti*, hommes politiques, tous étaient exigeants, jaloux des prérogatives des autres, distants et froids. Ils planaient au-dessus de nos têtes comme des êtres supérieurs qui ne daignaient même pas nous serrer la main. Je pouvais ainsi contempler l'Etat italien dans toute sa « splendeur » hautaine.

Ils laissaient derrière eux des délégués qui assuraient le suivi du pavillon, des fonctionnaires de haut calibre, pour qui ces mois passés au Canada étaient une manière de rompre avec leur routine. Ces bureaucrates romains se sentaient tiraillés entre les exigences du « haut » et les besoins de la « base ». Leur vision de l'Etat était totalement cynique, et ils décrivaient volontiers à qui voulait les entendre tous les privilèges que les « grands » s'arrogeaient, moyennant de sérieuses entorses à la loi. Mais, dès qu'un « grand » apparaissait, ils se métamorphosaient en humbles serviteurs discrets et obséquieux. Leur esprit critique s'évaporait et ils s'adressaient à nous d'un ton autoritaire et distant, pour bien montrer le fossé qui les séparait de nous, les humbles *miles* du pavillon. Quelques minutes après, libérés de leurs suzerains, ils redevenaient aussi chaleureux que d'habitude.

A dix-huit ans, on est peu porté à estimer ces formes d'opportunisme et la vision du monde résignée qu'elles supposent. Aussi était-ce avec le « petit peuple » du pavillon que j'avais les relations les plus agréables, les plus chaleureuses. Il y avait d'abord les *carabinieri*. Choisis parmi les meilleurs et les plus beaux, ils faisaient la joie des visiteurs qui ne se lassaient pas de les photographier et s'émerveillaient de leur haute stature, comme si tous les Italiens devaient être petits. Venus pour la plupart de toutes petites villes de province ou des campagnes pauvres, ils étaient fiers d'appartenir à un corps d'élite et extraordinairement enthousiastes. Ils découvraient Montréal avec passion, voyageaient dès qu'ils avaient deux ou trois jours de libre et s'enchantaient des beautés du Nouveau Monde. Pas un pourtant ne décida d'émigrer pour s'établir au Canada. Passé le ravissement du voyage, ils préféraient la douceur de leur pays.

La foule des techniciens, prêtés par FIAT ou par Olivetti, venaient tous de Turin. Ils contemplaient avec une certaine distance et un peu de mépris les bureaucrates romains qui les encadraient mais dont ils ne dépendaient pas. Ceux qui venaient plutôt du Sud acceptaient l'autorité romaine avec une résignation indifférente. Dans les deux cas, j'avais affaire à des employés qui étaient les premiers bénéficiaires du miracle économique italien et qui, en 1967, paraissaient encore heureux d'une société en pleine croissance. La bonhomie régnait dans les couches « inférieures ». Dans le tourbillon de 1968, ces différentes composantes de la société italienne, rassemblées un temps sous le toit du pavillon italien, allaient se déchirer : les *carabinieri* contre les ouvriers et les techniciens en grève illimitée, les petits fonctionnaires contre les gros, les employés contre leurs chefs, « le peuple » contre « le pouvoir ». Sans le savoir, je vivais à Montréal les derniers moments de paix sociale.

Mais les premiers signes avant-coureurs de la contestation intellectuelle de gauche apparaissaient déjà. Je m'étais liée avec le peintre Emilio Vedova et sa femme Bianca, qui venaient tous les jours au pavillon pour surveiller le réglage du spectacle visuel. Vedova devait par la suite incarner l'esprit de 68 à l'*Accademia* de Venise. Au cours de nos conversations, mes premières à propos de politique en dehors du cercle familial, j'étais frappée par l'anti-américanisme viscéral du couple. Comme tant d'autres membres de la gauche européenne, ils semblaient détester les Etats-Unis, qu'ils jugeaient incultes et durs. Pour d'obscures raisons, ils appréciaient au contraire le Canada. Ils s'enthousiasmaient pour la révolution cubaine. Sans contester leurs positions de gauche, je m'obstinais à leur expliquer qu'aux Etats-Unis, de puissantes forces œuvraient pour le changement. Tout le monde n'était pas impérialiste. Ils m'écoutaient à peine, indifférents à ce que pouvait représenter la lutte pour les droits civiques. Les Etats-Unis leur étaient antipathiques. Pour eux, aimer les Etats-Unis n'était pas « de gauche ». Leur jugement était bien arrêté. J'étais d'autant plus mal à l'aise que je saisissais mal la signification de leur engagement « révolutionnaire » alors que je les voyais évoluer dans des milieux très mondains et très protégés. En fait, ils étaient très représentatifs de ce mélange de snobisme intellectuel et de militantisme idéologique qui allait caractériser la gauche européenne jusqu'aux années 70.

Au total, entre ce radicalisme chic et l'arrogance des bureaucrates, mon rêve italien s'assombrissait. J'avais opté pour la nationalité américaine et, à la fin de l'été 1967, je pris congé du Canada et du pavillon italien pour gagner l'Université de Harvard. Du haut de mes dix-huit ans tout neufs, j'allais entamer une nouvelle page de ma vie, une page que pour la première fois j'avais choisie toute seule d'écrire. L'intermezzo canadien s'achevait.

HARVARD

En septembre 1967, je rentrai en Amérique comme étudiante de deuxième année à l'Université de Harvard. Dans la plus pure tradition américaine, mes parents m'accompagnèrent pour cette étape symbolique qui menait au seuil de l'âge adulte. Eux aussi faisaient leur rentrée, mon père au quartier général d'Air France à New York et ma mère à l'Université noire d'Atlanta, en attendant de trouver un poste à New York. Après le froid physique et métaphysique canadien, l'Amérique nous accueillait de nouveau. Nous étions chez nous. Mais ce chez nous, entre Atlanta, Cambridge et New York, préfigurait l'éclatement politique et social que toute l'Amérique allait vivre en cette fin des années soixante. En quittant un Canada resté en marge de l'histoire, nous retrouvions la bourrasque américaine pour l'un des chapitres les plus bouleversants de son histoire.

J'abordai l'univers feutré de Harvard au moment même où celui-ci s'apprêtait à subir ses plus fortes secousses, à trembler au rythme des explosions de l'Amérique tout entière. Le vaisseau amiral tanguait et les élites fondatrices du pays, qui continuaient de tenir la barre, se trouvaient désormais nez à nez avec des étudiants noirs enflammés, des radicaux enragés, des réformateurs angoissés, des traditionalistes assiégés, des femmes révoltées, tandis que les « experts » poursuivaient imperturbablement leur valse vers les centres de décision de Washington. Continent submergé par une crue exceptionnelle, Harvard à la fin des années soixante paraissait avoir perdu son relief propre pour épouser les contours flous d'une Amérique en crise. Cette forteresse WASP, où avait jadis régné et où régnerait à nouveau après le déluge un consensus élitiste et raffiné, était devenue un véritable kaléidoscope humain, le lieu d'expression de la cacophonie politique qui gagnait le pays tout entier. J'arrivai en 1967, au moment de la première grande marche pacifiste sur le Pentagone. Je quittai l'Université au printemps 1970, au milieu du tumulte qu'avait occasionné l'invasion du Cambodge. Symbole de ces trois années tourmentées, pour la première fois dans toute l'histoire de l'Université, la cérémonie où je reçus mon diplôme fut on ne peut plus chaotique. Entre le lierre ancestral et les poings levés, j'allais vivre les années charnière d'une Amérique enragée.

Le mythe

Harvard était bien plus qu'une université. C'était à la fois un mythe à la renommée mondiale, un des piliers fondateurs de l'identité américaine, une oasis repliée sur elle-même et sur ses traditions. Son rayonnement était universel. Même les membres de ma famille napolitaine reconnaissaient les syllabes magiques, qu'ils prononçaient « Harward », convaincus que le « v » n'était pas une consonne américaine. Partout on savait que Harvard incarnait le sommet de l'enseignement américain, la pépinière des Présidents américains, le symbole de l'élitisme d'une démocratie nantie, le dépositaire d'une culture occidentale dorlotée dans des bibliothèques sublimes, en quelque sorte l'apogée intellectuel du rêve américain.

Si Harvard était connu dans le monde entier pour ses diplômes supérieurs, ses grandes facultés de médecine, sa *business school*, ses études spécialisées approfondies, son pouvoir évocateur aux Etats-Unis tenait plus particulièrement au Harvard College qui décernait le diplôme d'*undergraduate* et qui était, en quelque sorte, le sérail des élites. Harvard University et Harvard College cohabitaient ainsi dans le même espace symbolique mais pour deux publics totalement différents. En dix ans, de 1967 à 1977, je fis l'expérience des deux. Mais le premier fut de loin le plus intéressant et le plus exotique.

Pourtant, j'arrivai à Harvard prisonnière d'un malentendu : je poursuivais l'image européenne de prestige intellectuel de l'Université, mais j'avais seulement l'âge du collège. Je pensais entrer dans un panthéon académique. Je découvris une version plus raffinée de Westminster. Je croyais avoir trouvé une oasis culturelle qui m'aurait rapprochée de mes racines européennes. Je m'exilais plutôt dans le creuset du monde WASP. Je me réjouissais d'avoir atteint le sommet d'une pyramide méritocratique rayonnant de valeurs universelles. Ce n'était qu'un temple voué au culte des traditions et des habitudes. J'abordais Harvard à l'envers, avec une vision européenne, là où triomphait l'esprit américain le plus pur.

Formée à l'école du Sud, je n'étais guère préparée à aborder cette terra incognita *yankee*. D'Atlanta, on considérait Harvard comme le bastion du monde dont les fils avaient été les ennemis de la jeunesse confédérée pendant la guerre civile. Cent ans après, Harvard incarnait encore la puissance financière et intellectuelle du Nord, toujours « impérialiste » aux yeux des élites sudistes. Les meilleurs élèves de Westminster suivaient encore les pas de leurs pères et allaient plutôt dans les grandes universités du Sud, comme Duke, l'Université de Caroline du Nord ou l'Université de Virginie. Rien dans cette culture sudiste n'indiquait le chemin de Cambridge.

Les liens des jeunes filles du Sud avec Harvard étaient encore plus problématiques. L'Université était liée au collège pour jeunes filles de Radcliffe. Conçue à la fin du XIXe siècle comme une annexe féminine de Harvard, où les professeurs pouvaient répéter leurs cours devant des jeunes filles de bonne famille, Radcliffe était devenue au XXe siècle une partie intégrante de l'Université. Après la Deuxième Guerre mondiale, les filles suivaient les mêmes cours que les garçons et, à partir de 1962, elles purent obtenir un diplôme de Harvard. Mais à la fin des années soixante, la sélection était encore séparée. Harvard College demeurait *strictu sensu* un collège masculin doté d'une annexe féminine. Aucune représentante de Radcliffe n'était jamais venue à Westminster les jours de *college orientation*. Toute jeune fille désireuse de s'informer devait franchir le Rubicon sexuel pour s'adresser au représentant de Harvard à l'école des garçons.

En fait, ce geste était à peine imaginable dans la culture sudiste. Les parents envoyaient leurs filles dans des collèges exclusivement féminins, à mi-chemin entre des universités et des *finishing schools*, qui étaient censés préserver leur virginité en attendant le mariage. Au contraire, si Harvard avait la réputation d'être trop yankee,

Radcliffe passait pour un foyer de libre pensée et d'anticonformisme, où la promiscuité intellectuelle avec les garçons menaçait de devenir sexuelle. C'était vraiment le dernier endroit où pouvait paraître une *Southern belle*. Sans doute mon désir de rompre avec les catégories mentales de Westminster a-t-il influencé ma décision d'aller à Harvard.

Je débarquai ainsi par un jour de printemps 1967 accompagnée par mon père pour l'entretien avec les dirigeants de l'*Admissions Office* de Radcliffe. De Harvard, au-delà de son nom prestigieux, je ne connaissais rien et j'étais encore plus ignorante de la Nouvelle-Angleterre, simple lieu littéraire pour moi où l'on croisait pêle-mêle Moby Dick, les filles du Docteur March, Hester, la malheureuse porteuse de la *Lettre écarlate*, sous le regard austère et effrayant de la *House of the Seven Gables*. Kennedy avait donné ses lettres de noblesse à Cape Cod, mais tous ces morceaux de passé ne suffisaient pas à me donner une véritable compréhension du lieu où je m'apprêtais à entrer.

Mes premiers aperçus du monde qui entourait Harvard furent décevants. Boston était en 1967 à mille lieues de la métropole étincelante qu'elle est devenue avec le renouveau américain des années quatre-vingt. C'était alors une ville fatiguée, au visage balafré par les autoroutes qui suffoquaient son horizon. Elle incarnait la déchéance de la puissance industrielle et maritime d'avant-guerre et dans son port moribond somnolait le USS Constitution, bateau amiral de la première flotte américaine et vainqueur des grandes batailles contre les Anglais au début du XIXe siècle. Les vieux quartiers élégants, où avaient vécu les personnages des romans de Henry James, étaient abandonnés. Seul le *red light district,* où les marins se saoulaient et cherchaient leur plaisir pendant leurs permissions, vibrait encore. Ce quartier mal famé avait étendu sa lèpre presque jusqu'aux portes du Boston Common, haut lieu de l'histoire américaine, et juste derrière les hôtels élégants, s'étalait un dédale de *sex shops*. On trouvait encore quelques grands magasins, mais de plus en plus entourés de petites boutiques poussiéreuses, reflets de l'exode des classes moyennes vers les banlieues. Seules les masses irlandaises, affichant une pauvreté sans limite et parlant l'anglais avec un accent ingrat, demeuraient là. Le rêve américain paraissait gagné par la gangrène.

J'avais cru que Harvard était le joyau de Boston, ville raffinée et cultivée, traduction américaine des grandes villes européennes.

La réalité était tout autre, comme je pus le constater dès franchie la porte de l'hôtel où je logeais avec mon père. A la station la plus proche, une foule compacte courait dans tous les sens pour attraper des métros qui étaient en réalité des trams souterrains aux roues grinçantes. Au guichet, un Irlandais à la bouche édentée nous indiqua d'un vague geste la direction pour « Haavahd ». Les vendeurs de boissons et de sandwiches ressemblaient à des bagnards expiant des crimes majeurs tant l'atmosphère était insupportable. Et pourtant ils arboraient un léger sourire et bavardaient entre eux dans le vacarme.

Mon cœur palpitait lorsque le métro nous fit traverser la rivière Charles. Nous étions à quelques minutes de Harvard et de l'entretien qui pouvait déterminer mon entrée à l'université. Je me sentais vulnérable et complexée : les autres étudiants étaient certainement plus doués que moi. C'étaient les meilleurs de l'Amérique. Je dévisageais les autres passagers pour reconnaître les « harvardiens ». Mais je ne les distinguais pas dans cette population en jeans et au regard absent. C'était un matin de printemps, les étudiants étaient sans doute déjà en cours. Je découvrais ces stations de métro qui allaient rythmer mes déplacements. A celle de Charles Street, près de l'énorme hôpital du Massachusetts, descendirent les infirmières dans leurs uniformes blancs et les noirs qui habitaient les maisons délabrées de Beacon Hill qui ont aujourd'hui retrouvé leur ancienne dignité. De l'autre côté de la rivière, à Kendall, au cœur du Massachusetts Institute of Technology, la plus prestigieuse université technologique des Etats-Unis, ce fut au tour de quelques jeunes hommes munis de leur règle à calculer. Juste après, à la station de Central Square, d'énormes matrones noires entourées d'enfants ainsi que des jeunes noirs à l'inévitable béret sortirent dans le *no man's land* de pauvreté et de petits commerces qui jadis séparait les deux géants universitaires. Finalement, dans les grincements et les coups de frein, la rame s'arrêta à Harvard Square. Nous étions arrivés. Une foule disparate courut attraper des autobus qui les amèneraient dans des banlieues plus lointaines. « Harvard », pour les masses bostoniennes, était avant tout un nœud dans le réseau des transports publics.

Dans le *Square*, je guettais les gens de mon âge, convaincue qu'ils devaient rayonner de toutes leurs vertus intellectuelles. Mais je n'apercevais que des jeunes garçons suspendus aux grilles qui entouraient les bâtiments de briques rouges. Ce n'étaient encore que des banlieusards attendant l'autobus. Dans Garden Street, la rue principale, le paysage se métamorphosa. Je découvris les premières librairies, les premiers « harvardiens », marchant avec nonchalance, leur *Harvard bag* de toile verte jeté sur l'épaule. Ils bavardaient entre eux avec bonhomie et rayonnaient d'autosatisfaction. Je contemplais avec envie ces membres d'une race à part.

Sur le *Radcliffe Yard*, se trouvaient l'*Admissions Office*, la piscine, des immeubles administratifs et un petit théâtre, qui tous appartenaient au collège de filles. Une dame extrêmement courtoise m'interrogea sur mes études, mes origines, mes projets. Elle me congédia d'un sourire sibyllin : je recevrais la réponse de l'Université dans moins d'un mois. Une charmante étudiante arriva pour nous proposer de visiter Radcliffe. Les rues étaient ombragées et les trottoirs de briques rouges boursouflés par le travail des racines. Sur les amples pelouses, je pouvais apercevoir des étudiantes qui jouaient au volley-ball, d'autres qui lisaient assises dans l'herbe. Notre guide nous montra les dortoirs, les salles où se prenaient les repas, une bibliothèque resplendissante de nouveauté et puis nous ramena tout aussi gentiment au *Radcliffe Yard*. Aucune allusion n'avait été faite aux études durant cette visite « féminine ». On ne nous avait pas montré la moindre salle de cours, fût-elle vide. Je demandai timidement à voir les étudiants de Harvard. Notre guide désigna un lointain horizon d'arbres. Cette partie de la visite ne lui incombait pas. J'étais furieuse et je n'avais aucune envie de m'attarder dans une ambiance de pensionnat de jeunes filles rangées. Il se faisait tard, nous avions un avion à prendre, pensant que je ne serais peut-être pas acceptée par une institution aussi excentrique, je décidai de quitter ces lieux sans même avoir entrevu *Harvard Yard*.

Quand, six mois après, mes parents me laissèrent sur les marches d'un dortoir du *Radcliffe Quadrangle*, je n'avais toujours pas vu l'auguste Université qui s'apprêtait à m'accueillir. Mes sentiments restaient contradictoires. J'étais fière d'être membre, mais effrayée par la réputation académique de cette institution et choquée du statut inférieur qu'elle accordait aux femmes. Ignorante des mœurs de cet univers clos, je souhaitais par-dessus tout lui appartenir, mais conservais à son égard le regard détaché que mon expérience enfantine m'avait communiqué. A la porte de ce temple élitiste de l'Amérique, mes sentiments étaient d'autant plus confus que j'étais directement admise en deuxième année, alors que la première était capitale pour toute intégration harmonieuse. Une fois de plus, des années de décalage s'annonçaient.

Je découvris le monde d'Harvard par un beau matin d'automne, le jour des inscriptions dans l'immeuble le plus symbolique de tout le campus, le *Memorial Hall*, construit à la mémoire des fils de Harvard morts pour la cause *yankee* pendant la guerre civile. Les étudiants de première année, les *freshmen*, ainsi que les nouveaux étudiants étaient accueillis par des membres de l'administration qui leur remettaient, contre preuve de paiement des droits d'inscription, la précieuse carte d'identité universitaire bordeaux et blanc. Ornée du blason de Harvard, cette carte attestait une forme de noblesse de l'esprit. Il suffisait de la montrer en dehors des limites de l'Université pour s'assurer une considération certaine en avion, à bord des autobus Greyhound, dans les restaurants. Elle permettait aussi à tous ceux qui la possédaient, heureux membres d'une secte exclusive et privilégiée, de se reconnaître partout.

L'administration faisait également l'offrande d'un épais programme de cours grâce auquel nous pouvions composer notre menu intellectuel de l'année. C'était un catalogue de rêves, une invitation au voyage à travers les méandres de la connaissance, que l'on nous laissait savourer plusieurs jours avant d'arrêter notre choix, des jours de flânerie intellectuelle où l'on pouvait aller écouter les cours sans s'être vraiment engagé à les suivre jusqu'au bout.

Munie de ces deux précieux viatiques, je pris le chemin vers *Harvard Yard*, où, entourée d'autres étudiantes euphoriques, je découvris enfin le cœur somptueux de l'Université, le clocher du Memorial Church, les nobles marches qui menaient à Widener, la plus grande bibliothèque universitaire du monde. Tout autour, de jolis immeubles de briques rouges aux proportions coloniales et de petites maisons de bois peint attestaient de l'âge vénérable de la première université américaine fondée, en 1636, bien avant beaucoup d'universités européennes. Les sentiers harmonieux sur lesquels des arbres gigantesques jetaient leur ombre avaient été empruntés par les étudiants avant même que les Etats-Unis ne fussent imaginés. Je compris que je venais d'adhérer à une tradition multiséculaire, régie par ses propres lois, imprégnée de ses propres lettres de noblesse. Je foulais un passé digne des meilleures heures du Siècle des Lumières, mais aussi un passé religieux admirablement incarné par la vieille église de bois gris qui se dressait à deux pas de Harvard Square, entourée de ses pierres tombales qui s'inclinaient dans la douceur de l'herbe du cimetière.

Comment ne pas s'extasier à la bibliothèque, devant ces quatre millions de livres qui attendaient silencieusement sur leurs rayons, sans le moindre gardien pour s'interposer ? Des étudiants en herbe comme nous avaient donc accès directement aux gloires de la culture normalement réservées en Europe aux grands experts. Dans la bibliothèque des manuscrits nous pouvions ainsi, crayon à la main, toucher de nos propres mains tel texte d'Averroès ou tel traité rare de la Renaissance. De surcroît, chaque période de l'histoire était représentée dans les musées de l'Université, qui amoncelaient triptyques du *Trecento* italien, bustes grecs, dessins de la Renaissance et petits tableaux impressionnistes ou expressionnistes. Le savoir millénaire s'étalait et nous n'avions qu'à choisir.

Eblouie par ces fastes, je sentais confusément que cette culture servie à la louche, importée, encadrée, était ici conservée comme un joyau sous verre. Coupée de sa vie créatrice, elle planait au-dessus de nos têtes, comme le symbole élégant d'un monde humaniste lointain. Ces fragments d'Europe, achetés pour la plupart par des membres de l'élite qui les avaient légués à l'université, leur appartenaient à plus d'un titre en vertu des multiples suicides du vieux continent. Mais ces œuvres d'art, gardées précieusement par des lointains cousins aux Etats-Unis, faisaient aussi penser aux girafes, aux zèbres et aux éléphants des anciennes collections royales : c'étaient des objets d'émerveillement venus d'ailleurs.

En fait, les joyaux véritables de la culture harvardienne n'étaient pas les livres ou les objets précieux que l'Université avait amassés depuis des siècles, mais les bâtiments qui les contenaient. Offertes par des richissimes *alumni*, ces constructions luxueuses formaient la parfaite incarnation de la notion, essentielle dans l'éthique protestante, de responsabilité communautaire. Elles étaient l'équivalent moderne des églises offertes jadis par les princes catholiques. Les généreux donateurs s'assuraient ainsi de passer à la postérité, puisque les édifices portaient leur nom et puisque leur portrait trônait en bonne place dans le vestibule. C'est ainsi que tout étudiant et tout professeur, une fois franchies les marches qui menaient à la grande bibliothèque, se retrouvait nez à nez avec l'énorme portrait du jeune Harry Elkins Widener, élève de Harvard mort dans le naufrage du *Titanic*. Ses parents avaient fait construire à sa mémoire l'imposante *Library* qui est depuis le poumon intellectuel de l'Université. Dans une salle qui ressemblait à une chapelle, ils avaient fait disposer sur plusieurs rayons la collection de livres qui avaient appartenu au jeune Widener. Ainsi le nom d'une famille qui aurait pu briller seulement dans le petit monde des affaires et de la finance se trouva apposé sur chaque ouvrage d'une des plus augustes bibliothèques du monde. Mais il ne fallait pas voir dans ce philanthropisme personnalisé une marque de mégalomanie. Les donateurs ainsi que les bénéficiaires percevaient ces offrandes fabuleuses comme un juste retour des choses entre le bien-être de l'individu et celui de la communauté.

Widener n'était ainsi que l'exemple le plus fabuleux d'une pratique culturelle courante qui a « habillé » Harvard et toutes les autres universités américaines de bâtiments nobles et fonctionnels, et qui mêlait l'individualisme triomphant et le service communautaire. Ce trait propre à l'éthique protestante marquait l'univers quotidien des étudiants. Les *Houses* qui les accueillaient avaient été construites dans les années vingt et trente par de généreux *alumni*. Ils voulaient ainsi reconstituer l'ambiance des collèges d'Oxford et de Cambridge et minimiser les écarts sociaux en logeant tous les étudiants à la même enseigne. Ces *agora* modernes étaient censées cristalliser la vie intellectuelle, culturelle, sociale et sportive des étudiants et leur apprendre à vivre ensemble. Symbole sublime du *fair play* des *alumni* qui avaient financé les *Houses* de Harvard, ils avaient fait construire les mêmes bâtiments à Yale, la grande université rivale, afin que ces deux pépinières partageassent la même philosophie.

La vie intellectuelle, qui donnait son prestige à l'Université, n'était en effet qu'un des piliers de Harvard. Les dépositaires de la tradition, les doyens, les maîtres des *Houses* souhaitaient offrir aux *undergraduates*, les véritables enfants chéris de l'université, la vitrine la plus complète de toutes les vocations et carrières qui pourraient un jour s'ouvrir à eux. Pour créer cette représentation anticipée de la vie adulte, Harvard recrutait ses élèves non seulement parmi les plus brillants intellectuellement, mais aussi parmi tous ceux qui possédaient d'autres talents, musicaux, artistiques, athlétiques, ou qui représentaient des univers sociaux très différents. Dans ce contexte, les « fils à papa » de Nouvelle-Angleterre se mêlaient aux Noirs les plus démunis, aux juifs brillants — auxquels viennent aujourd'hui se frotter les petits génies originaires d'Asie. Cette population composite jouait un rôle capital dans la constitution de l'identité harvardienne. La prouesse académique n'était qu'un élément parmi d'autres de cette mosaïque assez semblable à celle de Westminster, à cette différence près qu'à Harvard les juifs avaient déjà pris place au banquet WASP, tandis que les Noirs s'apprêtaient à se mettre à table.

Les traditions et les coutumes propres à l'Université étaient donc capitales pour brasser cette faune hétéroclite. Il fallait en effet donner un esprit de corps à des étudiants aux affinités et intérêts très différents : il leur servirait ensuite à préserver une empreinte « harvardienne » dans leur future vie d'avocats, de médecins, de banquiers, de journalistes, de professeurs, de chercheurs, d'hommes d'affaires, d'artistes ou d'écrivains. Cela commençait le plus souvent avec l'achat au Coop, la coopérative universitaire devenue un magasin cossu, des premiers T-shirts au nom de Harvard étalé en grandes lettres bordeaux. Cette griffe petit à petit envahissait tout : les cahiers, le sac à dos, les verres, les stylos, les écharpes, les cravates et les vestes, même les caleçons. Au sommet de cette pyramide, on trouvait les *Harvard chairs*, ces gros fauteuils de bois noir si chers, qui décoraient, à côté du diplôme encadré, les bureaux élégants des *alumni*.

Devenus importants, ceux-ci se souviendraient de leur *alma mater* et, selon leurs moyens, feraient don d'un simple chèque ou d'une chaire universitaire, d'un bâtiment. La convergence entre ambitions individualistes et contribution au bien-être de la communauté était ainsi la leçon la plus importante que Harvard cherchait à enseigner à ses *undergraduates*. C'était sans doute aussi la clé de son succès durable.

Il s'ensuivait un respect presque sacré pour les choix des généreux donateurs. La vie de l'Université tout entière en portait les traces. Lorsque à côté de Widener on ajouta une bibliothèque de livres usuels pour le travail quotidien des étudiants, il fut impossible de relier les deux bâtiments. La dotation de Widener stipulait en effet que la bibliothèque devait rester telle quelle sans le moindre ajout. Il fallut toute l'ingéniosité des avocats américains pour permettre qu'un couloir aérien partant d'une fenêtre puisse unir les deux bâtiments sans porter atteinte aux murs de Widener. Il ne serait venu à l'esprit de personne de contester la dotation ou les dernières volontés de généreux bienfaiteurs au nom d'une exigence d'intérêt collectif. L'individu étant à la base de l'ordre social, ses volontés demeuraient souveraines.

Persuadée, en bonne jacobine, que l'intérêt public devait primer, je restais perplexe devant cette philosophie individualiste appliquée au bien-être collectif. Plus profondément encore, j'étais choquée par tout ce qui faisait de Harvard une sorte de « club privé » et par les grandes fortunes qui en assuraient la prospérité. Ces mœurs, ces richesses me paraissaient en contradiction avec la nature même de l'apprentissage de la connaissance. En fait, je préférais tourner mon regard vers les professeurs et les livres... et fermer les yeux devant le corporatisme et les traditions élitistes sans lesquels sans doute le confort intellectuel de l'Université aurait été impossible.

Néanmoins, il était difficile pour une jeune fille d'adopter cette attitude. Les traditions pesaient très lourd dans la vie quotidienne des étudiantes, toujours citoyennes de deuxième zone avant les grandes réformes des années soixante-dix. Dans les plus petits détails comme dans ses symboles les plus frappants, l'égalité des sexes restait durant mes années d'études un principe étranger à l'esprit de Harvard. Un dédale de règlements, de volontés testamentaires et de coutumes gouvernait les liens byzantins de Harvard College et de Radcliffe College. Filles et garçons suivaient les mêmes cours, passaient les mêmes examens et recevaient le même diplôme, mais continuaient à vivre dans deux univers très distincts. Radcliffe, fidèle reflet des valeurs les plus traditionnelles de la société américaine, était censé éduquer les jeunes filles et faire d'elles des femmes cultivées, de bonnes épouses et de bonnes mères d'harvardiens. Il importait de former des jeunes femmes indépendantes d'esprit et non indépendantes tout court. En effet, dans la société WASP traditionnelle, les femmes avaient une responsabilité de mère, mais pouvaient aussi être actives dans des œuvres charitables et dans le *community service*. C'était là leur domaine réservé et il n'était pas question pour elles de pénétrer dans les bastions masculins des professions libérales. Tout au plus pouvaient-elles enseigner ou poursuivre certaines carrières « féminines » s'il leur fallait absolument travailler. Mais le droit et la médecine, par exemple, leur étaient quasiment interdits : c'étaient des disciplines trop exigeantes pour des femmes et difficiles à concilier avec les contraintes de la vie familiale. Les quelques rares femmes qui choisissaient ce genre de carrière optaient par là même pour le célibat, pour une « vocation » où la science remplaçait la religion.

En 1967, ces présupposés culturels influençaient encore les mentalités. Mais ils commençaient à perdre leur vigueur. Ma promotion fut la première à envoyer des contingents importants de jeunes filles dans les facultés de médecine et de droit, qui venaient de proclamer leur volonté de s'ouvrir aux femmes. Mais les habitudes pesaient encore sur mes camarades et je ne cessais de leur répéter qu'en Europe, depuis des lustres, des femmes devenaient avocates ou médecins précisément parce que ces professions libérales leur laissaient des horaires flexibles. On m'écoutait avec intérêt mais aussi avec incrédulité. Comment l'Europe pouvait-elle faire des choses mieux que les Etats-Unis ?

A vrai dire, je trouvais la division entre Radcliffe et Harvard totalement absurde. Je ne comprenais pas pourquoi l'Université choisissait mille deux cents garçons et seulement quatre cents filles chaque année. C'était flatteur pour les filles qui étaient admises, mais c'était foncièrement injuste. Pour moi, les meilleurs, qu'ils soient filles ou garçons, méritaient d'entrer à Harvard. Mais tout le monde à l'Université paraissait se plaire dans le statu quo. Mes camarades filles, en particulier, préféraient appartenir à Radcliffe plutôt que de risquer perdre leur identité dans l'océan de Harvard. Elles se donnaient l'illusion de sauvegarder ainsi un petit monde où elles étaient entre elles et où elles reconstituaient l'équivalent proprement féminin de l'esprit de corps harvardien. Tous deux restaient dans la ligne de la culture anglaise, où la liberté n'a de sens que dans le cadre d'un système fondé sur les distinctions entre groupes et castes.

Cette inégalité sexuelle, je la détestais d'autant plus qu'elle se manifestait de manière écrasante dans la distribution des bourses, des prix et des honneurs que des générations de bienfaiteurs avaient institués pour les étudiants de Harvard College. Ces récompenses n'étaient pas accessibles aux étudiantes puisqu'elles n'étaient pas juridiquement membres de Harvard College. Certaines dataient d'avant Radcliffe, mais d'autres étaient dues à des donateurs qui avaient explicitement précisé qu'elles étaient réservées aux garçons. C'était le cas de la prestigieuse bourse Rhodes, qui permettait d'aller à Oxford. Cecil Rhodes, le « père » de la Rhodésie, était un misogyne notoire. Lui aussi avait fait en sorte que les étudiantes de Radcliffe restent dans leur monde « à part ». Les officiels de l'Université trouvaient tout cela très normal, même leurs collègues femmes, qui avaient tout intérêt à garder l'identité séparée de Radcliffe pour préserver leur propre emploi. A leurs yeux, ce système était le produit d'une lente évolution organique qu'il ne fallait en rien modifier par des décrets venus d'en haut. Et puis, disait-on, Radcliffe bénéficiait aussi de quantité de « privilèges » réservés aux filles. Nous étions en plein droit coutumier, où des différences parfois absurdes étaient tolérées, approuvées et respectées au nom de la sacro-sainte « tradition », sans que la moindre norme ne vienne déranger le précieux équilibre.

Nous avions donc une bonne vingtaine de minutes de marche pour nous rendre à nos cours, tandis que les garçons, logés dans les plus beaux dortoirs, tout près du fleuve, étaient à deux pas de toutes les activités. Plus important encore, on ne nous considérait pas comme promises à un avenir intellectuel. Les mémoires de licence des étudiants étaient répertoriés dans l'énorme fichier de Widener à côté des chefs-d'œuvre de l'humanité. Ainsi, il n'était pas rare, lorsqu'on cherchait les œuvres d'un grand intellectuel ou d'un scientifique, de tomber sur sa thèse de jeunesse. Les thèses des filles, elles, étaient classées dans les archives de la bibliothèque de Radcliffe, où personne n'allait jamais. Sans doute pensait-on que leur carrière s'achevait par ce qui était, pour les garçons, comme une première esquisse de leur œuvre future. Même inégalité criante dans les prix décernés. Reçue première pour mon B.A. d'histoire, j'eus droit à un chèque de vingt-cinq dollars, tandis que le meilleur garçon, pourtant moins bien noté, en reçut mille. Aux garçons, on remettait un « vrai » prix, aux filles un symbole au rabais pour une performance qui n'était de toute façon pas « sérieuse ». Telles étaient les joies ambiguës du *separate but equal*, système qui régissait déjà la vie des Noirs avant la lutte pour les droits civils. Cette injustice ne choquait pas les autres étudiantes, qui raisonnaient en termes d'appartenance, en fonction des *rights and prerogatives* des corps constitués. Ces petits symboles quotidiens mettaient en scène, sans que j'en aie conscience, l'antinomie classique entre le droit coutumier et le droit normatif. A travers mes réactions spontanées, mon agacement, je me découvrais vraie fille du droit romain.

Cette inégalité se retrouvait dans le système des *Houses*. Chaque *House*, où logeaient les *upperclassmen*, les étudiants des trois dernières années du B.A., était un monde en soi. Dirigées par de grands professeurs qui résidaient là avec leur famille, elles offraient aux étudiants la possibilité de rencontrer de manière informelle le corps enseignant. Les jeunes professeurs et les *graduate students* qui terminaient leurs doctorats participaient en tant que *fellows* à la vie des maisons. Ils prenaient là leurs repas, animaient des soirées de discussion, assistaient religieusement aux *sherry hours* offerts par le *Master,* une ou deux fois par mois. Ces *cocktails,* où n'était servi que du sherry blanc ou rouge, constituaient un moment sacré des mondanités harvardiennes. Autour du *Master,* on trouvait les *Senior associates* de la *House,* de grands professeurs de renommée mondiale souvent détenteurs d'un prix Nobel, d'illustres invités de passage à Harvard, ainsi que les professeurs et les chercheurs « de service » et, en dernière instance, les *tutors.* C'était la collégiale des grands prêtres, où parfois quelques étudiants brillants de dernière année étaient admis. Le livret de présentation de l'Université destiné aux futurs étudiants accordait une large place aux photographies de ces réunions, comme si elles fournissaient l'occasion d'accéder à l'agora socratique. En réalité, à l'intérieur de leur *House,* la plupart des étudiants suivaient plutôt de petits séminaires, les *tutorials,* qui étaient dirigés par un candidat au doctorat, le *resident tutor.* Mais la différence importait peu. L'essentiel était de faire partie de la longue chaîne qui pouvait mener aux contacts avec les prix Nobel. Ce système, copié d'Oxford et de Cambridge, avait en tout cas le mérite de personnaliser l'expérience universitaire. D'autant que chaque *House* avait sa spécificité : dans l'une, c'était le sport qui dominait, dans l'autre, on trouvait plutôt des littéraires ou bien des scientifiques, et les étudiants, qui vivaient à deux ou trois dans des *suites,* forgeaient là des liens pour la vie.

Malheureusement, le système des *Houses* à Radcliffe était une caricature de celui de Harvard. A la fin des années soixante, il n'y avait pas de *Masters,* de *tutors* ou de *fellows.* Seulement un étudiant qui terminait son doctorat et qui vivait avec sa famille dans l'appartement de résidence. Il transmettait généralement aux étudiantes les angoisses que lui procuraient l'écriture de sa thèse et la recherche d'un poste universitaire, tandis que sa femme offrait l'image ingrate d'une jeune mère aux prises avec une intendance difficile. Les doyennes de Radcliffe, indépendantes par rapport à Harvard, étaient nos « directrices ». C'étaient des demoiselles d'une cinquantaine d'années, formées selon le modèle WASP de la femme au service de la communauté. En fait, en cette fin des années soixante, elles communiquaient surtout leurs propres frustrations et certaines devaient chercher à se consoler dans la boisson. Elles étaient censées nous conseiller, nous aider dans nos choix, mais elles donnaient surtout l'impression d'avoir raté leur vie et constituaient seulement des modèles négatifs. Symbole de leur rôle dérisoire et de leur statut, elles préparaient le samedi soir un plateau de *milk and cookies* pour le goûter de filles qui rassemblait les étudiantes qu'aucun garçon n'était venu inviter.

Puisque la sociabilité de Radcliffe ne faisait pas mes délices, je résolus de concentrer toute mon attention sur mes études, avec l'ardeur, le sérieux d'un *graduate student*. Mais, cette fois encore, c'était un contresens. Les études, pendant les premières années à l'Université, n'étaient pas aussi importantes que je le croyais : les bonnes notes étaient un aspect mineur de la vie universitaire. J'apportais ainsi à l'étude un sérieux outrancier, presque malsain aux yeux de mes camarades. Je pensais vraiment que j'allais construire mon avenir à la force de mes résultats, alors que la réussite à l'américaine repose sur un jeu infiniment plus subtil, qui mêle études, expériences, contacts et travail.

Alors que j'attendais surtout des professeurs qu'ils fussent des puits de science, qu'ils m'illuminent de leur finesse et de leur originalité, je me retrouvai devant un pot-pourri d'individus qui traduisaient surtout des clivages sociaux sans rapport direct avec les purs intérêts de la connaissance. A la fin des années soixante, la galaxie harvardienne regroupait en effet trois types d'enseignants : les membres des élites WASP, les réfugiés européens et une nouvelle classe de « parvenus » qui se définissaient plus par leurs propres travaux que par leur appartenance ou leur héritage. Souvent issus des grandes familles traditionalistes de Nouvelle-Angleterre, les premiers avaient connu Harvard depuis toujours : l'histoire de leur famille se confondait avec celle de l'Université. Ils faisaient partie d'une génération formée bien avant la guerre, revenue « chez elle » après un passage à Oxbridge pour le doctorat. Pour ces grands traditionalistes, la forme de ce qui était enseigné était aussi importante que le contenu. Aussi dominaient-ils les études littéraires auxquelles ils communiquaient leur élégance et regardaient-ils les performances de leurs élèves avec nonchalance. L'essentiel pour eux était que leurs étudiants s'assurent des notes suffisantes pour aller à Oxford ou à Cambridge, puis pour aborder le droit et les affaires et porter sur le monde le regard un peu détaché d'honnêtes hommes destinés à en régler le cours de manière raisonnable.

Ces professeurs se considéraient comme les héritiers du monde grec, comme les derniers représentants de ses idéaux sportifs, intellectuels et fraternels. A Harvard, ils souhaitaient recréer une agora, spécifiquement masculine bien sûr. Imbus de supériorité masculine, misogynes jusque dans leur extrême politesse à l'égard des rares jeunes filles qui suivaient leurs cours, ils se faisaient les hérauts d'un ordre établi qu'il fallait à tout prix maintenir. C'étaient des *gentlemen scholars*, des pédagogues au sens noble du mot, qui avaient parfois publié au plus un ou deux livres de vulgarisation, mais qui s'étaient surtout voués à l'enseignement. Les sujets qu'ils donnaient aux examens étaient faciles et les notes généreuses. Leurs cours, impeccablement réglés, étaient connus dans l'Université entière comme des *trots*, mot intraduisible qui indique peut-être la facilité avec laquelle on pouvait les suivre. En histoire, on trouvait ainsi deux de ces *trots*, l'un sur l'histoire maritime européenne, qu'on appelait aussi *boats,* l'autre sur l'histoire militaire, qui avait reçu le sobriquet de *stirrup*. C'étaient de véritables aubaines pour les étudiants peu doués, des perches tendues aux fils de la vieille élite WASP menacée par une société en pleine transition.

Le deuxième groupe, celui des réfugiées européens, était bien plus réduit, mais son aura était considérable. Les professeurs, pour la plupart des juifs allemands, incarnaient auprès de leurs pairs américains la Culture d'une Europe disparue. Formés au sérieux de l'Université allemande d'antan, ils vivaient en marge du monde WASP, qu'ils contemplaient avec condescendance. Exigeants avec les étudiants, ils ne toléraient pas la médiocrité et méprisaient les préceptes de la *wellrounded education* à l'américaine. Ils se sentaient les dépositaires d'un passé révolu, d'une Europe disparue, et sans doute ont-ils joué un rôle important dans la diffusion aux Etats-Unis d'une conscience tragique étrangère à l'optimisme émersonien traditionnel. C'étaient de vieux sages au crépuscule de leur vie, des témoins, dont l'accent persistant offrait la meilleure preuve de leur impossible américanisation.

Venait enfin un groupe de professeurs plus jeunes, formés après la guerre, qui se voulaient chercheurs plutôt que pédagogues. L'enseignement leur était parfois agréable, mais empiétait un peu trop sur leur précieux temps de recherche. Contrairement aux vieux professeurs WASP, ils n'avaient aucune philosophie de l'éducation ni aucun statut social indépendant de leur travail. C'étaient des professionnels, définis par leur recherche, embarqués dans une lutte féroce pour les bonnes positions universitaires. Leur positivisme et leur ambition contrastaient avec le dandysme intellectuel des vieux WASP et le classicisme humaniste des réfugiés. L'Université était un *business*. Mais ces enfants d'un âge plus démocratique, qui avaient un pied à Washington et l'autre dans leur tour d'ivoire universitaire, n'admettaient toujours aucune femme à leurs côtés...

A la différence des professeurs, choisis par leurs pairs après une suite de rites initiatiques, les représentants de l'administration paraissaient jouer un rôle subalterne. En fait, il était primordial. Ils étaient les garants d'un Harvard « éternel » des liens avec les *alumni*, des valeurs communautaires, des équipes de football, des bibliothèques et de tous les rouages qui assuraient le quotidien de l'Université et son cachet. Les étudiants, comme les professeurs sans chaire, ne faisaient que passer. Eux restaient. Ils avaient donc en charge la pérennité de l'institution. Le plus souvent, c'était d'anciens professeurs WASP qui avaient opté pour la sécurité de l'emploi administratif et qui continuaient à donner quelques cours, des *alumni* qui n'étaient pas parvenus à couper le cordon ombilical avec leur université, des héritiers de grandes fortunes qui travaillaient parfois gratuitement pour l'université, par « esprit de famille ». Même si les professeurs les regardaient de haut, ces *dollar a year men* détenaient le vrai pouvoir. Continuateurs de la tradition de la *well rounded education*, c'étaient eux qui, comme des *butlers* auprès de leurs lords, gardaient la flamme de Harvard.

A la fin des années soixante, ces groupes allaient entrer en crise et multiplier entre eux les conflits. L'univers précieux des coutumes et des traditions chavirerait. Ce serait la fin de cet Ancien Régime poli mais étouffant. Mais, une fois passé les vents de la contestation et des réformes de surface, l'institution retrouverait son ancienne assise, ses corporatismes et ses coutumes indestructibles.

Le campus

Les structures et les traditions formaient les heureux élus, mais c'étaient les étudiants eux-mêmes qui fournissaient l'ambiance universitaire, qui apportaient son levain. Choisissant ses élèves parmi les meilleurs, dosant savamment leur origine sociale et géographique ainsi que leurs talents, Harvard s'offrait tout l'éventail des possibilités humaines pour constituer le corps d'étudiants le plus varié du pays. C'était d'autant plus important que, dans la grande tradition américaine, les années de collège se voulaient d'abord une expérience de vie, fruit de la constante cohabitation des étudiants eux-mêmes plus que de l'étude. Les relations entre camarades de chambre, confidents et témoins d'une jeunesse partagée, constituaient la clé de la vie universitaire. Par la suite, le *college roomate* resterait le témoin du succès ou de l'échec d'une vie.

Harvard faisait bien son travail de recrutement. Chaque étudiant était associé à son sosie et à son contraire. Les élites WASP sorties des grandes *preparatory schools* de la Côte Est côtoyaient les enfants des fermiers du Midwest, des petits commerçants de la Californie, des intellectuels juifs, des restaurateurs de Floride ou des avocats new-yorkais. Quelques Irlandais des quartiers pauvres de Boston, des noirs des grandes villes, des Texans sortis d'immenses ranchs et des Portoricains complétaient cet éventail de types sociaux reflétant la géographie humaine de l'Amérique. Une alchimie complexe réglait le mélange des goûts et des talents : on trouvait des musiciens et des petits génies scientifiques, des religieux et des sportifs, des champions d'échecs et des danseurs, des peintres et des poètes, des acteurs et des photographes, des philosophes et des activistes ou de futurs politiciens, des hommes d'affaires en herbe et des ascètes. Chacun avait ses préférences, ses espoirs, ses ambitions et l'ensemble bouillonnait d'énergie. La multiplicité des origines et des carrières envisagées évitait la compétition à la française, produit de l'homogénéité.

Abordant cette mosaïque, j'imaginais ce que serait désormais mon existence quotidienne : au gré des rencontres, une longue suite de discussions passionnées avec cette brillante jeunesse sans plus d'obligations familiales, dans ce qui semblait être un nouveau Quartier Latin, esprit de corps à l'anglaise et melting-pot à l'américaine en plus. Ce rêve, bien à l'image des valeurs américaines, allait vite se briser. La contestation grondait et les différences socio-culturelles, loin de disposer à plus d'ouverture, dictaient en fait des comportements types : chacun se crispait sur ses particularités. Les relations entre filles et garçons, en particulier, restaient teintées des complexes sexuels et des conventions que j'avais déjà connus à Westminster. Plus généralement, la plupart des étudiants avaient une propension frappante à trier, à classer les gens en fonction de leur origine et de leurs goûts. Il était en fait moins question de « brasser » que de « sélectionner » dans l'océan d'alternatives humaines.

Le clivage majeur opposait les *preppies* et les autres. Les *preppies* étaient ces étudiants d'origine WASP issus des grandes écoles préparatoires de la Côte Est. Ils étaient admis pratiquement de droit, parce qu'ils descendaient bien souvent d'*alumni*, parce qu'ils représentaient l'*Establishment*. Dans le microcosme harvardien, ils occupaient une place à part et affichaient une tenue qui leur était propre. Ils arboraient un chic négligé où les matières et les marques comptaient plus que l'état apparent de leurs vêtements : des pulls shetland torsadés aux couleurs pastel, des chemises Lacoste, des pantalons de velours, des chemises à raies de chez Brooks Brothers et des vestes en Harris tweed. Le tout élimé, troué, raffinement suprême, si l'on était un vrai WASP. Ultime détail : il fallait absolument porter des *docksides* usées, sans chaussettes bien sûr, ou, l'hiver, un modèle de chasse vendu par L.L. Bean, comble du négligé WASP, qui chaussait, pour leurs loisirs, présidents et ambassadeurs. Pour les jeunes filles, l'« uniforme » se composait cette fois encore de shetlands torsadés, portés avec des chemises à col rond, des ballerines et des jeans. Indispensable de réhausser cette tenue « si simple » de boucles d'oreilles, de bracelets.

Cette mode a aujourd'hui conquis l'Europe. Mais dans les années soixante, l'idée ne serait venue à personne d'autre que les membres de l'*Establishment* WASP d'en afficher les signes. L'argent n'était pas en cause. Simplement, pulls torsadés, chemises, chaussures signifiaient l'appartenance à une classe, à un groupe, à un milieu. Juifs, noirs enrichis, représentants des classes moyennes auraient parfaitement eu les moyens d'imiter la caste WASP. Mais c'eût été adopter ses valeurs et accorder du prix à ses traditions, attitude impensable dans l'Amérique des années soixante. Aujourd'hui au contraire, le style *preppy* est affiché par tous les groupes sociaux qui veulent attester un certain standing, fussent-ils juifs, noirs ou chicanos. Mais il y a vingt ans il proclamait sans ambages une appartenance effrontée à l'Amérique du pouvoir et des privilèges.

Par-delà ces signes extérieurs, les *preppies* se distinguaient aussi par leur vie sociale. Ils arrivaient, leurs réseaux déjà constitués dans les *preparatory schools* et les *country clubs* de leurs parents. Le plus souvent, ils connaissaient déjà leur futur *roomate*. Les plus riches, les plus éminents devenaient membres de clubs de Harvard où, selon la tradition anglaise, on entrait par cooptation. Ils vivaient ainsi dans leur monde, vérifiaient le cours de leurs actions en Bourse et même ceux qui auraient voulu se frotter un peu aux autres auraient rencontré les plus grandes difficultés. A la fermeture sur soi de ce micro-univers élitiste répondait le mur dressé par l'hostilité des autres étudiants. Pas d'alternative au splendide isolement des WASP.

A l'extrême opposé, les noirs formaient un autre groupe à part. Minoritaires, ils se cantonnaient dans une forme d'autoségrégation à l'image du radicalisme idéologique de ces années. Bien que souvent issus de la bourgeoisie et formés dans des écoles d'élite, ils affichaient des attitudes de minorité défavorisée et appauvrie par solidarité avec leurs « frères » et « sœurs » des ghettos. La pression du groupe était si forte qu'aucun d'entre eux n'aurait osé se mêler aux blancs. Coiffé dans le style Afro et portant chemise africaine : personne ne s'aventurait à trahir « la cause » avec des blancs, tous racistes par définition, même et surtout avec les libéraux qui s'étaient pourtant battus pour eux... En dépit ou peut-être à cause de mes attaches à Atlanta, jamais je ne pus établir le moindre contact avec cette minorité orgueilleuse, à vif.

J'avais espéré trouver à Harvard l'avant-garde d'une nouvelle société américaine, ouverte et tolérante. L'atmosphère exacerbée de la fin des années soixante en était loin. Entre des WASP sur la défensive et des noirs enfermés dans leur hostilité, entre ces deux forteresses complexées, il me restait quand même les représentants des classes moyennes blanches, enfants de commerçants juifs de la Côte Est, fils de fermiers du Midwest ou de cadres californiens. A leur manière, c'étaient des conquérants. Les premiers de leur famille à avoir intégré Harvard, ils étaient mus par une ambition et un dynamisme sans doute à la mesure de leur insécurité. Produits de l'individualisme démocratique, ils se sentaient libres dans leurs attaches et leurs choix. Harvard confirmait leur accès à l'élite : c'était l'introduction idéale à ce que serait leur vie future. Et à la différence des WASP ou des noirs qui apportaient avec eux leurs réseaux, leurs habitudes, la *middle class* blanche avait tout à découvrir et à construire. Le brassage était là, au sein de ce groupe hétéroclite mais mû par une même aspiration.

L'hétérogénéité avait pourtant ses limites, celle de l'indispensable « uniforme » tout d'abord. C'était une tenue informelle faite pour les garçons de blue-jeans ou de pantalons de toile noire ou beige, de pulls (non torsadés), de chemises à carreaux. Aux yeux des filles, il y avait les « sans espoir », accablés par leurs livres, qui mettaient des chaussures noires avec des chaussettes blanches de sport et des pantalons beiges et qui portaient d'épaisses lunettes. De l'autre, il y avait les « potables », qui faisaient un effort et se souvenaient des leçons maternelles. Jeu de signes primordial à un moment de l'existence où chacun a besoin de se rassurer derrière une identité.

Au-delà des distinctions avant tout sociales entre WASP, noirs ou enfants des classes moyennes, d'autres cloisonnements limitaient encore le brassage. Ils tenaient aux intérêts, au tempérament de chacun. Les « intellectuels » méprisaient les « sportifs » (souvent des *preppies*), les « créatifs » ne comprenaient pas ceux qui étudiaient les sciences sociales, les littéraires se moquaient des scientifiques, les amateurs de musique classique ne se confondaient pas avec les amateurs de rock, les *squares* (ceux qui gardaient un comportement et des vêtements traditionnels) ne parlaient pas aux *hip* (ceux qui affectaient les tenues contre-culturelles), les cheveux courts ne parlaient pas aux cheveux longs, le tout dans un climat d'intolérance snob bien dans la ligne des jugements tranchants particulièrement à la mode à cette époque.

Formée à Atlanta parmi les WASP, fréquentant les noirs, produit d'une culture européenne, je ne connaissais pas vraiment la *middle class* à laquelle le profil social et financier de mes parents me destinait à appartenir. Le dortoir où je fus affectée, qui regroupait essentiellement des étudiantes de sciences sociales, me plongea donc pour la première fois au cœur d'une population qui incarnait parfaitement une Amérique en pleine mutation, qui allait refléter dans son désarroi croissant les grandes crises politiques et sociales du pays et qui prenait ses études plutôt au sérieux. Parmi les WASP, chez les « artistes » ou chez les *socialites* (ces jeunes filles dont le « bal de débutantes » occupait chaque année les meilleures pages du *New York Times*), j'aurais trouvé des camarades peut-être plus détachées, plus indifférentes aux mouvements politiques. A North House, au contraire, la tourmente américaine de ces années affecterait mon existence quotidienne.

Je côtoyais ainsi des étudiantes venues de toute l'Amérique : des Texanes pour qui venir à Radcliffe représentait l'équivalent d'un voyage dans le vieux monde mais qui restaient nostalgiques de leurs espaces libres, des *Jewish American Princesses* venues de Californie, qui respiraient l'aisance et mêlaient les valeurs juives éternelles à l'esprit californien au goût du jour, de petites Irlandaises catholiques nées à Boston, des filles d'universitaires juifs ou de cadres protestants new-yorkais, des beautés floridiennes ou des *farmer's girls* conscientes de leur provincialisme. En dépit de leurs origines différentes, toutes ces *Cliffies* partageaient la même volonté de « réussir », la même sensation que leur passé ne pesait aucunement sur leur futur. Elles se sentaient libres. La famille n'avait été qu'un point de départ dans leur existence, tout entière orientée vers l'avenir. Peu importait leur religion, elles étaient en fait toutes filles de l'éthique protestante, imbues d'un sens infini de la responsabilité personnelle. Dans le travail, les loisirs et les conversations, elles mettaient un sérieux appliqué et volontaire, qui masquait à peine leur fragilité. Mais elles parlaient surtout d'elles-mêmes, de ce qu'elles étaient et voulaient être, de leurs peurs et de leurs ambitions. Lorsqu'elles parlaient des sursauts politiques de l'Amérique, elles en discutaient comme d'un élément qui venait s'ajouter à leur angoisse individuelle sans bornes. Cet égocentrisme dubitatif s'expliquait d'autant mieux qu'aucune porte ne leur était fermée *a priori* : le poids de la vie familiale disparu, les prêts et le travail partiel compensant le manque d'argent, *tout* et son contraire était possible. Loin des petits soucis matériels, coupées des adultes, dans un cadre artificiel et refermé sur lui-même, elles pouvaient s'abandonner à leurs angoisses adolescentes.

Surtout nous restions en marge des garçons. Le monde masculin et le monde féminin ne se croisaient qu'à la faveur des *dates* : de préférence le samedi soir, les garçons sortaient les filles pour des tête-à-tête « romantiques ». Les traditions puritaines, le conformisme social avaient figé ce rite qui constituait la seule forme possible d'échange entre garçons et filles en même temps qu'un garde-fou contre les débordements sexuels. A Harvard, je retrouvais donc le formalisme étriqué de Westminster. La même éthique protestante faisait les mêmes ravages. Je gardais le souvenir des sorties joyeuses, de l'intimité insouciante avec mes amis italiens : à la place, je trouvais seulement l'artifice empesé des *dates*.

Ce cérémonial trahissait la difficulté des relations au sein d'une humanité coupée en deux, mais il révélait aussi l'importance de l'enjeu. Une bonne partie des étudiantes de Radcliffe rencontrait en effet leur futur mari pendant leurs premières années d'études. Pour quelques milliers de dollars, elles pouvaient ainsi espérer s'offrir la sécurité d'un diplôme et d'un mari prometteurs : l'investissement rapportait. La chasse au *boyfriend* comptait parfois même plus que le travail : après tout, un bon *date* pouvait déterminer toute une vie.

Sur ce marché matrimonial, la cote des Harvardiens était extrêmement élevée, même si la diversité des élites américaines faisait qu'ils n'occupaient pas tout à fait la place éminente des polytechniciens dans l'imaginaire collectif français. Pourtant, dans la région de Boston, truffée de collèges et d'universités, la jeune fille qui « attrapait » un Harvardien passait pour avoir gagné le gros lot, surtout si l'« élu » venait de la Harvard Law School ou de la Medical School. Dans cette lutte sévère, je croyais les *Cliffies* avantagées : nous étions le pendant parfait des étudiants de Harvard, et notre plus grande rareté aurait dû nous valoir la cour assidue de plusieurs prétendants. En fait, nous paraissions un peu trop intelligentes, pas assez portées à admirer les héros de Harvard... Les étudiantes d'un collège plutôt médiocre où l'on enseignait surtout la puériculture avaient plus de succès. Elles attrapaient souvent au vol un garçon de la Harvard Law School plus en quête d'une bonne épouse et d'une bonne mère que d'une égale.

Comment expliquer cette misogynie chez des étudiants évolués, ces préjugés antiféministes au cœur de l'Université la plus prestigieuse des Etats-Unis ? Comment expliquer que des jeunes gens puissent craindre la compagnie de jeunes filles intelligentes ? Quelle bizarre tribu... Je me demande d'ailleurs parfois si mon malaise face à la culture américaine, mon incapacité à la partager et même à vivre aux Etats-Unis ne dérivait pas en grande partie du rapport absurdement tendu, pétri de peur et de culpabilité, qui existait entre les sexes. Curieuse coutume en tout cas...

Dans ce rite hautement ethnologique, l'important était tout d'abord de pouvoir dire aux autres *« I have a date »*. L'identité de l'élu(e) devait rester secrète : elle n'était publiquement révélée que si la soirée avait été agréable. Mais il était vital pour une fille d'être sollicitée. Sans *date,* pas de cote mondaine, la mort sociale, le néant métaphysique. Pas non plus d'alternative grâce aux sorties de groupe, aux amis des amies. L'épreuve était individuelle et la sélection impitoyable. Seul repli éventuel : le *blind date,* organisé par un couple pour deux de leurs amis qui ne se connaissaient pas. C'était le plus souvent l'échec tant il était difficile d'adopter d'emblée un comportement romantique entre parfaits inconnus qui se scrutaient intensément pour vérifier qu'ils se plaisaient. Il fallait donc jouer le jeu et chercher à rencontrer l'éventuel *boyfriend.*

Première solution : les cours ou les séminaires. Dans la mentalité protestante, ils étaient un moment de travail à ne pas mélanger avec le plaisir. Difficile aussi de devoir retrouver tous les jours un *date* avec qui l'on ne s'était pas entendu. Mieux valait guetter les garçons qui venaient à la bibliothèque de Radcliffe, un œil sur leurs livres, un autre sur les *Cliffies.* Mais le résultat n'était pas toujours... probant. Restaient les *mixers,* soirées où garçons et filles venaient danser pour « se mélanger ». Les deux groupes se tenaient d'abord de leur côté. La musique commençait, les spots s'allumaient et la compétition était ouverte. Les filles restaient debout jusqu'à ce que des garçons viennent les inviter. Tout en dansant on se présentait, on échangeait quelques mots assourdis par la musique « hard rock » alors en vogue. Si tout allait bien, un slow suivait, occasion de questions plus précises. En fait, les *mixers* étaient surtout fréquentés par les jeunes filles des petits collèges qui venaient tenter leur chance auprès des Harvardiens. Plus snobs, les *Cliffies* donnaient leurs propres soirées, les *jolly-ups*, où ne venaient que les garçons assez téméraires pour affronter nos cerveaux redoutables. Tout l'art d'une *Cliffie* consistait à repérer la proie idéale, un jeune étudiant *undergraduate* de Harvard, et de savoir se débarrasser des ennuyeux *graduate students* ou de ces jeunes garçons maladroits et mal attifés venus du MIT.

Même à Radcliffe, nous devions attendre d'être choisies. La musique était aussi forte et les slows aussi pénibles que lors des *mixers* plus « populaires ». Les règles étaient les mêmes : trois danses de suite signifiaient que l'affaire était conclue. On pouvait enfin passer la soirée à bavarder tranquillement pour mieux se connaître. On échangeait les adresses, le garçon promettait d'appeler. Mais il ne devait surtout pas proposer déjà un *date*. Il fallait réfléchir, prendre le temps. On pouvait aussi faire d'autres rencontres. A la fin, il y avait les perdantes humiliées, qui s'étaient retirées tôt puisque personne ne les avait invitées à danser, les insatisfaites, qui n'avaient rencontré personne d'intéressant, mais seulement des *jerks,* des ratés, les timides, qui n'étaient pas sûres d'avoir vraiment et assez plu, les angoissées, qui avaient dansé avec un garçon qui les avait quittées pour danser avec une autre et espéraient qu'il change d'avis, et puis celles qui flottaient sur un nuage d'extase. Une de mes amies épousa ainsi quelques années après le premier garçon avec qui elle dansa à son tout premier *mixer*.

Trois jours après, l'heure de vérité arrivait. C'était le mardi soir que les garçons devaient appeler pour nous inviter le samedi suivant. Ce soir-là, personne ne quittait sa chambre. Nous devions attendre. Si le téléphone restait muet, tout était à recommencer. Le lendemain matin, on pouvait voir à la mine de chacune si la soirée avait apporté la joie téléphonique ou le désespoir du silence. Arrivait le fameux soir. Les élues se préparaient devant les moins fortunées, qui n'avaient plus qu'à rester dîner au dortoir dans le seul espoir de tromper leur affreuse solitude avec un bon livre. Ces délaissées n'allaient même pas voir un film ou manger une glace ensemble : l'espace public leur était interdit comme à des proscrites, des lépreuses. L'agora ne devait appartenir qu'à ceux qui avaient réussi à plaire, les autres devaient cacher leur échec social.

Pour les chanceuses, la soirée pouvait se dérouler suivant deux schémas possibles, selon qu'elles sortaient avec des étudiants *graduate* ou ***undergraduate***. Dans le premier cas, nous avions droit à un dîner, puis à une sortie au cinéma ou entre amis chez le jeune homme. Ce tête-à-tête pouvait se révéler mortellement ennuyeux : le romantisme de convenance finissait en exposé de thèse avant même le dessert. Aussi les étudiantes des premières années préféraient-elles sortir avec des garçons plus jeunes que les étudiants de doctorat. Ils nous emmenaient dîner dans leurs *Houses* avec leurs *roomates*. Pourtant, ces dîners étaient tout le contraire de repas pris entre copains. La plupart du temps, les filles qui se trouvaient là ne se connaissaient pas et la conversation entre nous restait impersonnelle, sans doute pour nous initier précocement à cet art que nous étions censées ensuite pratiquer avec bonheur lors des repas d'affaires de nos futurs maris. Les garçons bavardaient chaleureusement entre eux, mais aucun d'eux ne s'adressait directement aux *dates* de leurs camarades : c'eût été un aparté indiscret. De même, il était impensable qu'une femme puisse monopoliser la conversation, puisque nous n'étions pas « citoyennes » à part entière. Nous « appartenions » plutôt à celui qui nous avait invitées et nous devions nous cantonner dans un rôle plus ou moins décoratif de comparses de passage. Après tout, notre présence était sujette aux variations du goût des petits princes harvardiens et, d'un samedi soir à l'autre, il n'était pas rare de se retrouver à la table des mêmes garçons mais avec une cour de filles entièrement différente. Nous étions plus proches des geishas que du monde convivial des étudiants européens.

Après le dîner, chaque « couple » disparaissait, pour aller au cinéma, voir une pièce de théâtre, assister à un concert, le plus souvent à l'intérieur même de l'Université. Ensuite, nous revenions bavarder dans la *House* des garçons. Un disque fournissait l'ambiance et si le garçon était *sophisticated*, il offrait un Drambuie ou un Cointreau. En fait, ce retour ne pouvait être improvisé. C'était le fruit de longues négociations entre *roomates*, puisqu'il était hors de question que deux couples passent la fin de la soirée ensemble . Les garçons devaient donc décider entre eux qui avait droit au salon, question délicate, puisque la suite pouvait dépendre du bon emploi de ce lieu hautement stratégique. Les « vieux couples » pouvaient se permettre de passer dans la chambre à coucher du garçon, mais un nouveau *date* se devait d'abord de rester dans l'intimité correcte de la pièce de réception. Ce ballet compliqué dans les *Houses* de Harvard était tout à fait semblable à des scènes de Feydeau. Tout y était : les portes timidement ouvertes ou claquées brusquement, les garçons partant en reconnaissance, les regards des couples se dirigeant vers les chambres à coucher, les silences compromettants, les dérobades par les portes de service... Les situations étaient les mêmes, à cette différence près que, dans cette comédie américaine, les filles ne jouaient pas les rôles principaux.

Avant le chambardement de la fin des années soixante, les relations entre garçons et filles étaient régies par des lois très strictes qui dictaient les heures où les *parietals*, le droit de recevoir une personne de l'autre sexe dans sa chambre, étaient autorisés. Le vendredi et le samedi soir, de 18 h 30 à minuit, on devait ainsi apposer le nom de son *date* sur un registre et signer à côté son heure d'arrivée et celle de son départ. Une impressionnante sonnerie annonçait la fin de cette période « mixte » et le responsable du dortoir commençait à traquer les tricheurs. Parfaites émanations d'une tradition puritaine où les tabous et la peur de l'adultère peuplaient tout l'imaginaire sexuel, les lois des *parietals* régentaient jusqu'aux moindres détails : les portes des chambres devaient rester entrouvertes et nous devions conserver à tout moment... au moins un pied au sol. Ces règles, qui font sourire aujourd'hui, étaient haïes, mais dans l'ensemble respectées. Sans doute parce qu'elles reflétaient les mentalités et les tabous sexuels de la majorité. La plupart du temps, le *date*, à la fin des années soixante, restait chaste.

Pour moi, il représentait un instant bâclé, où la spontanéité des sentiments qui pouvaient se transformer en amour était comme étouffée dans le carcan d'une relation faussement romantique. Mais, pour les Américains, le *date* constituait la parfaite introduction à leur mode de vie d'adulte. Les *football week-ends* d'automne en fournissaient la meilleure preuve. C'était le grand moment de la saison sociale de Harvard College, la plus prestigieuse des invitations pour un *date*. La saison de football commençait avec la rentrée scolaire et s'achevait juste avant la grande fête de *Thanksgiving* avec le match de Harvard contre Yale. Ce weekend, occasion spectaculaire pour collecter des fonds, marquait l'apothéose des traditions de Harvard, le moment où les représentants des élites WASP formés dans ses murs, emmitouflés dans des écharpes aux couleurs de l'Université, revenaient pour montrer leur esprit de solidarité et leur patriotisme universitaire, souvent accompagnés de leurs fils, déjà étudiants ou futurs candidats. Mais il offrait aussi aux étudiants de la *middle class* l'occasion de s'intégrer à l'Université en affichant bruyamment leur « Harvard spirit ».

Le week-end du match « Harvard-Yale », les jeunes gens qui sortaient avec des jeunes filles venant de collèges lointains devaient les inviter pour deux jours entiers et leur payer l'hôtel. Les « belles » arrivaient donc avec toute une panoplie de vêtements adaptés aux différentes circonstances. Le déjeuner du samedi réunissait les couples dans les *Houses*. Les garçons arboraient costumes et cravates, les filles des tailleurs. On se présentait, on décrivait sa ville, on évoquait ses projets de travail d'été, les vacances de Pâques, les banalités de la vie universitaire, et les relations avec les parents pour remplir les silences. Jamais on ne parlait politique ou études. On se serait cru dans un de ces *country clubs* exclusifs que certains déjà se préparaient à fréquenter dès la fin de leurs études.

A l'heure du match, on attrapait couvertures et flacons de whisky et on allait défiler dans la rue principale qui menait aux guichets du stade. C'était un moment capital pour voir tous les autres et être vu, une procession. Les billets déterminaient le rang et le statut du garçon, donc de la fille qui sortait avec lui, selon que l'on était placé au centre ou plus haut sur le côté. En fait, sauf pour quelques mordus, le match lui-même n'était qu'un prétexte. Les filles ne comprenaient pas ce jeu complexe et violent. Mais il fallait s'enthousiasmer, même si l'on ne voyait pas le ballon au milieu de ces vingt-deux fantassins aux formes inhumaines qui s'affrontaient. Les garçons d'ailleurs regardaient la partie d'un œil distrait. Il s'agissait seulement d'être là et de partager avec son *date* la « joie » de la victoire ou la « tristesse » de la défaite.

Le retour se faisait dans la liesse, aux accents du Harvard Band ou dans une débandade silencieuse. Mais l'émotion était de courte durée. La fête reprenait bien vite le dessus à l'heure des cocktails autour des *Masters* des *Houses* et des conversations insignifiantes. Les garçons essayaient de briller devant leurs pairs et les filles restaient debout leur plus joli sourire indéfiniment collé sur leurs lèvres silencieuses.

Après le dîner, venait le moment de danser. Déjà éméchés par tout l'alcool qu'ils avaient bu, les garçons se permettaient des attitudes plus spontanées et osaient inviter les *dates* de leurs amis. L'ivresse venant, la conversation se faisait parfois plus intime. On parlait de soi, vraiment, sans plus de contrôle. Mais, par la suite, jamais il ne faudrait rappeler ces brefs moments d'abandon. La soirée devait se poursuivre comme si de rien n'était. Le lendemain, après un *farewell brunch*, les garçons raccompagnaient leur *date*. Au milieu du silence lourd de cet après-fête, il n'était pas rare qu'un couple de *seniors* (étudiants de dernière année) annonce ses fiançailles. Le mariage aurait lieu en juin, après la cérémonie de remise des diplômes, la *graduation*.

Tous les étudiants n'empruntaient pas la voie royale des week-ends de football. Des musiciens, des poètes, des contestataires avant l'heure, des écrivains en herbe refusaient ces apothéoses WASP. Mais pour ces « originaux » aussi, la structure du *date* demeurait. Avec eux aussi, la passivité féminine était de rigueur. Quelles qu'aient été leurs origines et leurs orientations intellectuelles, la plupart des garçons étaient mal à l'aise dans la compagnie de jeunes filles, même quand c'étaient leurs *dates*. Aussi s'accommodaient-ils fort bien des convenances et du cadre général qui les protégeaient autant qu'ils les contraignaient. Quant à moi, je me sentais de passage aux Etats-Unis et je ne tenais nullement à me lier durablement avec un *boyfriend* qui aurait pu un jour devenir mon mari. Plutôt que d'enchaîner une longue suite de tête-à-tête monotones, je préférais changer souvent de *date*. J'aurais bien mieux aimé payer mes sorties plutôt que d'être ainsi l'invitée permanente qui finit par régler l'addition en émotions au comptant. Mais il fallait bien, même de mauvaise grâce, se plier à la loi de la tribu.

Paradoxe, j'avais des *dates* que beaucoup de mes camarades m'enviaient, mais je ne savais pas quoi en faire. Lorsque je rentrais, mes amies me demandaient si cela avait bien marché, si c'était enfin le bon, mais c'était le dernier de mes soucis. Jalousée parfois, je me sentais orpheline de vrais amis en échange desquels j'aurais bien troqué mes duos romantiques si répétitifs. Dans le bazar humain de Harvard, je flânais en touriste à la recherche d'impossibles amitiés alors qu'on ne m'offrait que des bibelots clinquants. Il y eut ainsi de braves garçons du *midwest*, honnêtes, patriotes, effrayés par les abstractions, qui traitaient les jeunes filles comme des porcelaines qu'on pouvait épouser mais pas toucher.

Il y eut des juifs de la Côte Est, hésitant entre leur intellectualisme et leurs pulsions à la Portnoy, tendus vers de brillantes carrières souvent médicales, qui se délectaient de leurs propres discours. Sortir avec eux était un duel permanent. Après vingt ans passés auprès de mères admiratives, ils avaient toujours raison. Si on refusait leurs avances, ils étaient capables de ne même plus dire bonjour. C'étaient des êtres curieusement inachevés, comme si la rage d'émerger et de monter en courant les échelons de la société américaine avait atrophié leurs sentiments. Rien ne nous rapprochait, ni le judaïsme, ni les références à une culture européenne, ni l'ambition. Et pourtant certains insistèrent pour me présenter à leurs parents, alors que nous nous connaissions à peine. Sans doute était-ce pour attester qu'ils sortaient effectivement avec *a nice Jewish girl* plutôt qu'avec une blonde séductrice qui les aurait dénaturés.

Puis il y eut les rêveurs, les rebelles, les anticonformistes. Ceux-là n'allaient jamais aux matches de football, boudaient les restaurants. Ils préféraient les films d'avant-garde. Mais eux aussi cherchaient la femme de leur vie. Comme les calculateurs, qui planifiaient leur vie comme un emploi du temps parfait. On les trouvait parmi les bons étudiants qui se forçaient à faire du sport pour décrocher une bourse prestigieuse. Parmi les étudiants de science politique qui cherchaient à augmenter leurs chances d'entrer à la *Law School* en donnant dans l'activisme politique et l'assistance aux pauvres. Ou parmi les futurs médecins qui suivaient des cours de littérature parce que les meilleures facultés étaient sensibles à une *well rounded education*. Pour tous ceux-là et pour ceux qui soignaient déjà leur carnet d'adresses, un *date* devait autant leur plaire qu'impressionner les autres. Ils ne vibraient que pour le reflet de leur propre image de *leaders*.

J'eus bien sûr ma part de *graduate students*, à mi-chemin entre le monde étudiant et celui des adultes, qui vivaient en bohémiens dans les vieux quartiers ouvriers près de Cambridge. Leurs appartements délabrés étaient meublés de vieux canapés et de matelas à même le sol. Mais au milieu des piles de livres trônaient déjà des chaînes stéréo luxueuses qui traduisaient bien leur état intermédiaire : leur laisser-aller disparaîtrait avec leur premier poste universitaire. Ils étaient tous si semblables, nerveux, anxieux, et cachaient bien mal leur infini sérieux sous un vernis de raffinement. Astronomes, historiens, économistes, philosophes, ces futurs grands spécialistes m'ennuyaient. Ils labouraient leur champ de recherche avec les mêmes œillères. Leurs équations, leurs théories, leurs commentaires littéraires ou historiques, souvent très académiques, collaient bien mal avec leur comportement d'Américains moyens et, passé les premières tentatives pour séduire, la détente revenait bien vite à une canette de bière bue devant un match de base-ball à la télévision ou à des achats pour la voiture dans des *shopping malls*. Hobbes, l'empire britannique, les arcanes de l'Etat-Providence, ou la lumière des étoiles n'étaient que des parenthèses professionnelles, sans prise sur leur âme, qu'il fallait évacuer après huit heures de travail de peur qu'elles ne déforment leur identité. Ils affectionnaient les jeunes femmes qui pouvaient accompagner leur détente et non enrichir leur travail et dans cette quête, tout était bon, *Cliffies*, mais aussi secrétaires, vendeuses, infirmières. Une fois mariés, ils replongeraient dans la masse américaine.

Drôle de vie où le hasard d'une affectation de chambre et les rencontres fortuites auraient dû conditionner une liberté sans bornes. Mais nous vivions chacun notre flacon d'expériences condensées à l'abri de tout brassage réel. Les multiples mondes de Harvard, aux destinées parallèles, ne se croisaient que rarement. Le poids des traditions, les complexes sexuels, l'angoisse des choix indivi-duels rendaient la liberté bien lourde.

La contestation

Au-delà des traditions et des rituels universitaires, la vie à Harvard à la fin des années soixante fut surtout marquée par la contestation. Comment en effet ne pas contester dans une Amérique qui en trois petites années offrit en spectacle au monde entier le meurtre de Martin Luther King, la flambée désespérée des ghettos, l'assassinat de Robert Kennedy, la violence de la convention démocrate de Chicago, l'escalade de la guerre du Vietnam, l'élection d'un Richard Nixon et la montée en puissance de la violence réactionnaire blanche, puis l'invasion du Cambodge et la mort des étudiants de Kent State ? Chaque jour, la chronique locale comme l'actualité nationale apportaient leur lot de violences et d'injustices.

D'autres campus, ceux de Berkeley et de Columbia surtout, se distinguèrent par la précocité ou la vigueur de leur action. Ils devinrent les symboles du militantisme universitaire à l'américaine. A Harvard, le radicalisme et le puritanisme se déchaînèrent plus lentement, mais avec une ferveur toute particulière. Car s'attaquer à la guerre du Vietnam, à la puissance des grands groupes financiers, au complexe militaro-industriel, à la politique d'éviction des pauvres, au départ pour Washington des « experts » signifiait tout simplement s'attaquer à l'université elle-même, symbole de l'*Establishment,* mais aussi de l'Amérique du *Big Business* et des multinationales. Dans ce Harvard à la fois vitrine et vase clos, les discours « contre » et les appels « pour » donnaient le ton et créaient une atmosphère crépusculaire.

La guerre du Vietnam, que la télévision nous offrait chaque soir en guise de digestif, pesait sur nous comme une chape de plomb. Elle nous suivait partout, répandant la peur et le malaise, prête à dévorer nos amis, à détruire le rêve américain, à ruiner les mythes fondateurs d'un pays qu'elle entraînait dans une crise profonde. Pour ma génération, beaucoup plus qu'une guerre ratée, ce fut comme une tache morale, une tache révélatrice d'un fléau de l'âme, d'un péché américain. Trop lointain, sans ennemi bien défini, l'embourbement vietnamien appelait une critique avant tout morale. Il fallait à tout prix détruire la machine qui la commanditait, embrasser l'ennemi et reconstruire ce que les bombes détruisaient et surtout rappeler l'Amérique à ses valeurs. Tournés seulement vers eux-mêmes, exclusivement préoccupés par le sursaut moral qui sauverait leur conscience, ignorant tout du monde vietnamien, les héros du *anti-war movement* donnaient libre cours à leur isolationnisme viscéral en l'habillant de valeurs pacifistes.

A peine arrivée à Harvard, je fus happée par ce climat. Le cours de théorie politique que je suivais était centré sur les droits et les obligations des individus : le public était en majorité formé d'activistes acharnés. Beaucoup avaient participé à l'émeute organisée lorsque Robert McNamara était venu donner une conférence. Le Secrétaire à la Défense, symbole du vieil Harvard, avait été obligé de s'enfuir par la petite porte. Ces étudiants, à la moindre récidive, risquaient l'expulsion, mais cette menace les rendait fiers : ils étaient les héritiers d'Antigone et de Billy Budd, dont l'opposition morale à la loi constituait précisément le thème du cours. Sans le savoir, je m'étais inscrite à un enseignement qui cristallisait les passions des jeunes gens les plus politisés, ceux-là mêmes qui allaient former les *Students for a Democratic Society*, noyau dur de la contestation.

Je pus ainsi voir de près ces « grands révoltés » réagir aux leçons de Michael Walzer, l'un de nos grands professeurs de théorie politique. Ceux que l'on appelait les *red diaper babies* venaient de familles où l'on avait déjà milité dans le parti communiste ou dans des groupuscules trotskistes durant les années trente ou l'immédiat après-guerre. Ces enfants aux couches-culottes rouges, après la parenthèse du maccarthysme, renouaient d'abord avec leurs traditions familiales. D'autant plus facilement que l'ombre soviétique ne planait plus sur le militantisme gauchiste. Ils haïssaient les WASP et venaient souvent du monde juif new-yorkais inspiré par le *Bund*. Ils ne se dressaient pas seulement contre la guerre du Vietnam, mais contre tout l'*Establishment* et se voyaient un peu comme des chevaux de Troie venus à Harvard pour corrompre de l'intérieur, à sa source même, tout le système du consensus américain.

A l'opposé, on trouvait les enfants chéris de la société américaine anglo-saxonne et protestante, ces produits de l'univers manucuré des banlieues. Ils avaient grandi dans la confiance envers le système, ils avaient scrupuleusement lu la Bible, pratiqué avec entrain les sports nationaux, gagné leur argent de poche en livrant des journaux avant d'aller à l'école. Ils avaient eu de gentilles *girls-friends* et étaient allés se cultiver à la bibliothèque publique. Chaque jour de leur vie scolaire, ils avaient juré fidélité au drapeau américain. C'étaient les fils appliqués de l'éthique protestante, les parfaits futurs citoyens d'une démocratie sans souci et sans histoire. Ils étaient arrivés à Harvard le plus souvent pleins d'espoir et d'admiration pour le saint des saints de leur culture, ils s'étaient lancés avec enthousiasme dans la vie associative. Mais, devenus délégués des autres étudiants dans diverses commissions, ils avaient bien vite constaté le vide partiel des institutions qu'ils avaient adorées. Et, puisqu'ils devaient se faire l'écho des revendications de tous, ils s'étaient rendus compte que les échelons du bas n'arrivaient pas à influencer ceux du haut et que le pouvoir véritable était inaccessible. Leur idéal démocratique en prit un rude coup : avec toute la rancœur et la haine qui font suite à un amour déçu, ils n'eurent plus de cesse de dénoncer les illusions de la démocratie représentative. Ils souhaitaient construire un monde qui aurait incarné la pureté de leurs rêves de jeunesse.

Ces deux courants que tout a priori séparait communiaient pourtant dans une même rage, une même ferveur critique. Les démocrates déçus empruntaient aux radicaux un vocabulaire révolutionnaire vaguement marxiste tandis que les radicaux se prenaient à rêver de démocratie directe à la mode des premières communautés puritaines de la Nouvelle-Angleterre. Ils étaient rejoints par certains grands noms des élites protestantes, en révolte contre leur milieu, poursuivis par une culpabilité sans limite. Et tous partageaient la même passion, le même élan violent, unis par une même religion : la « cause ».

Dans la conscience collective étudiante, il fallait absolument extirper du campus tous les signes diaboliques de la guerre du

Vietnam. Si, en particulier, on parvenait à empêcher les grandes sociétés multinationales de venir recruter les cerveaux de Harvard, la machine de guerre américaine, aberration née de l'esprit monstrueux d'un Docteur Folamour, s'arrêterait. De même, il fallait à tout prix que l'université cesse de placer son argent dans des entreprises qui contribuaient à l'effort militaire. Le bureau du Président était ainsi périodiquement assiégé au cri de « *Disinvest !* ». Mais, plus concrètement, il s'agissait surtout d'éliminer de l'université le Reserve Officer Training Corps. Le ROTC avait été mis en place après la Deuxième Guerre mondiale pour fournir à l'armée et à la marine américaines les officiers dont elles avaient besoin mais qu'elles ne pouvaient pas former dans leurs propres académies. Cette formule permettait ainsi à des étudiants brillants mais peu fortunés de poursuivre leurs études dans les meilleures universités tout en devenant officiers de réserve et en s'engageant à accomplir trois ans de service militaire. Deux fois par semaine, revêtus de leur uniforme, ils partaient aux marges du campus suivre des cours techniques et stratégiques qui comptaient dans leur curriculum universitaire. En pleine guerre du Vietnam, cette présence concrète de l'armée était perçue comme une provocation : les pauvres étudiants engagés dans le ROTC étaient considérés comme des traîtres. La pression contre ce système était telle qu'il fut finalement abrogé après l'occupation de l'université, en 1969.

Mais en 1967 la lutte contre la guerre du Vietnam était encore une lutte de principes menée par une avant-garde militante et pacifiste. Le mouvement ne prit de l'ampleur qu'un an après, lorsque le gouvernement de Lyndon Johnson cessa d'exempter de service militaire les jeunes gens qui faisaient des études au-delà de la licence. Soudain, les étudiants des collèges de toute l'Amérique, pour qui la guerre était jusqu'alors seulement l'affaire de soldats professionnels et des couches les plus défavorisées et les moins diplômées de la population, se sentirent directement concernés, atteints dans leur chair. Ils comprirent qu'eux aussi pouvaient périr dans les marécages vietnamiens.

Le gouvernement mit en place un vaste système de loterie où chaque jour de l'année équivalait à un numéro. Ceux qui tiraient les plus petits partiraient les premiers. Les autres, avec un peu de chance, si la guerre ne durait pas trop, échapperaient peut-être à la conscription. Cette loterie traumatisa une génération tout entière : le soir où elle eut lieu, tout le monde resta devant la télévision à contempler les petites boules qui coûtaient cher en souffrance et pouvaient rapporter la mort. Les plus heureux se précipitèrent pour envoyer des roses à leur mère et la remercier de les avoir fait naître le « bon » jour. Etre né quelques heures plus tôt ou plus tard pouvait tout changer...

Cette sélection arbitraire poussa le gros des troupes étudiantes à rejoindre les rangs de la contestation. Alors commença l'épopée des marches de protestation, des grandes réunions dans les parcs de la Côte Est, des défilés silencieux, des campagnes d'affiches, des pétitions. Une ère d'autoflagellation collective s'ouvrit, la culpabilité nationale à peine apaisée par les chèques envoyés pour reconstruire les hôpitaux du Vietnam du Nord. Cette remise en cause que l'Amérique s'offrait à elle-même dépassa rapidement l'enceinte des campus. Très vite, dans les meetings, les professeurs et les mères de famille vinrent rejoindre les militants et les étudiants. A côté des hippies perdus dans les nuages de la drogue et des universitaires bon teint, des petites-bourgeoises effrayées et des vétérans de la Deuxième Guerre mondiale vinrent protester contre cette sale guerre. On votait avec ses pieds et partout les forces du Bien tenaient le même discours : revenons chez nous, nous n'avons rien à faire là-bas, nous sommes des monstres, ce pays est le plus dangereux qui soit au monde. L'instinct isolationniste, le vieil égocentrisme américain refaisaient surface. Même dans le pire, l'Amérique restait *Number One*.

Mais la guerre, elle, devenait présente. Parmi les étudiants, il n'était plus question que de tuyaux pour échouer à l'examen physique de l'armée : au dernier moment, les uns avalaient un médicament qui fasse chuter leur tension, les autres bâtissaient des scénarios pour simuler des troubles psychologiques. Parfois de simples radios prescrites par le médecin de famille suffisaient. Mais, alors que beaucoup se disaient prêts à quitter le pays pour échapper à la guerre, certains s'engagèrent de bon gré, par patriotisme, par goût de l'action, mais aussi parce qu'ils ne voulaient pas que seules les couches les plus pauvres, les moins cultivées de la nation payent la facture.

La guerre devenait plus pressante. Mais, à mesure que certains revenaient en permission et évoquaient d'un air absent le champ de bataille, elle ne gagnait pas en réalité. Trente heures nous séparaient des marécages, des Vietcongs et des Vietnamiens, mais les lieux et ces hommes n'étaient qu'une pâle toile de fond d'un conflit cent pour cent américain. La guerre pour nous, c'était avant tout l'action étudiante quotidienne, l'agitation entretenue par les héros du mouvement anti-guerre. Ces soldats de la paix s'efforçaient de gagner à leur cause toute la société américaine : ils allaient prêcher « les masses », s'infiltraient dans les mouvements d'extrême droite, assaillaient de pétitions les membres de l'administration, démarchaient la banlieue petite-bourgeoise de Boston. Malgré leurs efforts pour ne pas trop avoir l'air de « contestataires », ils avaient bien du mal à cacher leur dégoût pour le bel ordre domestique d'une Amérique bien rangée.

Et pourtant, derrière les jeans troués, les cheveux longs, les symboles de paix et de pureté, la musique psychédélique et l'encens, derrière les portraits de Castro et les références à Hô Chi Minh, ils exprimaient le même conformisme que ceux qu'ils critiquaient. La marijuana remplaçait les Martinis, une certaine liberté sexuelle tentait de se greffer sur le vieux formalisme. Le LSD remplaçait le capitalisme comme mirage, mais les comportements restaient presque les mêmes, encore marqués par la conscience puritaine.

Le discours, cependant, était tout autre. Au fond de notre camp retranché, où il ne fallait faire confiance à personne qui ait plus de trente ans, les appels téléphoniques de nos familles faisaient figure de messages extraterrestres. Comme ceux de Dustin Hoffmann dans *Le Lauréat*, notre film culte, tous les parents étaient honnis : à aucun prix, il ne fallait suivre leurs conseils, adopter leur style de vie, accepter leurs idéaux, leurs ambitions. Les petits cadeaux que j'achetais à mes parents pour le Nouvel An étaient source d'étonnement chez mes camarades, qui ne comprenaient pas que je cherche à leur faire vraiment plaisir et que je puisse prendre le temps de choisir des livres, des bibelots qui sortent un peu de l'ordinaire, quand eux se contentaient de l'inévitable flacon de parfum ou de whisky. Mes présents n'auraient sans doute pas plu à leurs parents, qui ne les auraient même pas « compris », disaient-ils. Et sans doute était-ce le cas.

L'université, censée exercer sur nous une tutelle *in loco parentis*, suscitait la même rage de rébellion Le port de la cravate, les *parietals*, les cours obligatoires, le système de notation, le rapport souvent distant avec les professeurs paraissaient autant de contraintes insupportables pour des étudiants qui ne voulaient plus subir l'autorité des « vieux ». Comme à propos du Vietnam, il s'agissait de s'opposer à une autorité absurde, qui s'égarait. Déjà, face au Harvard traditionnel émergeait un monde nouveau, qui mêlait contestation étudiante, progressisme de certains professeurs et revendications identitaires noires ou juives. La tour d'ivoire se désagrégeait.

La culture de ces années troublées était pétrie de snobisme et de refus. Le gouvernement, Wall Street, les banques, les professions libérales devenaient des forces du mal. Le monde des idées (pures) se devait de lutter contre le monde du pouvoir (impur) et surtout contre ceux qui offraient leurs idées au Prince, les *policymakers*. Le combat ne faisait pas rage entre Harvard et Washington, mais entre des morceaux incompatibles de Harvard même. La guerre idéologique faisait ainsi rage au sein même de l'université : la Faculté des Arts et des Sciences incarnait le bien menacé par ces deux monstres diaboliques, ces créatures du pouvoir qu'étaient la Harvard Medical School et surtout la Harvard Business School, toutes deux situées de l'autre côté de la rivière Charles. Et les deux camps, repliés sur leur rive, se disputaient la suprématie sur la Harvard Law School, dont la population était la plus mélangée et qui restait le lieu symbolique du pouvoir légaliste américain. En fait, la lutte contre l'*Establishment* reflétait les restes du vieil élitisme intellectuel qui en était le produit.

Les disciplines étudiées dès le collège elles-mêmes traduisaient ces divisions : chacune était évaluée en fonction de sa capacité concrète à résoudre les grandes questions d'actualité. Les humanités classiques étaient évidemment décadentes, d'autant plus qu'elles étaient enseignées par de vieux professeurs WASP. Les langues modernes et les littératures étrangères relevaient presque du dandysme, sauf si l'analyse littéraire se vouait à la critique sociale. Les disciplines scientifiques, elles, étaient plutôt suspectes. Ne contribuaient-elles pas plus ou moins à l'effort militaire ? Il ne restait donc que les sciences sociales, seules capables d'apporter des réponses aux problèmes politiques et sociaux. La sociologie et la science politique dominaient donc, soutenues par l'histoire et l'ethnologie, censées par la distance du regard enrichir la réflexion contemporaine. Même le choix entre les cours n'était jamais neutre : c'était le reflet de l'« âme » politique de chacun, comme chaque déclaration, chaque prise de position, chaque idée. Nous nagions en plein réductionnisme, en plein déterminisme. Il fallait par exemple se faire « pardonner » de s'intéresser à la physique et compenser en suivant des cours sur des problèmes d'actualité, culte de la *relevance* oblige.

Seules les minorités échappaient à cet impérialisme de l'idéologie régissant chaque parcelle de la vie individuelle. Les noirs par exemple, puisqu'ils constituaient à eux seuls un problème et un enjeu, pouvaient légitimement ne s'intéresser qu'à eux-mêmes. La dispute faisait d'ailleurs rage entre les radicaux, qui exigeaient que les études noires soient regroupées au sein d'un même département consacré à l'identité « afro-américaine », et les « conservateurs », pour qui ce n'était pas un sujet en soi. Les juifs pouvaient se plonger dans l'étude de vieux manuscrits hébreux sans être taxés d'érudition décadente. Ces comportements passaient pour une forme d'opposition à la domination de la culture WASP, pour les signes d'une conscience politique aiguë. De même, il était admis que les adeptes de la *kashrut* se retrouvent dans leur propre centre pour prendre leurs repas : nul n'aurait songé à dénoncer dans cette pratique un traditionalisme un peu désuet. C'était plutôt le mode d'expression légitime d'une communauté qui revendiquait son droit et par là même accomplissait un geste politique. Aussi réclamait-elle de l'université qu'elle prenne enfin en compte le calendrier des grandes fêtes juives, dernière victoire sur un monde cloisonné qui avait jadis dressé des quotas implicites à l'entrée des juifs dans son sein. La connaissance était donc rien moins que gratuite, c'était plutôt le terrain d'affrontements de ligues, de camps, de factions ennemies, le carrefour de multiples lignes Maginot de l'esprit.

Non seulement il fallait étudier des sujets brûlants, mais il fallait aussi servir la communauté : aider les jeunes noirs illettrés des quartiers pauvres de Boston, enseigner dans les prisons, s'occuper des femmes battues, assister les sans-abri dans leurs démarches, organiser la résistance aux expulsions. Il fallait à tout prix faire « quelque chose ». L'activisme social était roi et, sous le verbe politique, perçaient encore les catégories morales de l'éthique protestante. Pour certains, c'était même une activité à temps plein, même à la Harvard Law School, où de plus en plus d'étudiants brillants boudaient les grands cabinets new-yorkais pour le *government service*. D'autres consacraient un jour par semaine à la défense des démunis, loin de leurs cabinets lambrissés. Au sein de la Faculté des Arts et des Sciences, les professeurs eux-mêmes étaient touchés : tel spécialiste de l'empirisme logique se mettait à lire et à commenter les œuvres de Lénine, tel biologiste prêchait le marxisme. Tous étaient tiraillés entre leurs orientations intellectuelles et scientifiques et leurs sentiments politiques du moment.

Lors de l'occupation du collège en 1969, lorsque tous les étudiants et une bonne partie des professeurs se rassemblèrent pour manifester dans le stade, la confusion et le désarroi de cette microsociété éclatèrent au grand jour. Le psychodrame harvardien servit de catharsis pour toutes les angoisses et les peurs suscitées par une nation en pleine désagrégation. L'Amérique des bonnes intentions libérales, de la lutte contre la pauvreté et le racisme, l'Amérique de mes années à Atlanta avait laissé la place à celle de la haine. L'assassinat de Martin Luther King avait détruit les prémices de confiance entre les noirs et les blancs, le fossé de nouveau s'était creusé et le ghetto refermé, qui allait conforter les voix noires les plus extrémistes. Les ghettos en flammes, l'assassinat de Robert Kennedy allaient secouer les élites blanches réformistes. Les *hardhats*, noyau dur des ouvriers du bâtiment, ne cachaient plus leur haine pour les étudiants, qu'ils jugeaient stériles. Les policiers s'en prenaient aux contestataires. Les illusions libérales et le mythe d'une démocratie bienveillante s'écroulaient dans la violence d'un pays malade. Les Etats-Unis entraient en guerre avec eux-mêmes.

Au printemps 1970, le printemps de mes vingt ans, la coupe était déjà pleine : l'invasion du Cambodge, la garde nationale tirant sur les étudiants de Kent State la firent déborder et la vie de l'université, qui avait plus ou moins supporté les autres tragédies nationales, cette fois, s'arrêta net. Les étudiants se mirent en grève, les professeurs annulèrent leurs cours, les examens n'eurent pas lieu. L'administration, elle, préparait la cérémonie du *Commencement.* Cette fête solennelle et joyeuse, qui marquait pour les étudiants l'entrée dans la vie adulte, incarnait à la perfection l'essence de Harvard. Selon la tradition, elle s'ouvrait par l'entrée du *Board of Overseers*, le conseil exécutif de l'université, en jaquette et haut-de-forme, suivi par le Président, les doyens, et le corps professoral, tous en grande tenue. Vêtus de leur robe noire, les étudiants qui allaient recevoir leur diplôme formaient le public avec leurs parents. C'était à eux que s'adressaient les orateurs : les gagnants des prix qui avaient préparé leur oraison en latin, ceux qui avaient composé l'éloge des maîtres ou de la classe, ainsi que le Président de l'université et surtout l'invité d'honneur, dont le discours faisait souvent la une de la presse nationale. Ainsi, c'était au *Commencement* de Harvard, en 1947, que George Marshall avait annoncé au monde son plan pour la reconstruction de l'Europe. L'auguste université s'offrait des célébrations à la mesure de sa tradition et de son prestige et, pour tous les parents, ce moment marquait l'apothéose et l'accomplissement de leur mission. Désormais, les jeunes gens qu'ils avaient portés entraient dans l'âge adulte.

En 1970, ce fut plutôt l'entrée dans l'âge du cataclysme. La cérémonie fut un chaos : l'université n'avait pu imprimer de programme puisque la liste des lauréats n'était pas arrêtée, les étudiants refusaient de porter la robe noire. Ils brandissaient des banderoles pacifistes, arboraient des bandeaux colorés au lieu du traditionnel mortier. Lorsque le Président de l'université se leva pour ouvrir la cérémonie, il fut immédiatement interpellé par une énorme femme noire venue l'insulter au nom des locataires d'un immeuble que l'université possédait à la périphérie. La bagarre commença lorsque les forces de l'ordre voulurent l'emmener : étudiants et professeurs, au mépris du protocole, exigèrent qu'on lui donne la parole. Finalement, elle put lire ses interminables revendications et quitta l'estrade en vitupérant. La cérémonie reprit, glaciale, vide. De pâles étudiants ânonnèrent leurs oraisons dans l'indifférence générale. Je n'ai aucun souvenir des invités et de leurs discours. Parlèrent-ils de l'avenir radieux qui s'ouvrait devant nous ? Firent-ils allusion à l'actualité ? Le faste de la cérémonie aurait dû être un dernier cadeau d'enfant offert à nos parents. Il avait un goût amer, un goût de fin de monde.

Sacralisés par le temps et par le souvenir, la contestation et son héroïsme de pacotille devaient marquer toute une génération. Par-delà les espoirs placés en un monde nouveau qu'il fallait à tout prix instaurer dès maintenant, c'était une contestation profondément pessimiste, enfantée dans la crise et dans la douleur, dans le plus grand sérieux. Peu d'humour, peu de folie, pas de plage sous les pavés : tôt ou tard, les héros réintégreraient les murs de Harvard l'éternelle. Il resterait quelques traces vagues, des mots brûlants surtout, mais la bourrasque serait passée.

Pourtant, la critique de l'*American Way of Life*, qui fleurissait alors, rejoignait mes propres griefs contre les Etats-Unis. D'autres, enfin, hurlaient ce que j'avais toujours pensé de l'autosatisfaction WASP, de l'impérialisme américain, du racisme des blancs, du cloisonnement des communautés, du mode de vie étriqué et matérialiste de la *middle class*. J'aurais pu me sentir proche des contestataires, j'aurais pu me sentir appartenir à cette Amérique différente qu'ils tentaient maladroitement d'incarner. Mais leur ton, leur égocentrisme, leur isolationnisme, leur vision du monde et de l'Europe me coupaient d'eux. L'Européenne en moi résistait à la tentation de se fondre dans cette comédie américaine où les autres n'étaient jamais que de vagues comparses.

L'Europe à Harvard

L'Europe à Harvard était partout : dans les cours de littérature, d'histoire, de sciences ou d'art, dans les rayons des bibliothèques, les musées, dans les conversations. Elle dictait le luxe, l'exigence intellectuelle, l'élégance. Mais c'était une abstraction, un parfum à mi-chemin entre la nostalgie et l'exotisme. L'Europe réelle, l'Europe vibrante n'était nulle part.

Quelques points de repères, quelques lieux tentaient vaguement d'en figurer les symboles. Et d'abord la librairie Schoenhofs, tenue par des Allemands guindés, où triomphaient le jaune vif des Classiques Garnier, le gris raffiné de Fischer Verlag, les couvertures illustrées de Einaudi ou la collection blanche de Gallimard. Peu d'étudiants osaient entrer dans le magasin pour en déranger le bel ordre austère. Bien peu d'ailleurs en auraient eu les moyens. Dans l'ensemble, nous préférions la librairie d'occasion voisine. Pour un ou deux dollars, elle permettait de se perdre dans les méandres de l'empire britannique, dans les sonnets de Shakespeare ou dans les classiques américains et le propriétaire était accueillant.

Mais l'Europe c'était aussi, et pour certains, surtout, la nourriture. Dans la rue la plus élégante de Harvard, Cardullo's offrait un amoncellement de gourmandises raffinées. On y trouvait tout ce qui était bon et cher : le marzipan allemand côtoyait des biscuits français, du *panforte* italien, des chocolats belges et des bonbons et du thé anglais, quelques rares fromages, allemands et hollandais surtout, qui avaient franchi les barrières dressées par la Food and Drug Administration terrifiée par les camemberts et autres pâtes molles. Comme chez Schoenhofs : on était mal reçu et surtout il fallait beaucoup débourser. La madeleine européenne, avant que l'Europe ne se lance dans le marketing de ses produits, coûtait très cher. Et pourtant tout le monde accourait, puisqu'il était de très bon ton, pour recevoir, de servir de la nourriture venue du vieux monde.

De même les étudiants un peu fortunés invitaient les jeunes filles qu'ils voulaient impressionner dans des restaurants européens chic. Les restaurants mexicains ou chinois ne faisaient donc pas du tout l'affaire : ils sentaient trop leur tiers-monde. L'Italie, elle, se réduisait encore aux pizzas et aux lasagnes qu'on allait avaler pour s'encanailler dans le quartier immigré. Ferdinand's, un petit restaurant français caché dans une maison de bois rouge très XVIIIe, incarnait au contraire le fin du fin. Après le ballet du personnel en grande tenue, le luxe de la vaisselle, du linge de table, les démonstrations de bonnes manières, le mythe des amours françaises aidant, on pouvait s'attendre à des avances sérieuses. Outre le décor, ce qui comptait surtout, c'était le nom des mets et la calligraphie du menu : on venait « sentir » l'Europe, en dépit des façons parfois encore un peu rustaudes et gauches des serveurs et de la cuisine elle-même, bien artificielle.

Pour échapper à ces clichés intemporels, il ne restait guère que le magasin Marimekko et ses objets design scandinaves ou italiens et le petit cinéma qui présentait les chefs-d'œuvre de l'avant-garde européenne. Il apportait une bouffée d'air, celle d'un cinéma qui manifestait une qualité désespérément absente de l'horizon américain : la « complexité ». Mais seule une poignée d'étudiants bien « intellectuels » goûtaient les délices en noir et blanc des soupirs et des silences bergmaniens, des dialogues de Godard ou de la fausse jovialité fellinienne. Pour les autres, l'Europe, c'était la toile de fond très couleur locale de *Casablanca*, ce film culte pour des générations d'étudiants qui s'entassaient deux fois par an dans la même salle pour reprendre en chœur les répliques d'Humphrey Bogart et de Claude Rains, gendarme magouilleur et bienveillant, pour gémir aux souffrances d'Ingrid Bergman et rêver des missions secrètes de Victor Lazlo. Les bruits de la guerre et de la résistance se perdaient dans le brouillard de la piste sur laquelle ils décollaient : l'Europe lointaine était invisible.

A la fin des années soixante, *Le Monde*, le *Corriere della Sera*, le *Frankfurter Allgemeine* et le *Times* arrivaient avec plusieurs jours de retard au kiosque de Harvard Square, où l'on trouvait aussi quelques vieux numéros poussiéreux de *L'Express*, de *Der Spiegel* ou de *L'Espresso*. Il fallait répéter trois ou quatre fois un titre avant que le vendeur comprenne et le trouve. A côté des piles imposantes du *New York Times*, du *Washington Post* et du *Boston Globe*, les journaux du vieux continent paraissaient à la mesure de leurs pays : petits et toujours en retard.

Ainsi l'Europe était-elle plutôt discrète, même si sa culture pesait sur l'enseignement délivré à l'université. Mais cette référence était ambiguë. L'Amérique revendiquait le message universel d'une Europe berceau de la culture occidentale, d'une Europe mère dont elle cherchait à garder les traces, à perpétuer l'essence. Mais comme pour mieux mettre en valeur l'exception américaine et ce que les Etats-Unis, respectueux de leurs racines lointaines, avaient su créer de neuf et de meilleur. Aussi Harvard, l'Athènes et la Rome du Nouveau Monde, cœur de la tradition puritaine et pionnière, pépinière de présidents, terreau de l'engagement dans les deux guerres mondiales, refuge de ceux qui étaient pourchassés dans le vieux monde, point de départ du Plan Marshall, incarnait-il à merveille et la dette de l'Amérique à l'égard de l'Europe culturelle et son orgueil de fille prodigue démocratique. De ce point le plus européen du continent américain, on contemplait le vieux monde avec admiration et condescendance.

Incarnant les valeurs de l'Occident aussi bien que les données culturelles et politiques des pays qui la composent, l'Europe était présentée à Harvard comme une Matriochka, poupée russe cachant en son sein plusieurs autres plus petites. Les étudiants des premières années, à la faveur d'un cours intitulé « Civilisation occidentale », qui allait de Platon à Sartre, pouvaient découvrir la grande poupée mère de la culture occidentale, mais sans l'ouvrir. Lorsque enfin ils parvenaient à découvrir la deuxième ou troisième poupée, c'était encore une grande masse culturelle qu'on leur présentait, un vaste ensemble censé aller de l'Atlantique à l'Oural. Ils plongeaient alors dans un univers où Dante donnait la main à Chaucer, Cervantes à Montaigne et Spencer, Dostoïevski à Flaubert et George Eliot, puis Tolstoï à Zola et Svevo. Le doigt divin de Michel-Ange faisait communiquer les triptyques moyenâgeux et les figures dansantes de Matisse. Seuls les étudiants qui voulaient se spécialiser avaient la volonté d'ouvrir la Matriochka tout entière pour atteindre les dernières petites poupées de l'identité nationale fut-elle française, anglaise ou italienne. A la fin, on refermait le tout. Le bel objet, décoratif et valorisant, était placé sur une étagère, à côté de la Constitution américaine, d'un masque africain, d'une gravure japonaise. L'étudiant désormais « cultivé » pouvait aborder le droit, la\médecine, les affaires... le monde réel autrement dit.

Cette métaphore était valable aussi pour le regard américain sur toute l'histoire de l'Europe. Les plus grandes poupées incarnaient les siècles formateurs, qui culminaient dans le Siècle des Lumières et la création des Etats-Unis. Les poupées du milieu représentaient les nationalismes du XIXe siècle et les dernières, les plus petites, les différentes pièces d'un continent affaibli par deux guerres mondiales. Dans le plus profond de l'inconscient américain régnait la certitude (poliment non exprimée) que la montagne de la culture et de l'histoire européennes avait accouché, dans l'horreur du XXe siècle, de souris nationales s'agitant de façon incohérente et sans poids sur la scène internationale dominée par les Super-Grands. L'Occident avait triomphé sur les cendres de l'Europe, qui ne pouvait plus être qu'un petit coin charmant appelant la nostalgie, où la conscience occidentale pouvait se promener pour cueillir les fruits confits de la Culture, les pousses vitales se trouvant ailleurs.

Désormais, sous-ensemble de l'Occident, cette Europe épuisée était de surcroît émiettée. Par le clivage entre l'Est et l'Ouest tout d'abord, qui faisait un premier tri sans pitié : seul l'Ouest conservait une identité véritablement occidentale. L'Est avait sombré dans le gouffre soviétique d'après Yalta. Le monde culturel de la vieille Mitteleuropa avait été remplacé par celui des « satellites » soviétiques tous semblables.

Les divisions à l'intérieur de l'Europe occidentale étaient encore plus importantes culturellement puisqu'elles contenaient toutes les facettes de l'identité américaine elle-même. La première opposait au « continent » la Grande-Bretagne. Pour des raisons évidentes et parce qu'elle paraissait incarner le meilleur de l'Europe ancienne. Harvard d'ailleurs était voué au culte des mœurs universitaires britanniques et, quelles que soient leurs origines, tous les étudiants se sentaient un peu des racines dans cette terre qui avait donné Oxford et Cambridge. Après les berceuses enfantines, les récits de Dickens et le *Christmas pudding*, un séjour en Angleterre constituait d'ailleurs pour beaucoup une manière d'accéder aux valeurs des élites WASP ancrées dans leur attachement à la mère patrie.

Si la Grande-Bretagne rassurait, la France représentait un dépaysement total, une attitude radicalement autre. On se tournait vers elle, phare de toute une gauche américaine un peu frustrée, quand on voulait s'évader de l'Amérique et de son carcan de traditions consensuelles pour respirer le feu de la discorde. Seuls des passionnés aimaient la France, pour la richesse de sa littérature, pour son radicalisme politique, pour son histoire mouvementée, pour la grandeur de sa comédie humaine dans tout son drame et sa profondeur. L'esprit démocratique américain, opposé au pouvoir colonialiste anglais et fier de sa République fondée sur la Déclaration d'Indépendance, trouvait dans la tradition française l'« autre » message universel des Lumières. La comparaison entre la révolution américaine (avec un petit r) et la Révolution française (avec grand R), entre le monde anglo-américain et la France constituait donc un des grands sujets d'analyse historique à Harvard, à côté du puritanisme, obsession des américanistes. Tous les étudiants d'histoire lisaient Tocqueville, « francophiles » comme « anglophiles ». Le fossé du *Channel* se reconstituait outre-Atlantique.

Les liens avec l'Allemagne étaient beaucoup plus complexes. Il ne s'agissait évidemment pas d'amour, et bien souvent, on avait des comptes à régler avec elle. Ceux qui, sous l'égide des écrits de Max Weber, se consacraient à l'étude de l'Allemagne oscillaient donc entre antipathie et désir de comprendre. Ils étaient bien loin de la fascination qu'éprouvaient certains pour la France ou de la piété filiale que ressentaient d'autres à l'égard de la Grande-Bretagne. Les douze ans du Troisième Reich avaient déteint sur tout le passé allemand, où l'on cherchait toujours plus ou moins les signes avant-coureurs de l'ultime folie suicidaire. Plus largement, le destin allemand semblait attester la faillite du continent tout entier.

Les professeurs eux-mêmes reflétaient ces approches contradictoires de l'Europe. Trois générations se côtoyaient alors. Celle des Américains de vieille souche, fiers de leur guerre d'Indépendance et de leurs institutions. Pour eux, l'Angleterre ne représentait plus un ennemi, mais un géniteur aimé, dont il était normal de s'être séparés l'âge venant. Comparée à une Amérique trop « récente », elle incarnait « la civilisation ». La France était honnie, comme l'était le modèle soviétique ou l'interventionnisme rooseveltien, deux avatars du jacobinisme. D'autres enseignants, plus jeunes, moins Nouvelle-Angleterre, étaient surtout portés sur l'étude de l'Europe continentale. Beaucoup de ces quinquagénaires avaient été marqués par la dernière guerre qu'ils avaient vécue alors qu'ils étudiaient sous la férule de William Langer, le grand professeur d'histoire diplomatique de Harvard. Ils l'avaient suivi à Washington lorsqu'il avait été nommé à la tête du Bureau d'Etudes stratégiques et avaient souvent accompli leur service militaire en Europe même. Ils avaient vécu la libération du vieux continent et sillonné les villes bombardées pour interroger les prisonniers de guerre et saisir tous les documents qui devaient constituer les premières archives. Cette mission dans l'Europe détruite avait été le grand moment de leur vie, qu'ils ne se lassaient jamais de raconter encore et encore à des étudiants qui pensaient plus au Vietnam. Pour ces anciens membres de l'OSS, l'Europe était un continent fini, un suicidé de l'histoire. Les uns voulaient conserver la culture qui risquait d'être à jamais perdue sous les décombres des villes ; les autres cherchaient surtout à comprendre comment on en était arrivé là. Mais tous cherchaient surtout à tirer des leçons qui servent l'Amérique et n'étaient guère touchés par l'Europe de l'après-guerre. Ils n'avaient pu ou su profiter de l'éclairage fourni par les quelques résistants français ou italiens, comme Gaetano Salvemini, qui étaient venus se réfugier sur la Côte Est des Etats-Unis pendant la guerre et qui vivaient essentiellement entre eux, désorientés par une explosion dont ils avaient été un temps les spectateurs impuissants, et surtout, impatients de reprendre le combat.

La troisième génération de spécialistes voyait dans l'Europe un simple objet d'analyse, une source inépuisable de « cas » et de « modèles » pour une réflexion plus vaste. Formés dans le contexte positiviste de l'après-guerre, où les enjeux économiques et sociaux de la reconstruction et de la modernisation primaient la vieille histoire diplomatique et culturelle, ces historiens et ces politologues se penchaient sur l'Europe comme sur un malade dont la longue histoire clinique pourrait être utile à l'avancée de la science. Pour eux, les sociétés s'apparentaient à des corps et comme tels connaissaient d'abord une phase de développement vers la maturité qui impliquait le partage progressif du pouvoir, la réforme agraire, l'industrialisation, l'affirmation de l'Etat et du contre-pouvoir parlementaire. Si tout se passait bien, tel pays pouvait devenir moderne, atteindre l'âge adulte sans trop d'encombre. Si au contraire une étape se passait mal, c'était fatalement le rachitisme, la stagnation, le retard. Ce schéma, extrêmement normatif, reposait sur la référence plus ou moins explicite au modèle anglais. L'histoire de l'Angleterre lui avait permis de devenir une société libérale évoluée, puissante et démocratique. La France, elle, avait dû se développer dans la violence, mais sa société incroyablement stable l'avait sauvée, alors que l'Italie ou l'Allemagne avaient tout raté. L'Europe devenait ainsi un vaste laboratoire de recherches où tester des catégories politiques qu'on pourrait faire fonctionner dans les pays « en voie de développement ». Il n'était plus question de conserver ou d'admirer un passé, il importait de comprendre les malformations qui avaient fait chuter certains pays afin d'éviter qu'elles n'atteignent l'Amérique latine, l'Afrique ou l'Asie. Fascisme italien, Etat-nation français, essor économique britannique, autant de variations qui pouvaient « prendre » aux quatre coins du monde. A l'échelle mondiale, il importait peu que l'Europe, soumise au bistouri analytique, soit vivante ou morte, que les scientifiques à son chevet soient des pathologistes en pleine autopsie ou des anesthésistes attendant son réveil.

Les rares Européens qui enseignaient à Harvard étaient peu enclins à résister à cette approche. Ils avaient bien souvent été les victimes de la folie raciste du vieux continent et ne pensaient qu'à rompre avec lui. Ils se considéraient comme les derniers témoins d'un monde disparu, dont ils étaient venus offrir les précieux restes à une Amérique encore dans sa pureté originelle. Leur image de l'Europe était donc elle aussi foncièrement négative. Elle était partagée par les « cerveaux » européens arrivés après la guerre, poussés cette fois-ci non par le racisme mais par les ankyloses bureaucratiques du vieux continent.

La nouvelle génération des contestataires, souvent encore étudiants, inversa ce regard porté sur le vieux monde. Les radicaux américains virent dans l'Europe le pendant de leur révolte. Ils y trouvèrent comme par miracle tout ce qui leur faisait cruellement défaut aux Etats-Unis : une riche tradition intellectuelle de gauche, une classe ouvrière qui s'érigeait en avant-garde de la société, des partis actifs. Ces forces, qui paraissaient « vieux jeu » à beaucoup de modernisateurs, devinrent soudain, par une inversion de valeurs, un espoir. L'Angleterre devenait le pays de la première classe ouvrière et des luttes de classe. La France était la patrie révolutionnaire par essence, l'Allemagne, avec la découverte de l'Ecole de Francfort, celle du rayonnement intellectuel et critique, l'Italie, la terre promise pour un socialisme à visage humain. Tout était inversé dans cette Europe imaginaire, pur produit des rêves et des frustrations de la gauche américaine. On revenait sans cesse sur les luttes politiques européennes des années trente, sur les conséquences de l'interventionnisme américain d'après la dernière guerre, sur les responsabilités dans la Guerre froide. On piochait à plaisir dans une Europe grenier vidée de tout contenu propre pour y puiser de quoi alimenter le débat politique américain.

A l'inverse, les spécialistes des relations internationales, les conseillers des politiques vivaient dans la terreur d'une nouvelle explosion en Europe, qui aurait fait le jeu de l'URSS. Pour ce petit monde aux attaches washingtoniennes, l'Europe était par définition l'œil du cyclone, où devait régner un calme précaire dû à l'action des Super-Grands. Rien ne devait bouger dans ce théâtre glacé sous peine de faire tomber le château de cartes. Cette Europe de l'après-guerre, amputée à l'Est et emmaillotée à l'Ouest dans une écharpe atlantique censée la protéger contre les vents sibériens, semblait prendre sa consistance grâce à l'OTAN. Les stratèges vivaient dans la terreur que, sortis de leur corset, les différents pays ne s'éparpillent dans le plus grand désordre et ne retrouvent chacun une identité qui aurait menacé l'ensemble. De Gaulle, surtout, dérangeait par son refus de la logique des blocs et l'on se moquait de ses rêves et de ses velléités d'indépendance pour la France, de ses déclarations anti-atlantiques ou de ses projets d'ouverture intra-européenne. Ses démêlés avec les étudiants en 1968 furent accueillis avec un plaisir certain par les stratèges. Ils changèrent vite d'avis lorsqu'ils commencèrent à craindre une éventuelle victoire de la gauche.

Ce spectre les hantait : impossible de critiquer la Démocratie chrétienne italienne, le franquisme ou les Colonels en Grèce sans s'entendre dire que des considérations supérieures exigeaient qu'on appuie ces régimes afin de sauver l'équilibre précaire de l'Alliance. L'Europe en convalescence avait le droit et même le devoir de croître, de consolider sa communauté économique. Mais personne ne croyait vraiment dans la CEE, vilipendée par une gauche anti-capitaliste, conspuée par les bureaucraties nationales, ignorée par des populations refermées sur elles-mêmes. Surtout, la CEE paraissait dépourvue d'utilité pour les besoins exclusifs de l'Amérique, mais il n'était pas question de la craindre tant elle semblait une invraisemblable création technocratique.

Telles étaient les clés dont je pouvais disposer à Harvard à la fin des années soixante. Mais aucune n'ouvrait les portes de « mon » Europe. Les radicaux, les stratèges, les historiens WASP, les *social scientists* se ressemblaient finalement tous dans leur passion froide pour un sujet qui ne les touchait pas de près. Tous me représentaient une Europe fragmentée, amputée d'elle-même, une fiction où s'exprimaient surtout des passions et des concepts américains. Mon Europe à moi était plus faite de douceur quotidienne, de justice politique, de socialisme humaniste, d'ouverture sociale et culturelle. Sans doute était-ce aussi une abstraction, un mirage, mais au moins avais-je grandi avec. Et surtout, quand elle semblait à beaucoup synonyme d'un passé révolu, elle incarnait pour moi un futur riche d'espoirs qu'il n'était pourtant pas question de conjuguer avec des utopies révolutionnaires. Et puis surtout, je faisais l'expérience de l'impossibilité profonde pour les Américains de se mettre à la place des Européens : on pouvait étudier, aimer l'Europe, lui envier certains traits, mais même les esprits les plus cosmopolites, les européophiles les plus convaincus restaient au fond d'eux-mêmes persuadés que le monde américain était meilleur. Des Européens avaient pu devenir américains, mais il était inconcevable que des Américains deviennent européens. Quel immense saut en arrière cela aurait été. Lorsqu'ils avaient le moindre problème de santé à l'étranger, ils revenaient précipitamment chez eux, au bercail, ils redevenaient de simples Américains. Les femmes qui n'avaient pas accouché *back home* racontaient leur expérience comme si elles avaient vécu une cérémonie initiatique auprès d'une tribu perdue. L'abîme culturel qui séparait les deux côtés de l'Atlantique était immense, au cœur de l'Amérique la plus cultivée, la plus apparemment ouverte.

En décidant de repartir en Europe, je ne souhaitais pas seulement laisser derrière moi Harvard et ses étudiants révoltés, mais l'Amérique tout entière, une Amérique tragique, pâle et fatiguée, qui m'avait déçue par sa violence. Le rêve de Martin Luther King s'était écroulé dans le sang, dans l'hypocrisie généralisée et dans l'impuissance. Je me sentais orpheline d'un idéal dont j'avais cru qu'il pourrait me donner des attaches.

Cette déconfiture américaine, je pouvais la mesurer dès que je sortais de l'enceinte dorée de l'université et surtout lorsque je prenais un de ces bus Greyhound qui m'emmenait à New York chez mes parents. D'autres étudiants faisaient le voyage. On les reconnaissait facilement. Ils avaient un sac à dos plein de livres, un roman dans la main. On sentait bien qu'ils ne prenaient l'autocar que pour économiser un peu d'argent et parce qu'ils étaient encore jeunes. Leur « vrai » mode de transport, c'était la voiture et l'avion, qu'ils emprunteraient toujours dès leurs études achevées. A côté d'eux, c'était une foule de personnes âgées, de noirs, de mères de familles, de jeunes paumés : l'anti-*Establishment* américain.

Il y avait les « déchus », des ingénieurs en préretraite pour cause de brutale restructuration économique, qui, pour payer les études de leurs enfants, avaient dû hypothéquer leur maison, chercher de petits travaux, vendre leur belle voiture. Il y avait des femmes noires *on welfare* (assistées), qui allaient à un mariage ou à un enterrement, lasses, usées par des années de tâches domestiques. Il y avait bien eu une fois un mari, un espoir de vie normale, mais la suite était connue de tous : alcool, drogue, infidélité, chômage, petits délits.

Il y avait les paumés, pour qui l'Amérique comme pour Kerouac était une route sans fin et Greyhound son prophète. Ceux-là racontaient avec une certaine fierté les innombrables petits boulots qu'ils avaient pratiqués aux quatre coins du continent. Ils ne voulaient pas d'avenir et comptaient sur leur débrouillardise comme d'autres sur leurs diplômes. Tout était sujet d'*experience*, la vente de glaces, la réparation de pneus, le démarchage de produits d'entretien, le travail agricole saisonnier, le lavage de vitres, dans une vie d'errance qui ne laisserait ni traces ni souvenirs.

La plupart étaient sans complexes et plutôt passifs. Bien sûr, ils se voulaient hostiles aux classes dirigeantes et aux privilégiés du système. Mais tout élan de révolte était désamorcé, peut-être par la conviction que l'injustice dont ils faisaient les frais résultait aussi de leurs propres faiblesses. Pourtant il suffisait, lorsque c'était mon tour de répondre à leurs questions, que je me dise « européenne » pour qu'un lourd silence tombe entre nous. Ils ne connaissaient pas d'Européens ; ils n'avaient jamais fait et ne feraient jamais *le* voyage. Ils se méfiaient instinctivement du vieux monde et cherchaient à se ressaisir devant un étranger. Soudain leur ton changeait. Désormais, comme pour ancrer leur petite existence dans un destin collectif plus grandiose, ils employaient des impersonnels et parlaient avec emphase du *« way we do things over here »*.

Et puis venait New York, le Bronx et Harlem que traversait d'abord l'autobus, ces zones sinistrées qu'aucune guerre pourtant n'avait détruites, mais seulement la pauvreté, la désintégration sociale, et puis la gare routière, où se déversait à toute heure la masse travailleuse de Manhattan. Quel espoir pour les habitants de New York ? Ce n'était déjà plus le *Big Apple* de l'après-guerre. Ce n'était pas encore le point de rencontre des élites cosmopolites des années quatre-vingt. C'était tout simplement le symbole du déclin d'un monde.

Sur fond de conflits entre noirs et juifs, de grèves, d'écroulement des services publics, de déficit du budget municipal, je regardais cette Amérique exsangue à travers les yeux de ces masses épuisées, humiliées par des soubresauts économiques qui leur étaient incompréhensibles, par la violence endémique et la certitude que la ville phare avait perdu son âme. Je contemplais aussi cette Amérique avec les yeux de ma mère. Elle avait quitté l'université noire d'Atlanta deux mois après l'assassinat de Martin Luther King. Elle avait laissé derrière elle un rêve brisé, une communauté noire galvanisée par la haine, l'obsession du *Black Power,* qui dissimulait mal son impuissance. A New York, elle avait trouvé un poste dans un collège de banlieue, où la vaste majorité des étudiants étaient italo-américains. Ils appartenaient à cette nouvelle classe moyenne qui fournissait le gros des usagers des trains de banlieue et constitueraient ensuite l'aile marchante de la « majorité morale » reaganienne. L'histoire avec le grand H de l'aventure du *civil rights* laissait la place à une Amérique de bouffées contestatrices ou de petits pas frileux, dans la violence du désespoir. Je ne voulais ni des uns ni des autres. Il fallait partir.

L'AMÉRICAINE

Intermezzo italien

A l'automne 1970, j'arrivai en Italie avec mon B.A. *summa cum laude* et ma bourse Fulbright en poche. Sur le papier, aux yeux des autres aux Etats-Unis, cette année qui s'ouvrait pouvait s'apparenter à une simple étape dans un cursus universitaire bien américain. Pour moi, au contraire, elle signifiait le retour en Europe, les retrouvailles avec un continent, avec une part de moi-même. C'est pourquoi j'avais refusé une bourse qui m'aurait ouvert les portes d'Oxford et lui avait préféré l'Italie. A quoi bon partir pour l'Angleterre, à quoi bon se mettre en quête des racines britanniques de Harvard, quand c'était à mes propres sources que je voulais retourner ? Le moment était venu de me plonger dans les profondeurs de cette Italie qui avait dominé jusque-là ma vie, mais d'un peu loin.

Je n'étais plus l'enfant ou l'adolescente des années soixante, mais une jeune femme plus mûre, plus consciente, grâce à mes études, des revers de la médaille européenne, des clivages sociaux, des imbroglios politiques, des tensions latentes de l'après-guerre. L'Europe elle-même avait changé depuis mes vacances insouciantes. L'euphorie de la reconstruction et du miracle économique avait laissé place à de nouvelles revendications et à une rage politique généralisée qui devaient culminer un peu partout dans les luttes ouvrières et les psychodrames universitaires de 1968, puis produire la machine infernale du terrorisme.

J'avais suivi les soubresauts soixante-huitards italiens en lisant le papier bible du *Corriere della Sera* et aussi, lors de mes visites, en discutant avec mes amis romains ou milanais, qui m'avaient raconté les combats entre étudiants et policiers. Le caractère international de ce mouvement, qui s'exprimait aussi bien en France, en Allemagne, en Italie qu'aux Etats-Unis était évidemment le signe d'un même malaise, d'une même révolte. Pourtant les luttes américaines me semblaient plus « vraies » que les autres : le racisme et la guerre du Vietnam me paraissaient des cibles plus concrètes que « le capitalisme » ou « l'impérialisme », ces abstractions qui déchaînaient les passions en Europe.

L'Italie de 1970, moins d'un an après l'attentat néo-fasciste de la Piazza Fontana à Milan et ses seize morts, n'était plus le havre de paix de mon enfance. Les gouvernements et les réformes avortées se succédaient, les discours des syndicalistes se durcissaient, les grands groupes industriels du secteur nationalisé étaient secoués par d'incessants scandales, la violence du Sud traditionnel gagnait le Nord. Mais le système politique sclérosé, sinon corrompu, ne paraissait pas déteindre sur la vie quotidienne. Après l'univers angoissé de Harvard, elle conservait toute son humanité, toute sa chaleur conviviale. A déchirement politique similaire, je préférais à tout prendre les soirées avec mes amis plutôt que la sinistre procession des *dates*.

Mais la bonhomie italienne avait ses limites. Surtout dans la bourgeoisie effrayée par l'agitation politique, les plaintes de la jeunesse, les progrès des idées de gauche dans les rangs de l'intelligentsia, et surtout dans le petit monde juif, en pleine crise d'identité. Pour la première fois, je devais, à leur contact, sentir vibrer en moi mon âme « américaine » et prendre la mesure de l'influence que l'esprit protestant, que je refusais en Amérique, avait eue sur mon être.

I

J'avais pourtant pris mes précautions. J'avais refusé de m'installer à Rome, où se trouvaient mes amis d'enfance, parce que je n'étais pas sûre de pouvoir longtemps m'accommoder du monde romain, de sa *dolce vita*, de son cynisme. A Rome, j'étais persuadée que mon expérience italienne échouerait et que la greffe ne prendrait pas. Je choisis donc Pavie, l'une des plus importantes villes universitaires du Nord, tout près de Milan, où j'étais certaine d'échapper aux réseaux familiaux.

Ma bourse Fulbright me donnait accès à un des plus prestigieux collèges liés à l'université, le Collegio Ghislieri, qui avait été fondé au XVII⁰ siècle pour former les fils de l'élite lombarde et qui, depuis la fin de la guerre, accueillait aussi des jeunes filles. En fait, cette institution, par son élitisme, son esprit de corps, son goût de la tradition, était assez proche de Harvard et plus encore d'Oxford ou de Cambridge. Dans l'immense salle à manger voûtée ornée de fresques, nous étions servis par une armée de serviteurs en gants blancs et vestes galonnées. Le petit parc accueillait des matches de tennis polis à mille lieues de la compétitivité agressive du sport américain. Tout dans le Collegio respirait le calme et le luxe traditionnel.

Les étudiants venaient presque tous de Lombardie et des petites villes piémontaises et vénitiennes qui longeaient le Pô. Les uns étaient fils des grands industriels de tissus de Côme et de Varèse, les autres d'artisans ou d'ouvriers de Bergame. Certains n'avaient même jamais quitté leur Lombardie et l'un d'eux entendant dans ma bouche une expression toscane me demanda si je venais de... Sicile. Pour ces « gens du Nord », le Sud commençait au-delà du Pô et l'unité italienne n'était nullement acquise. Pourtant, malgré les évidentes différences sociales qui existaient entre les étudiants, il régnait une atmosphère de fraternité décontractée qui tranchait radicalement sur ce que j'avais pu connaître aux Etats-Unis. J'avais officiellement été reçue comme une étudiante « américaine », mais bien vite tous virent en moi une des leurs, une Italienne revenue de loin. Nous sortions en groupe dans une Pavie nocturne silencieuse et brumeuse, nous nous baladions le long du Ticino, et parfois nous allions manger un morceau dans les *trattorie* de la ville. Il y avait le cinéma, les promenades en bateau à la belle saison et les sorties en voiture dans les petites villes voisines et, bien sûr, les longues discussions tard le soir. C'en était fini des rites harvardiens, du flirt guindé, de la passivité imposée aux jeunes femmes américaines en butte aux efforts balourds des garçons. Dans cette petite communauté fraternelle, romantisme, amitié, controverse se conjuguaient dans l'insouciance. Pavie fut ainsi pour moi, enfin, la cité de l'amitié retrouvée.

Mais hélas l'année universitaire 1970-1971 en Italie fut catastrophique. Les universités de toute la péninsule vivaient dans un état de désordre permanent qui avait atteint, bien après 1968, même la très sérieuse Pavie. Les grèves des professeurs succédaient à celles du petit personnel ou des étudiants : au point que la faculté de lettres et celle de sciences politiques restèrent vraiment ouvertes seulement quelques semaines durant toute l'année académique. J'étais venue pour des raisons personnelles, mais aussi afin de poursuivre mes études d'histoire et d'obtenir la *laurea* italienne qui me permettrait éventuellement de m'établir en Italie.

En fait, entre les grèves de l'administration, les lenteurs de l'enquête policière nécessaire pour tout résident étranger, il me fut même impossible de m'inscrire. Mon diplôme américain ne fut même pas reconnu et jamais aucune commission ne put se réunir pour examiner ma candidature. Les autorités auxquelles je m'adressais me recevaient d'ailleurs avec une certaine froideur : sans doute ma requête heurtait-elle et l'anti-américanisme de gauche et le conservatisme universitaire. Les Grecs et les Turcs fuyant la dictature étaient plutôt bien accueillis, mais moi je n'avais aucun besoin véritable de venir étudier en Italie. Pourquoi aurait-il fallu faire preuve de bienveillance envers une représentante de l'« impérialisme américain » ? Les victimes du « fascisme » avaient la priorité. De plus, que valait mon diplôme ?

Cet épisode fit naître en moi un snobisme dont je ne me serais pas crue capable. Aux Etats-Unis, j'étais fière d'être étudiante à Harvard, mais je ne considérais nullement que cette université était supérieure à celles du vieux continent. Bien au contraire. J'éprouvais même un certain regret d'avoir dû aborder l'université sans les solides bases que donnait en général l'enseignement secondaire en Europe. La confrontation avec l'université de Pavie jeta une grande ombre sur mes certitudes. Pourquoi avais-je eu des complexes d'infériorité à l'égard des universités européennes quand celles-ci sombraient dans le chaos et végétaient sans moyens ? Où étaient les bibliothèques, les amphithéâtres, les laboratoires, les séminaires ? Je ne trouvais qu'une suite de cloîtres sales, de portes fermées, de débarras où siégeaient des appariteurs endormis. Pendant les quelques cours auxquels je pus assister, des professeurs péroraient devant des étudiants indifférents, pressés de rentrer chez eux lire l'unique livre qui leur permettrait de réussir l'examen, tant le sujet était pointu. Soudain, ce que j'avais accompli à Harvard, les centaines de devoirs rendus, de notes de lecture, me paraissaient considérables et l'attention et la participation des étudiants américains pendant les cours une merveille. Ce n'étaient pas des barbares incultes, mais des chercheurs de vérité, des êtres passionnés, tant leurs équivalents italiens en comparaison semblaient de fades animaux en cage, soumis à des bibliothécaires parcimonieux qui leur offraient en appât un ou deux livres sortis d'étagères fermées à clé. Devant la bibliothèque de l'université, le plus souvent fermée, je me revoyais arpentant les kilomètres de rayons de Widener. J'avais cru trouver le paradis, je me rendais brusquement compte que je venais de le perdre.

D'énormes banderoles déclarant pêle-mêle la guerre au capitalisme, au fascisme, à l'université, à l'Amérique, aux professeurs formaient le décor ordinaire de la contestation universitaire italienne. Je les contemplais avec beaucoup de curiosité tant elles étaient différentes des affiches américaines de la même période : les slogans italiens étaient surtout composés de citations de Marx et de Lénine, d'Engels et de Mao. C'étaient des phrases intemporelles et impersonnelles, tandis que les revendications des étudiants américains étaient formulées de manière directe, presque à la première personne. Surtout, les mots d'ordre ne reflétaient pas une contestation certes moralisante, mais après tout volontariste : c'étaient le plus souvent des constats de fait, plus que des appels à l'engagement. On pouvait les écrire, les crier et tranquillement aller se reposer au café du coin en attendant que l'Histoire fasse son œuvre. J'éprouvais aussi une certaine incrédulité à l'égard des exigences qui s'exprimaient alors. La fin du capitalisme, l'arrivée au pouvoir d'un prolétariat conquérant, la lutte à mort contre l'impérialisme me paraissaient des buts incroyablement lointains, généraux, utopiques même, comparés aux demandes américaines. L'idéologie, la généralité primaient ici le pragmatisme qui avait permis aux étudiants américains d'obtenir ce qu'ils demandaient : la fin de la présence de l'armée sur le campus, un département d'études noires, des investissements financiers plus judicieux. En Italie, par contre, le mouvement en était réduit à hurler indéfiniment dans le vent. En toute immodestie, je me disais que ma participation aux manifestations contre l'engagement au Vietnam valait infiniment plus que toutes les analyses froides de l'impérialisme. Je réagissais en Américaine « pragmatique », formée malgré moi par l'éthique de l'action, sans me rendre compte du bénéfice que les jeunes Italiens retiraient de leurs engagements abstraits : ils étaient bien moins impliqués, bien moins déchirés que les jeunes rebelles puritains de Harvard, imbus de leur devoir, de leur mission morale.

La contestation à Pavie prenait aussi l'allure d'une mode intellectuelle : les futurs ingénieurs, les futurs médecins se plongeaient avec sérieux dans des traités d'économie politique marxiste. Les jeunes étudiantes en lettres s'adonnaient aux délices de la prose de Marx ou de Gramsci plutôt que de Svevo ou de D'Annunzio. Il n'était pas rare de voir ces lectures révolutionnaires traîner sur la banquette arrière des voitures, au lieu comme auparavant des derniers romans à la mode. L'engagement ici était froid, c'était un système de pensée plus qu'une attitude passionnée, un élan intime. Rien à voir avec la force vive de la lutte pour les droits civiques telle que je l'avais ressentie à Atlanta. Et puis Engels avait-il des chances d'expliquer l'Italie des années soixante-dix, d'aider à la changer ? Pouvait-on croire en la vérité absolue de phrases héritées du XIXe siècle ? Le fossé entre des citoyens américains révoltés contre les abus du pouvoir et ces disciples d'une doctrine marxiste ossifiée était radical.

Le contraste me frappait d'autant plus que les concepts qui dominaient le discours contestataire ne paraissaient en rien correspondre à la réalité que je pouvais voir autour de moi. J'avais beaucoup de temps : je n'étais qu'auditrice libre et les cours souvent n'avaient pas lieu du tout. Je pouvais ainsi arpenter les rues et observer la vie de ses habitants. A trois quarts d'heure de train de Milan, Pavie était une petite ville au passé glorieux, ornée de très belles églises romanes, de jardins, de maisons de tous les siècles et d'un énorme château qui avait appartenu aux Visconti. Dans certaines de ses rues, on ne pouvait marcher que sur les « rails » conçus jadis pour les carrosses, tant les pavés étaient pointus et perçaient la semelle des chaussures. Toute la ville exsudait un charme un peu désuet, mélancolique même quand tombait son proverbial brouillard d'hiver.

Mais c'était une cité riche et nullement repliée sur son passé. Professions libérales, industriels, grands propriétaires terriens de la vallée du Pô pesaient sur l'économie locale, fiers de leur prospérité, à mille lieues des *commendatori* romains ou des rentiers napolitains. C'étaient des hommes sérieux qui travaillaient énormément et qui avaient peu de patience pour les jeux politiques et craignaient par-dessus tout l'instabilité : ils voulaient une Italie efficace et moderne, et dans cette mesure, concevaient une certaine admiration pour les Etats-Unis.

A l'écart des immeubles cossus où résidait cette bourgeoisie éclairée, Pavie était aussi une ville d'artisans. Dans les petites rues, on trouvait une multitude de boutiques où cordonniers, selliers, empailleurs, restaurateurs d'œuvres d'art, matelassiers, encadreurs, ébénistes, petits photographes de quartier travaillaient en chantant, heureux de s'arrêter un moment pour discuter avec une jeune fille qui n'était pas tout à fait une étrangère. En majorité de gauche, ils avaient connu le fascisme et parfois même fait de la résistance dans les collines piémontaises. Les socialistes et les communistes détestaient le pouvoir démocrate-chrétien en place, mais la plupart manifestait l'inévitable indifférence populaire à l'égard de la vie politique condamnée d'après eux à la corruption et à l'inefficacité. Ils se disaient de gauche, mais c'était plus une référence culturelle qu'un engagement politique. C'était une manière d'être antifasciste, un refus de l'injustice, une forme spontanée de résistance à une société aliénée par la chasse au profit et par la modernité destructrice de leur style de vie. En les voyant vivre et travailler, en les écoutant raconter leurs projets, on comprenait que leur indifférence politique était moins le fruit d'une résignation désespérée qu'un aveu implicite : le pouvoir les laissait vivre plutôt bien. Leur lutte contre le « capitalisme » était un rituel un peu superficiel, d'autant plus qu'ils participaient pleinement de la société de consommation. Cela se sentait : ils étaient dépourvus de toute haine sociale.

Pavie possédait aussi des usines textiles, mais aucun véritable quartier ouvrier, puisque la main-d'œuvre était surtout féminine. Filles ou épouses de petits artisans ou de travailleurs agricoles, ces femmes ne parvenaient pas à insuffler une mentalité ouvrière à la ville. Elles se définissaient surtout par leur rôle familial d'épouses ou de mères et leur salaire fournissait seulement un appoint. Jamais, malgré une longue grève, elles ne devinrent ce prolétariat abstrait qu'adoraient les étudiants en quête de Révolution. Les quartiers où elles habitaient étaient modestes, mais corrects : nous étions loin de la Manchester de 1844, référence centrale dans l'analyse figée que la gauche estudiantine donnait du monde. Leurs mères et leurs grands-mères s'étaient brisé le dos dans les rizières de la vallée du Pô : aussi ces ouvrières trouvaient-elles le rythme industriel apaisant en comparaison. On pouvait les voir faire leurs courses ou se promener en ville comme des citoyennes à part entière, nullement comme des proscrites, des victimes de la « paupérisation des masses laborieuses ».

La Pavie dans laquelle je me baladais en 1970 était secouée par les grèves, mais elle gardait encore un peu de la douceur de mes étés européens. Les parties de boules des hommes l'après-midi, les repas pantagruéliques offerts par les *trattorie* populaires, les échoppes des artisans à deux pas des églises romanes, les pâtisseries proches de l'imposant Duomo attestaient la perpétuation d'un mode de vie calme qui résistait au temps. Entre les rubans rose et bleu tendus aux portes lors d'une naissance et les épais rideaux noirs qui signalaient un décès, on composait une existence tranquille qui n'était pas exempte de clins d'œil.

La statue du pape Pie V devant le Collegio Ghislieri pointait son doigt prophétique vers une église désaffectée toute proche qui servait de garage aux pompes funèbres. Lorsque celles-ci n'étaient pas elles aussi en grève, il n'était pas rare de voir sortir de la vieille nef un fourgon funéraire, sous l'œil austère du pape, comme s'il venait d'être absous de ses crimes mécaniques ou de sa rouille coupable. Plus loin, sur la façade d'une maison qui longeait le Ticino, on pouvait apercevoir une tête de femme sculptée dans la pierre, l'air en colère et la langue tirée vers l'autre rive où certainement habitait autrefois un ennemi juré de la famille. Cette langue tirée même dans le brouillard disait à la perfection le ridicule des vieilles luttes de clans mais aussi des affrontements politiques modernes entre des gens qui partageaient pourtant un même style de vie. Car les luttes de clocher dignes de Don Camillo continuaient dans la Pavie des années soixante-dix : sur tous les murs, le Parti communiste collait son marteau et sa faucille juste à côté des annonces funéraires blanc et noir, comme pour rappeler que les droits des vivants primaient le repos des morts. Mais par-delà cette débauche de promesses et de prières de papier, Pavie coulait des jours tranquilles, petite cité provinciale à deux pas, dernier clin d'œil de l'histoire, de la seule grande chartreuse italienne, celle-là même que Stendhal, licence poétique, avait déplacée à Parme.

II

Depuis le train, on apercevait son toit et son clocher qui dépassaient les énormes citernes d'une usine de fromage. Elle était située presque exactement à mi-chemin du voyage que je faisais vers Milan, plusieurs fois par mois, pour aller retrouver ma famille. Plus curieusement, la vision de la Chartreuse marquait le moment où dans le train la conversation cessait d'être polie pour devenir plus intime, plus passionnée.

Je faisais ces courts trajets entourée de permissionnaires, de jeunes étudiants pensionnaires et d'adultes de milieu relativement modeste qui résidaient le plus souvent dans de très petites villes, voire des villages. Nous subissions ensemble les retards d'un réseau de chemin de fer erratique, les grèves tournantes déclenchées à l'improviste, qui transformaient souvent un parcours de trois quarts d'heure en une longue épopée. Les récriminations contre l'Etat et surtout contre tous ceux qui détenaient un peu de pouvoir sur la vie quotidienne grondaient. C'était le revers de la bonhomie italienne, qui n'avait rien à voir avec les appels révolutionnaires des étudiants, mais reflétait un mépris ancestral contre tout pouvoir. Bien vite, c'était une cascade de plaintes à l'égard d'un Etat qui ne savait rien faire : les pensions n'étaient jamais versées à temps, les impôts prélevés trop tôt, les requêtes ignorées, les bourses inexistantes. Même les déclarations de naissance ou de décès posaient des problèmes. Les soldats étaient les plus enragés contre l'incurie bureaucratique. Dans le désordre ferroviaire des années soixante-dix, certains passaient tout leur temps de permission dans le train. Parfois, ils étaient même obligés de rebrousser chemin avant même d'être arrivés chez eux pour pouvoir espérer retourner dans leur caserne à l'heure prévue. On les voyait hagards, furieux et méprisants sauter d'un train à l'autre, symboles vivants de la folie d'un système déréglé. Dégoûtés de la « chose publique », ces passagers aux mille frustrations se consolaient les uns les autres sur le divan du compartiment, tandis que le train était arrêté dans la campagne lombarde indifférente aux soubresauts humains.

Les images du consulat italien de New York ou l'attitude hautaine des fonctionnaires italiens durant l'Exposition universelle de Montréal me revenaient en mémoire. Dans le train de Pavie, ce n'étaient pas des vieux paysans illettrés, à cheval sur deux mondes, qui subissaient ces injustices ou de jeunes hôtesses de passage, mais les forces vives de la société, reléguées à la périphérie d'une croissance chaotique et inégale. Je comparais ces passagers aux voyageurs des *Greyhound* américains. Les Américains déploraient leur propre destin à l'intérieur d'une société qu'ils ne condamnaient jamais globalement et qui ne leur semblait pas la source de leurs malheurs. Pour les Italiens, au contraire, tous les problèmes et les malheurs venaient de l'Etat, du pouvoir. Eux-mêmes ne se sentaient nullement responsables. Lorsque je leur disais venir des Etats-Unis, ils croyaient à un canular : j'étais italienne, comme eux. Quand je sortais mon passeport américain, l'incrédulité devenait stupéfaction et même admiration. On se le passait de main en main, comme pour toucher cette amulette : j'avais bien de la chance de venir de « là-bas ». L'aigle américaine impressionnait encore. Il incarnait l'espoir, la force et l'ouverture, tout ce que l'Etat italien paraissait nier, et la plupart des passagers, dans le chaos de ces années, aurait bien aimé troquer leurs papiers d'identité avec les miens, même certains jeunes révolutionnaires. Le mythe était bien plus fort que l'actualité d'une Amérique en crise.

Dans leur rage collective, mes compagnons de voyage me préparaient pour mes retrouvailles avec Milan, dont la métamorphose, depuis mes étés enfantins, était frappante. La vitrine de la modernité italienne était devenue en peu de temps celle des conflits politiques et sociaux. L'immense gare était bardée de pancartes appelant à de multiples grèves, submergée de tonnes de sacs postaux immobilisés. Le gratte-ciel Pirelli servait désormais de support pour un océan de banderoles qui appelaient à la lutte contre le capitalisme industriel et à la grève dans les multiples usines du groupe. Les fameux trottoirs en caoutchouc noir autour de l'immeuble, qui faisaient l'émerveillement et la fierté des Milanais, étaient jonchés de vieux tracts et usés par les pas de milliers de manifestants. La modernité était fatiguée.

Dans la Galleria, les mêmes banderoles, mais au nom des syndicats des banques ou de la compagnie du téléphone, venaient perturber le bel ordre de ce lieu jadis voué à la sociabilité distinguée. Et pour clore le tout, la grande pâtisserie Motta était devenue un self-service sans le moindre charme. Les pizzas et les sandwichs avaient remplacé les gâteaux servis dans la porcelaine. Même la très vénérable Scala était fermée pour cause de grève. Mon enfance s'évaporait, non au contact de perceptions adultes ou parce que du temps s'était écoulé, mais parce qu'un violent sursaut de tension sociale avait jeté un voile sur les lieux saints de mes souvenirs. Même le petit paradis vert du Villaggio Ambrosiano, aux portes de Milan, où habitait mon oncle maternel, s'était transformé : à la rage des travailleurs qui détournaient ou bloquaient les autobus répondait celle des habitants, de petits propriétaires conservateurs. La piazza toute neuve était devenue un lieu d'affrontements entre les « rouges » et les « noirs ». C'en était fini de la bonhomie d'hier et du rêve de brassage social.

Milan me paraissait une merveilleuse tapisserie dont je ne voyais plus que l'envers, un entrelacs tourmenté de fils et de nœuds, dont j'avais connu autrefois l'endroit. Le symbole de cette ville, ce n'était plus son Duomo, mais partout la silhouette esquissée à la bombe de l'anarchiste Pinelli, suspect dans l'attentat de la Piazza Fontana, mystérieusement « suicidé » durant sa garde à vue à la Préfecture de Police. Ce corps qui hantait les rues préfigurait ce que serait l'Italie tout entière dans les années qui commençaient.

Je connaissais bien la Préfecture, qui jouxtait l'immeuble où habitait ma tante. Des fenêtres de sa cuisine, j'apercevais souvent des policiers bien sages qui travaillaient dans leur bureau et tapaient à la machine d'innombrables formulaires. Côté rue, le spectacle était plus tourmenté : les grandes portes s'ouvraient souvent pour laisser entrer des cars remplis d'hommes casqués, armés de boucliers et de matraques. On les voyait souvent dans le quartier de l'université, mais un jour pourtant leur déploiement aux portes du Duomo prit un relief particulier.

La place était déserte et silencieuse. Même les pigeons avaient disparu. A peine quelques passants s'étaient-ils rangés derrière les barrières installées par la police, comme pour assister au spectacle. Tandis que les policiers armaient leurs fusils de lacrymogènes, les pas des manifestants résonnaient de plus en plus fort à mesure qu'ils approchaient de la place. Sur le visage des policiers, très jeunes pour la plupart, on lisait la peur et la gêne, sans commune mesure avec l'hostilité des policemen américains à l'égard des « intellectuels » et des « jeunes privilégiés » qui manifestaient sur les campus. Comparée aux affrontements américains, si nets, si tranchés, la confrontation italienne paraissait incompréhensible.

Les clivages sociaux et politiques semblaient ridiculement enflés par une prose révolutionnaire et antifasciste qui sonnait faux et sur la place se jouait en fait une scène d'opérette dont les protagonistes auraient pu ensuite, tous ensemble, s'attabler pour oublier leurs divisions théâtrales.

L'atmosphère de révolution imminente qui régnait autour de la faculté des lettres me laissait perplexe : c'était avant tout une construction intellectuelle. A deux pas, les cafés et les restaurants où s'attardaient les étudiants continuaient leur commerce comme si de rien n'était. Dans les librairies, Marx côtoyait sans complexe les habituels manuels de droit privé ou de fiscalité. Le « capitalisme » subsistait, intact. L'utopie étudiante, cette nouvelle figure de l'éternelle coupure du monde universitaire avec l'ensemble de la société, mélangeait un peu tout : on réclamait pêle-mêle des locaux, la victoire du peuple palestinien, des bourses, une cantine supplémentaire. C'était la terre entière qu'il fallait changer, mais tout restait comme avant. Même l'idée de fraternité avec la classe ouvrière sonnait faux : les « ouvriers » devenaient des accessoires « à la mode » pour des jeux qui se terminaient le soir, lorsque chacun rentrait chez lui. La solidarité, purement verbale, ne coûtait rien.

Cette fausse symbiose, cette communion ratée, je l'observais lorsque des camarades de milieu populaire venaient s'asseoir sur les canapés bourgeois de mon oncle et de ma tante pour préparer avec ma cousine des examens « collectifs » et surtout les prochaines manifestations. Lorsque la petite cellule improvisée avait terminé ses thés révolutionnaires, les fils d'ouvriers rentraient dans leur quartier, tandis que ma cousine et ses amis se préparaient pour leurs sorties bourgeoises. Ces séances étaient pour les uns l'occasion de laisser éclater leur haine de classe pour une bourgeoisie qui les « opprimait » et pour les autres un luxe de jeunesse. Au moins, dans son angoisse morale, la contestation à la mode protestante avait-elle le mérite d'être authentique.

Ce qui me faisait le plus souffrir, dans la contestation italienne, c'était son anti-américanisme. Paradoxalement, je ne supportais pas d'entendre de la bouche de gens qui jamais n'avaient mis les pieds aux Etats-Unis des critiques que moi-même, là-bas, je nourrissais contre le modèle américain. Qu'en savaient-ils ? Que comprenaient-ils ? L'Amérique vouée aux gémonies par la gauche italienne était une hydre mythique, aux têtes meurtrières et au corps maléfique, déterminée à la destruction du monde tout entier. On lui reprochait tout, son système économique, sa démocratie formelle, son impérialisme, son colonialisme, son racisme... Quelle injustice et quelles illusions venant d'une jeunesse dorée qui ignorait tout des complexités américaines et qui croyait naïvement qu'il suffirait de dénoncer les contradictions du « système » américain pour que le géant de lui-même s'écroule.

C'était sans doute cette vision plus qu'abstraite de l'Amérique qui incitait les journaux de gauche, sans correspondants sur place, à écrire tout et n'importe quoi sur les Etats-Unis, à prendre des libertés avec les faits, les noms, les lieux. A quoi bon prendre la peine d'aller vérifier ce qui se passait aux Etats-Unis ? Fallait-il fréquenter le diable pour le condamner ? Cette violente critique reflétait un manque total de curiosité à l'égard d'un monde tout simplement différent avant d'être « diabolique » que je retrouvais même chez mes amis : jamais ils ne me posaient de questions sur ma vie américaine, comme si des pans entiers de mon existence étaient dépourvus d'importance. Peut-être aussi étais-je un peu suspecte de « collusion avec l'ennemi ». En tout cas, ils mettaient ma tiédeur à l'égard de leur engagement révolutionnaire et anti-impérialiste sur le compte de mon séjour aux Etats-Unis, qui en dépit de moi-même avait sans doute fait de moi une « réaction-naire ». Pourtant, à vrai dire, j'avais lu tous leurs textes marxistes, mais en Amérique, même chez les radicaux, chacun de ces ouvrages passait plus pour un instrument de réflexion que pour une Bible. Aux Etats-Unis, la fureur des luttes était à portée de main ; elle n'avait pas besoin de la poussière des classiques de la pensée révolutionnaire pour frapper les esprits et les problèmes étaient tels qu'il fallait inventer de nouvelles solutions plutôt que chercher des modèles. Les étudiants italiens eux-mêmes, fussent-ils riches ou pauvres, avaient un point en commun : ils ne se considéraient absolument pas comme les membres actifs d'une communauté. La notion de mission sociale leur était étrangère. Les oubliés de la société n'étaient pas leur affaire, mais celle de l'Etat. Devant les lacunes de la puissance publique, ils ne sentaient aucun besoin de se retrousser eux-mêmes les manches : il leur suffisait de prédire la fin imminente d'un système qu'ils pensaient détester.

La citoyenne en moi se sentait mal à l'aise dans cette attitude théorique à responsabilité civique limitée. Je pensais qu'il fallait corriger la démocratie « formelle » et non l'abattre. Mais cette position réformiste, celle-là même que professaient les libéraux américains, était incompréhensible pour les « enragés » de la Révolution. Leur extrémisme rejoignait celui des jeunes Américains, mais leurs fondements idéologiques étaient à l'opposé.

D'autres facteurs bien plus profonds contribuèrent à réveiller mon esprit « américain ». Au premier chef, le judaïsme. J'avais vécu tant bien que mal aux Etats-Unis dans le mythe d'un judaïsme italien assez bien intégré, fort de ses attaches millénaires et respirant un raffinement intellectuel et culturel aux antipodes de l'énergie souvent anhistorique et mercantiliste du judaïsme américain. A Milan au contraire, je devais découvrir la face tourmentée d'un héritage qui, en dépit des apparences, avait été meurtri par le fascisme et l'Holocauste.

J'avais attribué, enfant, le silence qui entourait la guerre dans ma famille italienne à la volonté d'oublier une période horrible, de revenir à la normale. Je découvris qu'il cachait en fait la crise d'identité de juifs qui n'avaient plus retrouvé leur enracinement d'antan et n'avaient pu se résoudre à partir en Israël. Le sentiment de déracinement s'était accru, qui devenait désarroi dès lors que les juifs étaient critiqués, comme ce fut le cas dès après 1967, lorsque la victoire dans la guerre des Six Jours changea Israël de David en Goliath. Retrouvant certains thèmes d'extrême droite, la gauche, tiers-mondiste et anti-impérialiste, fit sienne la cause palestinienne contre l'expansionnisme « sioniste ». En 1970, je trouvai donc des juifs italiens déchirés et inquiets : la menace néofasciste ressuscitait les vieux cauchemars des adultes, tandis que l'antisionisme de la gauche obligeait les jeunes de mon âge à renier une part d'eux-mêmes. D'ailleurs, au moment même où je croyais revenir chez moi, beaucoup, convaincus qu'ils ne pourraient être à la fois juifs et de gauche qu'en Israël, partaient, pleins de dédain pour une Europe en pleine décadence. Ces départs, comme celui de mon cousin milanais, laissaient un grand vide dans une petite communauté déclinante, par ailleurs entamée par les mariages mixtes. Encore une fois, j'allais désespérément à contre-courant, en tentant de renouer mon lien avec les pierres italiennes tandis que mes coreligionnaires les délaissaient pour celles de Jérusalem.

Plus encore, j'étais choquée par la mentalité qui dominait ce monde juif italien et par la déférence complexée avec laquelle les représentants de la communauté s'adressaient au maire, aux députés, aux autorités. Ils ne se faisaient pas la voix d'une revendication démocratique légitime, mais semblaient exprimer une forme de dépendance reconnaissante. J'avais trop respiré l'air libre du judaïsme américain, nullement marginal vis-à-vis des institutions et de l'Etat, pour m'accommoder de ces restes de servilité. Je me souvins aussi des propos de mon oncle. Il savait gré au fascisme d'avoir instauré un système de cotisation, obligatoire pour tous les juifs, qui permettait de financer la communauté. Moi qui avais déploré en Amérique le principe de l'appartenance communautaire, je trouvais encore plus révoltant celui d'appartenance obligatoire.

Un après-midi, la communauté juive de Milan se réunit au Castello Sforzeso pour écouter Aba Eban, alors ministre israélien des Affaires étrangères, parler de la situation au Moyen-Orient. Dans la salle décorée aux armoiries des Sforza et des Visconti, aux murs ornés de lances, le petit groupe était surtout composé de gens âgés qui regardaient le ministre avec vénération et l'écoutaient dans un silence religieux. Aba Eban était « leur » homme, bien plus que n'importe quel officiel italien. A la sortie, sous la pluie, je pus mesurer le poids infime de cette petite communauté frileuse. Soudain, les phalanstères des synagogues américaines modernes, avec leurs bureaux fonctionnels et leurs mille activités, resurgirent dans ma mémoire, complètes antithèses de ces spectres d'un autre âge que j'avais devant les yeux.

Les amis que je me fis dans la communauté, pendant ces années de crise politique et sociale, étaient tiraillés entre leur attrait pour Israël et leur appartenance italienne. Dans leur désir de fonder un foyer juif, ils cherchaient désespérément des jeunes filles juives qu'ils n'auraient pas fréquentées depuis leur plus jeune âge et qui apporteraient un peu de sang neuf. Mais, dans une communauté italienne de trente-cinq mille âmes, cela relevait du défi. Les mariages mixtes, jusque dans ma propre famille d'ailleurs, étaient vécus comme un tourment, comme une déchirure qui ne cicatriserait jamais. Pour la première fois, j'observais les conséquences véritables de ce qui m'avait rendue si orgueilleuse aux Etats-Unis, mon appartenance à une communauté minuscule. Mais de loin je ne l'imaginais pas si décapitée et surtout, moi qui aurais pu apporter un renouvellement, je ne me sentais pas prête à intégrer un monde si confiné. Tandis que sur les écrans triomphait *Le Jardin des Finzi-Contini,* le judaïsme italien traversait en réalité une grave crise. Comparés aux petits drapeaux bleus que mon cousin, démographe et sioniste, avait piqués sur sa carte de l'Italie pour indiquer les centaines de lieux où dans le passé avaient vécu des communautés, les quelques drapeaux rouges qui traduisaient le peuplement contemporain étaient bien solitaires.

Ce monde en pleine hémorragie culturelle, aux communautés presque éteintes, n'était pas fait pour moi. Et pourtant, je n'étais pas revenue en Italie pour prendre le bateau d'Israël.

III

J'avais l'âge des jeunes contestataires de l'université, mais mes liens familiaux m'ouvraient aussi un accès au monde intellectuel qui donnait le ton pendant ces années de crise et qui aurait dû devenir le mien si j'avais choisi de rester en Italie. Je traversais ainsi les salons ultra-modernes de l'extrême gauche milanaise, les salles de conférences des technocrates réformateurs, les intérieurs bourgeois des communistes romains installés. Comme un morceau de puzzle qui chercherait sa place, j'essayais désespérément de placer mon profil culturel et politique dans un de ces mondes. Sans le moindre succès. Le poids des mots et celui des traditions dressaient devant moi des murs infranchissables.

A Harvard, j'avais fait la connaissance d'un sociologue milanais venu donner quelques conférences sur la situation politique et sociale italienne. Une fois sur place, je m'étais tournée vers lui pour mieux comprendre l'actualité d'un pays en ébullition. J'assistais donc à son séminaire une ou deux fois par mois, au milieu de jeunes sociologues qui poursuivaient leurs enquêtes dans les milieux industriels et ouvriers de la ville. Officiellement à titre « scientifique », mais aussi pour satisfaire leur passion politique et leur désir de participer à la « révolution ». J'entrais ainsi dans un milieu composé d'élites jadis modernisantes voire technocratiques, qui avaient tourné le dos aux rêves industriels de l'après-guerre pour épouser une vision maoïste de la lutte politique, au nom d'une classe ouvrière « brimée ». Ces hommes et ces femmes, qui prônaient une nouvelle société dans laquelle les syndicats prendraient la place des partis politiques, étaient tous issus de la bourgeoisie. Ils continuaient d'ailleurs à vivre dans un monde ouaté, femmes de ménage, villas à la montagne, vacances exotiques à l'appui. Ils jouissaient pleinement du monde qu'ils voulaient détruire, comme si leur cerveau, qui voulait changer la société, n'avait rien à voir avec leur corps dorloté dans le confort d'une bourgeoisie nantie. La pureté révolutionnaire avait une place bien délimitée dans leur vie, faite aussi d'achat de tableaux, d'investissements boursiers jamais évoqués, d'aventures extraconjugales et de belles voitures. J'avais l'impression d'être entrée dans un film de Michelangelo Antonioni, au langage codé et à la froideur faussement engagée.

Dans leurs salons impeccablement blancs et tendus de toiles abstraites, je les entendais parler de réunions syndicales, de groupes de réflexion, de cellules révolutionnaires dans les ateliers industriels. A aucun moment, le nom ou le prénom d'un ouvrier ne traversait la conversation, comme si les hommes et les femmes censés produire la révolution devaient à tout jamais demeurer une masse anonyme. Ces « acteurs sociaux » essentiels, on pouvait les interviewer, les sonder, les compter, mais il n'était pas question de les écouter, de se mettre à leur place et, qui sait, de se lier d'amitié avec eux, ne serait-ce que l'espace de quelques heures pour comprendre leurs revendications plutôt réformistes et démocratiques, en tout cas nullement chic ou sensationnelles.

Je détestais cette approche intellectuelle, si distanciée, aux antipodes de l'engagement intellectuel américain issu du New Deal, qui traitait les ouvriers comme des individus, tel qu'il s'exprimait par exemple dans les écrits de Studs Turkel, dans les photos de Walker Evans ou les tableaux de Ben Shahn. J'avais l'impression, au milieu de ces sociologues milanais, de me retrouver dans un des salons de l'intelligentsia de Petrograd au début du siècle. Comment pouvait-on vivre ainsi, comme Marx lui-même d'ailleurs, partagé entre des mots révolutionnaires et un comportement bourgeois ? En bonne puritaine, j'exigeais la congruence des mots et des actes, tandis que le monde intellectuel milanais était habitué à ces constructions bancales et était surtout préoccupé de régler ses comptes avec le fascisme de l'ancienne génération. Nous ne pouvions pas partager les mêmes haines.

Par un cousin de ma mère, ancien membre du Parti communiste italien, proche après la guerre de Togliatti et directeur d'un institut de recherche, je pus voir de près les jeunes technocrates qu'il avait la charge de former. Subventionnés par des fondations, des jeunes gens choisis sur concours étaient invités à participer à des cycles d'études sur l'économie et la société. Contrairement aux contestataires de gauche, ces boursiers incarnaient le courant modernisateur du centre politique. Ils étaient plus intéressés par les problèmes techniques que par l'idéologie. Avec eux, je participai à une série de séminaires de culture générale qui avaient lieu dans les splendeurs d'une Venise hivernale. Logés dans les hôtels les plus élégants, nous allions chaque matin à la Fondation Cini, sur l'île San Giorgio, écouter une brochette de spécialistes évoquer les problèmes de la société industrielle.

Ces réunions me fascinaient puisqu'elles offraient un avant-goût de luxe méritocratique à de jeunes élites qui ne perdaient pas leur temps dans les utopies universitaires, mais avaient au moins l'honnêteté d'agir d'après leurs idées. Je ne me souviens pas des débats, qui étaient assez académiques même quand l'invité s'appelait Roger Garaudy, peu après son excommunication du Parti. L'austérité des catégories mentales et des concepts économiques contrastait avec l'incroyable beauté du paysage et le mouvement des vagues dans la lagune. L'Italie éternelle semblait se moquer de la dévastation de son paysage social et économique. Mais ce qui me surprenait le plus, c'était la grande convivialité des conférenciers et des animateurs des débats. Ces hommes étaient tous très connus, et certains comme Ferruccio Parri et Giuseppe Berti avaient été à la tête de la Résistance et des gouvernements qu'elle avait engendrés dans l'immédiat après-guerre. D'autres étaient des historiens membres du Parti communiste, des journalistes aux sympathies socialistes, des centristes. Les spécialistes étaient souvent proches de la nébuleuse démocrate-chrétienne au pouvoir. Ils formaient un bon échantillon de l'Italie politique, mais aussi géographique, puisqu'ils venaient aussi bien du Sud que du Nord. Dans ce contexte précis, leurs désaccords, qui faisaient la une des journaux lorsqu'ils provoquaient la chute d'un gouvernement, s'estompaient : des ennemis jurés déjeunaient ensemble et riaient de leurs querelles, comme si c'étaient autant de scènes offertes à un peuple avide de luttes. Les communistes, qui dénonçaient en public la corruption du régime en place, n'étaient pas les derniers à rire. La politique, après tout, n'était qu'un jeu privé, où quelques élus s'arrangeaient entre eux pour tenir les foules calmes en donnant en spectacle une parfaite parodie de démocratie. L'essentiel des leçons que les futurs décideurs devaient apprendre se déroulait au petit déjeuner ; les cours n'étaient qu'apparence.

Je sortais de ces séminaires enivrée par la beauté d'une Venise moribonde, mais dégoûtée par les complicités politiques qui se jouaient dans le dos du public, à l'image de ces taxis-bateaux qui nous transportaient, tandis que la foule devait attendre des *vaporetti* bondés. Par contraste, je me mis à respecter les élites de Harvard. L'éthique du service public me paraissait infiniment supérieure à l'affairisme politique. La « res publica » américaine était sans doute un ballon qu'il fallait saisir au vol d'une partie acharnée, mais sa version italienne n'était qu'un gâteau mangé entre copains. Je préférais être spectatrice au stade plutôt qu'à table.

Rome était la dernière étape de mes périples intellectuels, et celle que j'abordais avec le plus de réticence. Il s'agissait de découvrir l'étincelle dans les vastes demeures ombragées qui avaient peuplé mon enfance. Assez proche des communistes, la gauche romaine ne tenait son autorité ni de son engagement dans la contestation ni de ses vertus technocratiques, mais de son passé moral, de son rôle dans la Résistance, de son humanisme et de sa culture. Ses héros étaient de vieux messieurs, des proches de Gramsci et de Togliatti, nourris de latin, fatalistes, épris de « leur » Parti comme des enfants jouant au sergent-major. C'étaient des révolutionnaires conservateurs. Dans leurs salons noyés de livres, où une domestique courbée servait le café dans le plus grand silence, ces « rouges » aux idéaux jaunis évoluaient comme les princes en armes d'un peuple inculte. Leur élitisme primait leur soi-disant camaraderie communiste et lorsqu'ils évoquaient les réunions du Comité central, c'était avec le ton des *carbonari* beaucoup plus qu'avec l'enthousiasme naïf de la jeunesse contestataire qui occupait la rue.

Attachés à des valeurs de culture et de hiérarchie, d'obéissance et de respect, ces intellectuels avaient choisi le communisme pour mieux combattre le fascisme, sans passer par la démocratie. Nourris d'idéalisme allemand, ils alliaient anglophobie philosophique et anti-américanisme politique : l'avenir de l'Occident, pour eux, était à l'Est. Pour moi qui venais de l'« Ouest », c'étaient d'invraisemblables dinosaures qui travestissaient leur conservatisme derrière un voile révolutionnaire. Je souriais en moi-même lorsque je me rappelais que l'entrée aux Etats-Unis leur était interdite puisqu'ils étaient membres d'un parti jugé « dangereux » là-bas.

Pratiquement rien ne les distinguait de leurs confrères non

communistes. Les différences politiques à Rome étaient en somme affaire de goût, comme le choix d'une femme, d'une cravate. Les uns et les autres partageaient le même autoritarisme intellectuel, le même élitisme, le même paternalisme envers les castes inférieures. Au-delà d'une gentillesse condescendante de circonstance, les « éducateurs du peuple » ne devaient pas fraterniser avec lui.

Sans se soucier du besoin d'espaces verts, ils déploraient souvent l'invasion des grandes villas romaines et de leurs parcs par un public qui les défigurait. Ils refusaient toute réforme universitaire. Ils se disaient anticapitalistes mais ils prenaient soin d'acheter de beaux appartements pour leurs enfants. Entre les contradictions de ces communistes et celles des capitalistes convaincus de Harvard, qui passaient le plus clair de leur temps à des tâches d'intérêt collectif, je préférais les petites ironies de la vie anglo-saxonne. Car le marxisme et le socialisme, références affichées de cette intelligentsia rangée, ne pesaient pas lourd comparés à l'élitisme.

Je me souviens encore de ma rencontre avec un éminent communiste qui avait rompu avec le Parti pour épouser un tiers-mondisme militant à mi-chemin entre castrisme et maoïsme. Nous avions fait connaissance dans un avion et il m'avait invitée à lui rendre visite à Rome dans l'institut de recherche qu'il dirigeait. Ainsi pénétrai-je un jour dans un vieil immeuble romain où un jeune chercheur à l'allure de clerc de notaire m'introduisit dans les appartements du grand militant historique. Ceux-ci étaient décorés avec un luxe exquis : aux murs drapés de tissu couleur abricot pendaient des toiles de maîtres, des gravures de Piranèse, au-dessus d'une débauche de meubles Renaissance et de bibelots précieux. Le plus frappant, c'était la bibliothèque remplie de livres rares, au cuir parfaitement ciré. Le grand révolutionnaire internationaliste était un bibliophile acharné. Il me fit approcher et sortit un mince volume des rayons : c'était la première édition du *Manifeste communiste* de Marx et Engels, un des deux ou trois exemplaires connus au monde. Il le tenait dans ses mains, caressant les pages qu'il tournait, parfaitement sourd aux mots eux-mêmes, totalement épris de la rareté de l'objet. J'avais devant moi l'exemple le plus pur de ce que Marx appelle aliénation. Ce dandy de la Révolution, après m'avoir montré sa collection, sortit un trousseau de clés digne de Barbe-bleue et me fit pénétrer par une porte privée dans la bibliothèque de l'institut. Celle-ci occupait les trois étages de l'immeuble. A chaque étage, mon Virgile rouge ouvrait et refermait à clé d'épaisses portes. Nous étions absolument seuls et il se tenait toujours plus près de moi. Je sentais le moment arriver où il passerait sans transition des compliments sur mon intelligence à d'autres éloges plus triviaux et essaierait de m'embrasser. Nous étions entourés de revues révolutionnaires cubaines, albanaises, chinoises, bulgares et africaines avec leur cortège de photos de moissonneuses, d'usines, de combattants déterminés et joyeux. C'était Buñuel sur fond de propagande, sous les regards d'ouvriers médaillés. Je choisis de contre-attaquer sur le terrain idéologique : j'étais trop fille des *civil rights* américains pour cracher sur les libertés formelles, dis-je. Il me regarda avec épouvante, comme un prêtre une nonne abjurant la foi. Aussitôt, il me fit redescendre en silence et m'expédia d'une poignée de main. Dehors, à une terrasse, des Romains hilares bavardaient devant un café. Après la froideur terrifiante de ce Docteur Folamour « de gauche », je les aurais embrassés tant ils rayonnaient.

IV

Je vécus ainsi mon année italienne déchirée entre deux mondes incompatibles, celui de la convivialité et celui des principes politiques. Je me laissais emporter par l'Italie quotidienne et, avec mes amis, ce n'étaient que sorties, promenades, repas improvisés, toujours en groupe. Mais une autre part de moi-même, plus rationnelle, était gagnée par l'inquiétude. Pourrais-je vivre dans ce pays aux élites figées, à la vie politique ravalée au rang d'opéra bouffe, dans ce parfait vase clos qui considérait avec condescendance tout ce qui avait lieu ailleurs ?

L'Amérique résonnait d'un écho lointain. On l'évoquait au journal télévisé du soir, juste avant la publicité, comme une arrière-pensée de dernière minute. Je me rendais compte qu'imperceptiblement, j'étais devenue incapable de me contenter d'une vision péninsulaire du monde. De mon horizon américain, l'Italie, même si je l'aimais tout particulièrement, n'était qu'un morceau de l'Europe, et celle-ci un fragment du « monde libre », comme on disait alors. Pour moi, jamais l'Italie n'avait été, comme le croyaient ses citoyens, au cœur des événements. Ne pouvant céder au nombrilisme dominant, j'étais déjà plus qu'isolée.

D'autres aspects de l'agora italienne me gênaient à outrance :

ils attestaient une profonde déficience démocratique. Ainsi la politisation de la télévision me choquait quand je repensais aux journalistes américains, mes fidèles guides durant une décennie de cataclysmes politiques, sans le moindre lien avec la Maison-Blanche ou le Congrès. Je savais qu'ils se livraient à leurs propres jeux de pouvoir à l'intérieur des grandes chaînes, mais cela n'avait rien à voir avec la quête d'une emprise politique sur l'information. Pour mes amis italiens au contraire, l'objectif consistait non pas à créer une télévision détachée de tout pouvoir, mais d'en faire le fief de la gauche. La presse pour moi devait être un contre-pouvoir, non un satellite colonisé par les pouvoirs, quels qu'ils soient. Sur ce point, je me sentais cent pour cent américaine et opprimée par le nuage politique qui flottait sur la petite lucarne.

Parfois aussi ma gêne portait sur de petits détails plus quotidiens. Je ne comprenais pas pourquoi les factures téléphoniques n'étaient pas détaillées, pourquoi l'administration se croyait ainsi dispensée de se justifier. Il s'ensuivait nécessairement une constante méfiance à l'égard de l'Etat, suspect de gruger les usagers, mais aussi dans la bourgeoisie envers les bonnes ou les femmes de ménage, à l'époque italiennes et pas encore philippines, qu'on soupçonnait de téléphoner au bout du monde en catimini. D'ailleurs, même les hôtes de passage n'étaient pas exempts de tout soupçon. Certaines maîtresses de maison poussaient l'obsession jusqu'à appeler chez elles lorsqu'elles étaient sorties et que leur bonne restait seule : chaque fois que la ligne était occupée, elles imaginaient de longues conversations transcontinentales. Cela finissait en licenciement parfois. Il m'était arrivé de contester des appels mystérieusement portés sur mes factures américaines et j'avais toujours eu gain de cause, preuve que les machines pouvaient se tromper. La victoire symbolique contre toute boulimie administrative était aussi importante que l'économie réalisée : je trouvais inadmissible que les citoyens consommateurs italiens soient sans recours pour défendre leurs droits, fussent-ils de détail.

Dans les banques, la quantité incroyable de papiers que le contrôle des changes imposait de remplir pour sortir quelques lires du pays m'effrayait ou me faisait sourire, selon les jours. J'écoutais les harangues désespérées des voyageurs et des hommes d'affaires, luttant contre des employés impuissants et frustrés, sans cesse en grève. Les Italiens critiquaient le mauvais fonctionnement du système, moi je critiquais le système tout court. Et pourtant je ne savais pas épouser des thèses d'économie libérale : aux Etats-Unis, la liberté économique ne se remarquait même pas, on la respirait comme l'air.

Et puis, pourquoi ces timbres fiscaux sur toute demande officielle, pourquoi ces feuilles qu'il fallait spécialement acheter même pour des transactions liant des particuliers ? Pourquoi cette incessante ingérence de l'Etat dans la société civile ? Je voulais être libre de mes écritures, non condamnée à une monotonie timbrée, qui évoquait une armée de bureaucrates tamponneurs. Je me rebellais aussi contre les horaires impossibles des magasins et leur fermeture entre midi et deux heures qui obligeait les employés à rentrer déjeuner chez eux et gênait les clients. Mes petites rébellions au jour le jour étaient toujours accueillies avec surprise. Elles paraissaient dérisoires à tous ceux qui voulaient « changer la vie » et trop osées à ceux pour qui on avait toujours fait comme cela. Mais ces bribes de vie quotidienne étaient autant d'épines douloureuses pour ma conscience d'hybride. Je n'arrivais pas à les chasser de mon esprit, puisqu'elles incarnaient, à mes yeux, un système politique et social rétrograde et étouffant, dans ses principes comme dans sa réalité. Ce qui m'irritait le plus je crois, c'étaient les ingérences étatiques, qui heurtaient ma conscience civique devenue américaine. J'étais prise dans un piège impossible : aux Etats-Unis, je préconisais plus d'Etat pour pallier les injustices de la société, mais en Italie, je me sentais en porte à faux avec mes amis qui demandaient toujours plus de contrôles et d'Etat. Je finissais par me découvrir anarchiste plus qu'autre chose, rebelle et intolérante contre toute contrainte, toute atteinte à la liberté individuelle.

V

L'Italie, dans ma quête européenne, n'était après tout qu'un moyen. Mais au contact de la réalité « mon Europe », tant désirée, disparaissait comme un mirage. Lorsque, devant mes amis italiens épris de Castro ou des Vietcongs, j'évoquais sa construction et les espoirs qu'elle pourrait susciter, ils me regardaient avec étonnement. Qu'était-ce l'Europe, en ces années-là, pour les juifs qui s'apprêtaient à partir comme pour ceux qui restaient, sinon le symbole de la honte et l'objet de réquisitoires éternels ? Qu'était-ce, sinon la concrétion de toutes les culpabilités qui torturaient l'« homme blanc », l'« Occidental » ? Qu'était-ce, sinon un monstre réactionnaire figé dans ses traditions et ses frontières, qui ne reprenait vie que pour les guerres « communautaires » autour du lait, du beurre ou de la viande ? Qu'était-ce, l'Europe, sinon le petit monde bruxellois et ses intrigues, ses commissions bavardes, où il était bon de placer ses hommes ?

L'idéal était loin, l'unité aussi. L'Espagne sommeillait encore sous la dictature. La France d'après De Gaulle se cherchait, gardant ses distances avec le Benelux, l'Allemagne et l'Italie. La Grande-Bretagne plongeait dans l'américanisme. Les social-démocraties scandinaves montraient les premiers signes d'essoufflement, tandis que la Suisse, comme toujours, couvait ses lingots et l'Autriche ses pistes de ski et ses salles de concert. L'Europe centrale n'était pas encore à la mode. La Yougoslavie et son autogestion lénifiante avaient cessé de séduire. On entendait à peine l'écho des premières grèves de mineurs polonais. Il fallait vraiment venir d'Amérique pour oser donner un sens à ce qui n'était, à l'Ouest du moins, qu'une chimère technocratique. Même la littérature n'était d'aucun secours pour rassembler les bribes d'un continent défunt. Congelée dans l'analyse textuelle et l'évocation de la dernière guerre, elle jaunissait sur les rayons des librairies, délaissée au profit de la prose révolutionnaire. Dans ce désert culturel, aucune voix ne se dressait pour faire entendre le chant de l'Europe.

Un lieu incarnait à merveille ce désarroi : Berlin. Durant mon année à Pavie, j'y fus invitée par le gouvernement américain pour une grande réunion de tous les boursiers Fulbright dispersés sur le vieux continent. J'étais familière de l'Italie, de la France, j'avais été formée aux valeurs et aux idéaux anglo-américains. Vue d'Amérique, « mon Europe » s'arrêtait donc au Rhin. Il me fallait traverser cette frontière, cette ligne Maginot de l'esprit.

Pour mieux découvrir l'Europe de l'ombre, je pris donc le train. Sans doute me fallait-il du temps pour, petit à petit, kilomètre après kilomètre, aborder l'Allemagne, que j'avais toujours préféré feindre d'ignorer comme pour chasser de mon esprit l'idée du nazisme. Lovée dans mon compartiment, moi qui, aux Etats-Unis, commençais à me lasser d'entendre mes amis toujours et encore évoquer l'Holocauste, je me surpris à tressaillir dès que je vis des Allemands d'un certain âge. Mes idées sur l'espace européen, la communauté de sensibilité, de culture, d'histoire s'évaporaient au contact de ces représentants de la génération de l'horreur, assis devant moi, bavardant comme si de rien n'était. J'essayais désespérément de réprimer ce frisson, mais la fêlure resurgissait.

L'arrêt du train et les cris des gardes frontières me firent remonter de l'horreur passée au présent angoissant. Nous avions atteint le Rideau de Fer. J'eus à peine le temps de changer de décor intérieur : la hantise de la jeune femme juive laissa place à celle de la citoyenne libre. Les compartiments furent envahis de soldats casqués accompagnés de chiens-loups et, pendant plusieurs heures, ce fut comme un voyage en train blindé. Nous nous arrêtions dans des gares fantômes, sous le regard impénétrable de soldats en arme. Les images et les époques se mêlaient dans mon esprit, mais la réalité présente de l'univers totalitaire était plus glaçante encore que je ne l'aurais cru. Les journaux américains de mon enfance, décrivant l'horreur communiste, avaient péché par omission.

Je me collais à la fenêtre pour apercevoir un peu de cette Allemagne sous le joug. De vieux toits, une campagne vide, pas de routes. Seul signe de vie : au loin, l'aboiement des chiens. Je retrouvais les sentiments qui m'étaient venus enfant, à Miami, lors des événements hongrois. L'Europe était un vaste ciel gris aux nuages bas et opprimants, quand l'Amérique alternait tempêtes violentes et horizons dégagés. Et pourtant mes sentiments allaient vers ce ciel bas qui avait vu tant d'histoire passer. Soudain, cette campagne inconnue me devint familière. Je franchis le Rhin, comme pour embrasser l'Europe tout entière.

La gare de Berlin-Ouest. Enfin, je revins à la surface et cessai de retenir mon souffle. On sentait la liberté, dans les corps. Mais dans les rues, tous ces Allemands, même libres, paraissaient inquiétants jusque dans leur allure insouciante. Que cachaient les sourires des vieilles dames et les vieux bibelots dans les vitrines ? J'avais adopté une terre, pas encore ses hommes.

Dans une taverne du Kudamm, je m'en fus retrouver « mes compatriotes ». Tous se disaient enthousiasmés par leur *experience abroad*. Mais tous, au bout d'un moment, se mirent à pleurer sur leurs difficultés d'adaptation chez les « indigènes ». Tout y passait, avec ces touristes en séjour prolongé : du chauffage insuffisant aux médicaments introuvables, au goût du lait ou au prix des timbres. Pourtant, ces jeunes chercheurs étaient raffinés et cultivés. Ils connaissaient à merveille le British Museum, le Prado, la Sorbonne ou l'Accademia Santa Cecilia, mais la vie quotidienne leur restait opaque. La plupart étaient venus là prélever un peu d'Europe en guise de sujet de thèse, acquérir un fond de commerce qu'ils entretiendraient ensuite précieusement leur vie durant.

Cependant, nous n'étions pas à Berlin pour notre plaisir, pour nous attarder sur les ombres ou la nostalgie de l'ancienne capitale du Reich, mais plutôt pour contempler ce qui, dans l'esprit des *best and brightest* de Washington, devait être la vitrine de la Pax Americana et pour comprendre une politique qui avait sauvé la moitié de l'Allemagne et de l'Europe. En ce début de 1971, les Etats-Unis étaient massivement engagés au Vietnam. Il fallait donc enseigner aux jeunes Américains, pacifistes pour la plupart, les nécessités de la politique internationale. Pas de meilleure leçon que de les placer en quelque sorte... au pied du Mur. Berlin n'était donc, dans l'affaire, qu'une toile de fond pour un drame qui se jouait dans les rizières, à des milliers de kilomètres de là. Point zéro du système international, Berlin n'avait valeur que de symbole.

Berlin-Est comptait donc avant tout. Nous avions ri aux conférences grandiloquentes des officiels américains. Mais soudain, à Checkpoint Charlie, aux portes de l'Empire du Mal, nous nous accrochions à des passeports que certains d'entre nous, ailleurs, auraient volontiers brûlés. Une fois de l'autre côté, les vêtements démodés des Allemands de l'Est, les kiosques où l'on vendait un unique journal nous semblaient sortis d'un film d'Hitchcock. Mais le froid, dans notre dos, était bien réel.

Certains se laissèrent pourtant prendre au tape-à-l'œil d'un Berlin ultra-moderne et des plans quinquennaux que nous vantait notre guide. Petit à petit, l'intérêt commercial triompha sur la curiosité et l'idéologie : dans les magasins d'Etat, tout était si bon marché comparé aux prix de l'Ouest. Les musiciens brandissaient des intégrales de Beethoven vendues au prix d'une sonate à Hambourg ou à Londres. Les philosophes entassaient les œuvres pas si complètes de Marx, les scientifiques le dernier cri de l'industrie optique est-allemande. Et ainsi chacun trouvait son bonheur. Les affaires faisaient oublier le reste. Dans le bus, au retour, la conversation s'engagea sur l'éternelle question des fins et des moyens. On s'étonnait qu'une démocratie populaire puisse être aussi « moderne ». Dans un tel contexte, parler des libertés formelles bafouées eût été indécent : ces mots-là appartenaient aux officiels de Washington, qui les avaient dévoyés dans les marécages vietnamiens. Certains, férus de l'Ecole de Francfort, renvoyaient dos à dos l'Est et l'Ouest. L'impact de notre périple était donc bien plus complexe que ne l'avaient cru les bureaucrates qui nous avaient invités. La croisade anticommuniste avait en tout cas échoué.

Je sortis secouée de cette journée irréelle. Je pensais à ce qu'était l'angoisse et la vie des Berlinois à l'Est coincés entre leur régime et les troupes soviétiques, changés en cobayes pour une expérience sociale sous les yeux de leurs frères libres. Pourtant, je contemplais avec embarras les troupes américaines, qui incarnaient la résistance à l'ogre soviétique. Les GI's eux non plus, du haut de leurs jeeps, ne prêtaient guère attention aux Berlinois. L'Allemagne bourreau et l'Allemagne victime étaient les deux bouts d'une corde que je n'arrivais pas à démêler : ce que j'avais devant moi était le nœud gordien de l'Europe. Pour le dénouer, il fallait briser le Mur. Je n'imaginais pas encore que ce fût possible. J'étais au point zéro de l'Europe.

J'étais revenue prête à faire ma vie en Italie, prête à reprendre s'il le fallait mon ancienne nationalité, que j'avais abandonnée surtout par commodité. Mais au bout de quelques mois, je sus que ce serait impossible. Abandonner mon passeport américain aurait signifié démissionner d'une société certes en guerre mais au nom de principes auxquels j'adhérais. J'aurais troqué un monde en plein mouvement pour un pays gangrené, prisonnier d'un passé rabâché et d'idéologies ossifiées, pour une Europe illusoire, hantée par son passé. Cette société, que d'ailleurs beaucoup de jeunes juifs délaissaient, heurtait profondément mes valeurs, comme elle avait heurté mon père. Après tout, peut-être avait-il eu raison, peut-être serait-ce finalement l'Amérique...

Par un beau jour d'été, j'arrivai à Gênes pour m'embarquer sur la *Michelangelo*, destination New York. La jeune femme qui n'avait connu que l'avion s'apprêtait à faire, bourse oblige, le long voyage classique de tous les immigrants, comme pour mesurer la distance effective qui sépare la vieille Europe du nouveau monde. Un ami m'avait accompagnée pour m'aider à surmonter l'océan de grèves qui m'attendait avant de franchir la passerelle du bateau. Trains, taxis, porteurs : rien n'était certain. L'aventure commençait sur la terre ferme bien avant la ligne bleue de la mer. Et ce fut en effet dans une Gênes chaotique que je pris congé de l'Italie du Nord, munie d'un livre autobiographique écrit par un ouvrier prônant la prise de pouvoir des établissements FIAT, dernier cadeau de mon ami révolutionnaire. L'intermezzo italien s'achevait comme il avait commencé, en voyageuse avec trop de bagages dans une société immobilisée.

Un arrêt imprévu à Naples, dû à une grève du personnel maritime, prolongea de vingt-quatre heures mon séjour italien dans la ville natale de mon père. Naples, la ville limite de ma vision européenne enfantine, ne paraissait plus l'exclue de la péninsule : c'était devenu la victorieuse, à mesure que son chaos avait atteint le Nord. Les Bourbons l'emportaient sur les Habsbourgs. Trente et un ans après mon père, je prenais ainsi la route de l'Amérique en partant du même port que lui. Mon père avait fui un fascisme raciste et moi une Italie déliquescente. Je prolongeais sa propre déchirure.

Pourquoi serais-je restée dans ce pays que beaucoup d'Italiens eux-mêmes quittaient, quand Harvard m'attendait pour un nouveau bail ? Mon désir de me rapatrier dans la terre de mes aïeux avait chaviré. Des soutes de ma troisième classe, entourée de marginaux faisant une traversée hors saison, je pansais mes plaies quand une violente tempête secoua l'imposant *Michelangelo* comme un minuscule radeau. Les passagers disparurent au fond de leur lit. Dans une salle à manger abandonnée, où les assiettes glissaient de droite à gauche comme dans un film des Marx Brothers, je me retrouvai seule avec le personnel. Nous étions à mi-chemin, au cœur de l'anticyclone des Açores, et cette tempête était comme le symbole de mon déchirement.

La veille de notre arrivée à New York, le bateau reprit vie. Passagers et marins se préparaient pour les retrouvailles avec la terre et l'entrée dans le port de New York. Les côtes américaines brillaient des dernières lumières de la nuit, tandis que derrière nous les premières lueurs incertaines de l'aube faisaient leur apparition. Le bateau me paraissait avancer incroyablement lentement. J'avais oublié à quel point le continent américain était étendu. La plate monotonie de Long Island paraissait infinie, quand soudain, à l'horizon, un ruban vert suspendu dans l'air apparut, le pont Verazzano, avant-garde du port new-yorkais. Sous ce miracle technologique, tout le monde retint son souffle : le grand mât l'effleurait presque. De l'autre côté, le bateau des pilotes du port nous attendait pour nous remorquer lentement vers Manhattan précédés des jets d'eau d'accueil. Nous entrions dans la lagune des Titans.

La Statue de la Liberté se dressa devant nous, sublime. Devenue l'immigrante aux portes du nouveau monde, je sentis pour la première fois l'émotion américaine monter en moi. Elle qui m'avait tant fait défaut lors de ma naturalisation explosa comme une libération après les tensions européennes. Entre gratte-ciel et eau, l'Amérique m'ouvrait à nouveau les bras, prête à me reprendre.

Une voix aboyant des ordres dissipa ces élans. Les officiers de l'immigration arrivaient et nous sommaient de quitter le pont pour procéder au contrôle policier devant leurs odieux livres noirs. Je quittai le bateau une pomme à la main. Aux douanes, un jeune homme de mon âge me fit ouvrir toutes mes valises tout en bavardant. Avant de signer mon laissez-passer, il prit ma pomme, interdite sur le sol américain, pour la faire brûler et puis, se tournant vers moi, avec son plus charmant sourire, me demanda un *date*. Le rêve américain redevenait réalité.

Retour à Harvard

Les pelouses étaient aussi vertes, la bibliothèque Widener aussi imposante, les nouveaux étudiants *undergraduate* aussi émerveillés. Harvard, que je réintégrais avec nostalgie après le chaos italien, rayonnait comme toujours. Mais l'Amérique, elle, ressemblait à un navire tiraillé entre des vents contraires, dérivant à l'écart du monde, avec pour seule amarre le sérieux que chacun, qu'il soit WASP bon teint, noir révolté, féministe ou bien hippie, mettait dans sa vie, dans ses engagements. L'angoisse lancinante née de la guerre du Vietnam laissa finalement la place à l'apothéose du Watergate, ce psychodrame que l'Amérique se jouait, comme pour en finir avec les certitudes de l'après-guerre. Revenant aux Etats-Unis après mes désillusions italiennes, je croyais retrouver un monde familier et tranquille : ce fut pour découvrir un kaléidoscope aux contrastes détonants.

I

L'université n'était déjà plus ce cocon douillet, coupé du monde adulte, que j'avais connu auparavant. La génération soixante-huitarde avait avancé dans les études. Elle avait quitté les dortoirs pour se rapprocher de ce qu'on appelait à l'époque le « monde réel » et vivre en ville, à Cambridge, loin des quartiers nantis, là où s'entassaient pêle-mêle les vestiges de la classe ouvrière blanche, des noirs pauvres et tout un phalanstère d'anciens étudiants et de marginaux perpétuellement en quête d'eux-mêmes, toujours sensibles aux modes.

Les vieilles distinctions entre étudiants des premières années avaient laissé la place à l'obsession du « style de vie », ce mélange de gestes quotidiens, de vision du monde et de prises de position politiques. Pour louer une chambre dans un appartement, il fallait ainsi subir un entretien qui relevait presque de l'inquisition : l'adhésion à certaines valeurs cardinales comptait plus que l'honnêteté ou la propreté. Un peu comme dans le système indien des castes, on vivait avec les siens : entre féministes, entre homosexuels, entre noirs ou entre juifs pratiquants. Mais les critères d'admission allaient souvent bien plus loin : les végétariens ou les acharnés de macrobiotique n'auraient pu vivre avec des « meurtriers » carnivores ; les non-fumeurs militants n'auraient pas supporté d'être quotidiennement agressés par des fumeurs ; les amateurs de haschisch se moquaient des non-initiés trop étriqués ; les convertis aux méditations orientales ne pouvaient décemment communier avec des « laïcs ». Il y avait aussi les partisans du travail manuel, qui avaient abandonné sciemment le monde des idées dans un élan proudhonien, les amateurs de macramé qui détestaient les passionnés du plexiglass et les fous d'informatique. Enfin, les futurs hommes d'affaires, les futurs avocats ou les candidats au doctorat vivaient aussi entre eux, dédaigneux de ceux qui ne visaient pas le même métier, tribus lointaines et mystérieuses.

Chacun poursuivait son style de vie avec une rigueur extrême. Les vêtements, la coupe de cheveux, l'alimentation, les lectures étaient autant d'indices révélant une « essence » : presque des cartes de visite. Entre clans, les croisements ou les transferts étaient rares, les ponts inexistants. L'heure était à l'éclatement narcissique : le feu d'artifice du mouvement anti-guerre était retombé en mille étincelles dispersées.

Ces petits mondes étaient refermés sur eux-mêmes, mais sans hostilité les uns à l'égard des autres. Ils partageaient en effet la même ferveur pour l'action personnelle, le même volontarisme pragmatique à mille lieues des engagements idéologiques européens. L'éthique protestante était la mère de tous ces *life styles* qui lui restaient fidèles même en voulant la contredire. Le fumeur de haschisch travaillait avec la lesbienne anti-tabac pour le compte d'un consultant de la Harvard Business School : dans leur tréfonds, ils étaient enfants du mariage de l'esprit libertaire et de la logique du marché. Les membres des coopératives qui vendaient des légumes sans engrais et des semences macrobiotiques, les adhérents de la secte Hari Krishna étaient imbus du même système de rentabilité que les futurs technocrates.

Cet accord implicite entre les clans et même avec le reste de l'Amérique sur les grandes règles du jeu faisait la force des multiples courants contestataires de l'époque : tout en voulant changer le monde, ils ne prônaient aucune violence, aucune haine systématique de l'« autre ». Persuadé de détenir « la » vérité, chaque groupe pouvait se permettre d'ignorer les autres, ceux qui n'avaient pas « encore » compris où se trouvait la bonne voie. Pour les aider, il fallait avant tout prêcher par l'exemple et donc suivre avec rigueur son propre style de vie. On pouvait se permettre d'être tour à tour végétarien, fumeur, sportif ou hédoniste, mais à chaque stade, il fallait rester cohérent : à ce jeu, tout brassage, tout syncrétisme, tout compromis était contre nature.

Aux yeux des rares Européens de gauche qui les fréquentaient, ces groupes paraissaient politiquement « immatures », « petits-bourgeois ». Ces féministes qui donnaient des cours de karaté et de mécanique automobile pour affranchir les femmes de la tutelle masculine, ces adeptes des cellules de réflexion végétarienne, des cercles de méditation transcendantale ou des associations pour la défense des locataires passaient pour de piètres militants révolutionnaires. D'ailleurs, ils ne souhaitaient nullement la Révolution et leur modèle de prédilection, ce n'était ni Mao ni Che Guevara, mais Ralph Nader, l'avocat consumériste, qui avait osé s'attaquer à General Motors. Ascète, acharné au travail, très professionnel, hostile à tout compromis, défenseur volontaire des petits contre les grands, il incarnait à merveille la conscience civique américaine des années soixante-dix.

Après la grandiloquence idéologique du vieux continent, le foisonnement de luttes pacifiques que je trouvais aux Etats-Unis était presque un apaisement. Il était difficile aussi de ne pas croire que l'activisme concret pouvait faire des miracles. Pour aider Cesar Chavez dans son combat pour la syndicalisation des travailleurs agricoles saisonniers d'origine mexicaine, plus personne parmi les bien-pensants (et à l'échelle du continent nous étions beaucoup) n'achetait de la laitue. Les laitues rancies, petit à petit, ne furent plus remplacées dans les magasins. Les commandes se tarirent et les agriculteurs durent s'incliner : Chavez devint un héros national lorsqu'il créa les United Farm Workers. D'autres croisades remplacèrent celle de la laitue. Nestlé vendait son lait maternisé sans contrôle dans un tiers-monde à l'eau insalubre : d'un coup, toutes les délices au chocolat disparurent de nos placards. L'écologisme naissant faisait ses premiers adeptes. L'image de notre planète bleue que les sondes spatiales nous renvoyaient pour la première fois nous confirmait dans la certitude que le monde était un village. La consommation des uns se devait de sauver les autres. Ainsi achetions-nous autant par solidarité que par plaisir l'album de Joan Baez dédié au Bangladesh, déjà victime d'inondations. Nous croyions financer une aide qui serait aussi efficace que généreuse. La pureté de nos intentions dompterait le mal. Il était si facile, lorsque nous nous attaquions aux décisions du Pentagone, de se sentir du bon côté de l'Histoire : pour une poignée de dollars versés à un centre pour la paix, pour quelques affiches achetées contre les derniers missiles, notre conscience se trouvait apaisée.

Le militantisme politique et électoral découlait tout naturellement de cet activisme pointilliste. La campagne présidentielle du démocrate George McGovern avait après tout commencé par une série de petites victoires dans un New Hampshire enneigé. Des militants faisant le siège d'électeurs républicains hésitants avaient su les convaincre. La victoire paraissait assurée. Avec le cocktail typique de femmes noires, d'ouvriers blancs et d'étudiants bien-pensants, je votai ainsi pour la première fois de ma vie, persuadée que l'Amérique suivrait la voix de la raison. La défaite écrasante de McGovern prouva une fois de plus que les bonnes intentions ne font pas toujours tache d'huile et que la puissance de nos phalanstères éclairés avait ses limites.

Mais cet échec politique ne fit qu'aviver la volonté de changer le monde par des actions ponctuelles et symboliques. L'armée de marginaux, d'anciens étudiants et de gentils paumés qui vivait accrochée à Cambridge comme à une cure de jouvence éternelle avait fait des émules jusque dans les facultés de droit et de médecine, jusque dans les *business schools*. Jeunes avocats, jeunes médecins, jeunes chercheurs commencèrent à mettre leurs compétences, leur sérieux au service de ce qu'ils voyaient comme une mission : ils projetaient dans leur métier des valeurs et des idéaux qui avaient conduit d'autres à vivre à la marge. Tel scientifique refaisait dans la solitude de sa chambre les calculs qui présidaient aux décisions stratégiques du Pentagone, tel jeune financier cherchait à évaluer l'opportunité des investissements boursiers de l'université, tel jeune manager s'en allait fonder une petite société qui donnerait du travail aux enfants des ghettos. La vieille angoisse protestante revue par l'esprit de 68 s'était canalisée. Elle puisait toujours sa force dans l'idée que la voix de la raison triompherait et que la précision du but rendait le combat plus efficace : pour changer le monde, il fallait se changer soi-même et le petit cercle dans lequel on évoluait.

II

Mes études d'histoire, comme *graduate*, me firent pénétrer de plain-pied dans le sérieux qui caractérise la vie professionnelle américaine, même lorsqu'elle est universitaire. L'apprentissage joyeux des premières années laissa la place à une forme d'austérité héritée des valeurs puritaines du travail et de l'esprit scientifique allemand. Il n'était plus question d'apprendre pour le plaisir. Il s'agissait de participer à un travail monacal et de se sacrifier sur l'autel de la Science.

J'avais pris mes premières années d'études trop au sérieux. Mais par la suite, préparant mon doctorat, je ne parvins jamais à me couler dans le moule monastique entrevu dès la première réunion du département d'histoire. Le directeur, éminent spécialiste de l'Amérique coloniale, nous promit d'emblée un travail ardu, pénible, une vie monotone, la seule concevable pour des chercheurs : « du sang et des larmes » en somme. La noblesse de la vérité historique devait alimenter notre passion, mais le quotidien serait terne. Aucune interprétation grandiose, aucune vision générale, aucune quête personnelle. Nous devenions d'humbles laboureurs : à chacun son lopin bien délimité et, pour tous, une même infinie patience.

Les étudiants inscrits au Ph.D. d'histoire avaient entre vingt-deux et vingt-sept ans. Il y avait là un futur professeur à l'école militaire de West Point, un passionné d'histoire juive, deux radicaux, un amateur d'histoire diplomatique, une jeune femme qui étudiait l'histoire pour faire plaisir à son mari lui-même historien et de bons élèves aux intérêts encore flous. Aucune communauté de style de vie ou d'esprit. Surtout, mes camarades paraissaient avoir choisi un métier, quand je cherchais une essence. Ils étaient unis par leur appartenance commune à la corporation des historiens comme autant de dentistes exerçant dans leur propre cabinet mais tous inscrits à l'ordre. Terminé le labeur, chacun rentrait chez soi, chacun retrouvait sa vie. Je ne comprenais pas pourquoi ils n'avaient pas choisi un sujet d'étude plus proche d'eux, plus en accord avec leur personnalité et leurs préoccupations de citoyens. Je les voyais s'orienter dans des champs de recherche abstrus qui leur promettaient solitude et monotonie. Leur vie serait jalonnée d'articles, de livres, de conférences, témoignage d'un travail sérieux, efficace, sans angoisses.

Ces clercs se protégeaient du pouvoir et de la richesse en affichant un mépris tout particulier pour le temporel : leur travail était pur, à l'abri des lois du profit, fruit d'une ascèse spirituelle. Ils en parlaient comme d'une mission que seuls d'autres spécialistes pouvaient pleinement apprécier. Dans les réceptions qui émaillaient la vie universitaire, comme un refrain revenait la même question : « Sur quoi travaillez-vous ? » Malheur à celui qui ne pouvait répondre et donner un sujet de thèse, un titre de livre, d'article ou de conférence : il retombait dans le lot des damnés, des sous-hommes, à peine dignes d'un salut poli.

Le militantisme politique ajoutait encore à cette intolérance. Pour être un historien d'avant-garde, alors, il fallait faire l'exégèse des luttes de classes et au besoin rédiger la dix millième thèse sur la révolution industrielle anglaise. L'histoire diplomatique ou celle des idées passaient pour affreusement réactionnaires. En fait, malgré ces velléités d'engagement dans le siècle, tout le monde semblait fuir vers des temps ou des pays lointains comme pour mieux s'oublier. J'étudiais l'histoire pour comprendre le présent, mon présent ; ils croyaient fermement dans la connaissance en soi. Nous ne nous comprenions pas.

C'était particulièrement vrai au sujet de l'Europe. J'étais entourée de camarades qui semblaient prendre un malin plaisir à reconstituer les détails de cette mosaïque, mais sans jamais s'intéresser à l'image d'ensemble. Je leur préférais les jeunes sociologues ou les spécialistes de politique qui passaient pour étudier une Europe plus vivante, plus familière en tout cas. Mais eux aussi transformaient le réel en sujets d'érudition, en une accumulation de papiers scientifiques truffés de notes en bas de pages. Certains, pour compenser leur propre désenchantement à l'égard de la vie politique américaine, allaient en Italie ou en France observer de près les syndicats ou les partis de gauche. On les prenait là-bas pour les premiers émissaires d'un changement d'attitude de Washington, prélude peut-être à une reconnaissance des partis socialistes ou même communistes, alors que les cercles dirigeants continuaient à voir un danger dans la gauche. En fait, ces observateurs cherchaient surtout de quoi alimenter leur carrière académique. Les quelques dirigeants communistes qui s'aventurèrent aux Etats-Unis munis d'un visa exceptionnel, invités par des universités, furent reçus comme des oiseaux rares. La vie politique des uns devenait le métier des autres. Inégalité optique flagrante.

Je contemplais ce foisonnement d'études sur l'Europe avec une certaine méfiance. Pour la première fois de ma vie, de jeunes chercheurs américains couraient allégrement sur les plates-bandes de mon jardin intérieur. Ils revenaient en vrais cosmopolites capables de décrire Paris ou Milan, fins connaisseurs des meilleurs bistros et des petits restaurants. Mais l'Europe de leurs fiches n'avait pas grand-chose à voir avec mon propre monde et eux qui n'avaient d'yeux que pour les ouvriers de FIAT et de Renault, pour les syndicalistes et les militants de base des révolutions à venir avaient pour moi les allures de bourgeois revenant de s'encanailler. Ces braves démocrates qui recyclaient leur verre et boycottaient les laitues pouvaient bien discourir des futures victoires communistes et de l'hégémonie de la classe ouvrière : ils n'auraient pas à en payer eux-mêmes le prix.

III

Une autre image de l'Europe commençait à percer dans l'Amérique universitaire des années soixante-dix : celle que véhiculait la nouvelle génération de jeunes Européens aux allures technocratiques venus terminer leurs études dans le panthéon harvardien.

Beaucoup se retrouvaient dans la petite maison sympathique qui abritait les études européennes pour déjeuner ensemble le vendredi et respirer un peu l'air du vieux continent. Car il fallait venir jusqu'en Amérique pour que de jeunes Allemands, des Anglais, des Italiens et des Français, des Espagnols ou des Scandinaves puissent ainsi avoir l'impression de partager une identité commune. Ces enfants de la bonne société incarnaient le contraire absolu de ce que les universitaires américains cherchaient en Europe : ils ne venaient pas de la classe ouvrière et ne connaissaient rien au monde des syndicats. Quand ils étaient de gauche, c'était plus par humanisme que par engagement révolutionnaire et ils écoutaient pérorer les Américains en quête de révolution avec un intérêt voilé de beaucoup d'ironie et parfois même de condescendance. Les Italiens en particulier étaient venus aux Etats-Unis bien sûr pour profiter du savoir-faire de la *business school* ou des laboratoires scientifiques, mais aussi pour se protéger de la décomposition qui gagnait leur pays à mesure que frappait le terrorisme. Ainsi trouvait-on parmi nous les rejetons des plus belles familles italiennes, qui vivaient alors dans la crainte de l'enlèvement.

La différence d'esprit était donc totale : pour les Américains, Harvard était un lieu de travail où il fallait sacrifier à l'exigence intellectuelle, pour les jeunes Européens une parenthèse vouée à la découverte d'une nouvelle liberté. Après les cours et les heures passées à la bibliothèque, ils se jetaient avec frénésie dans les sorties, les promenades, les soirées entre amis, dédaigneux des mœurs locales et du sérieux de ces Américains qu'ils admiraient parfois pour leur compétence, mais qu'ils trouvaient aussi souvent dépourvus d'humour et bornés, comme si la richesse des laboratoires par compensation les avait rendus moins imaginatifs et créateurs. La plupart des Européens conservaient des catégories mentales du XIXe siècle : les Américains, même à l'université, restaient des gens simples et mal dégrossis, qui avaient surtout su profiter du transfert de cerveaux qu'avait provoqué le suicide de l'Europe. Aussi les représentants des deux continents restaient-ils à l'écart les uns des autres, un peu comme ces jeunes Sud-Américains ou ces jeunes Arabes qui dépensaient entre eux leurs pétrodollars. A âge égal, les Européens que je fréquentais sur les pelouses de Harvard étaient d'ailleurs infiniment moins malléables que leurs équivalents américains. C'étaient des produits déjà modelés, qui se prêtaient aux lieux, mais sans jamais se remettre en cause. Leur futur était tout tracé.

Cela expliquait leur peu de connaissance des Etats-Unis. Ils étaient venus là surtout pour conquérir un ultime diplôme, qui les distinguerait pour toujours de leurs camarades moins chanceux. L'Amérique était donc pour eux avant tout une aventure passagère et chacun en grignotait un petit bout à sa guise. Mais le pays, dans son ensemble, dans son essence, leur échappait. Dans ses habitudes politiques aussi.

Les Italiens de la Harvard Business School votaient dans leur pays pour des groupuscules marxistes aux programmes économiques sortis tout droit d'un bréviaire léniniste. 1968 était loin, mais les réflexes demeuraient. Et ils se comportaient comme si la politique n'était qu'un vaste jeu sémantique sans implications réelles, où laisser briller sa fantaisie. Ils ricanaient lorsque je leur parlais de la démocratie américaine, de l'activisme individuel, du consumérisme : c'était pour eux de la poudre aux yeux, des leurres inventés par le « système » pour faire avorter toute mobilisation véritablement politique. Je trouvais leur mariage entre l'exégèse de Marx et celle du marketing contre nature ; eux s'amusaient.

Les Français, les Allemands, les Anglais parlaient peu de politique, comme s'ils ne souhaitaient pas laver leur linge sale en public... ou tout simplement parce que leur pays gardait une image positive à l'étranger. Souvent portés sur la macro-économie ou la stratégie, immunisés contre le bacille marxiste, ils contemplaient l'Amérique de manière tout aussi abstraite et snob, mais par le haut. A leurs yeux, seuls comptaient les quelques grands décideurs qui, à Washington, entouraient Henry Kissinger. Le Congrès, les institutions judiciaires, les lobbies et les Etats disparaissaient dans cette vision exclusivement internationale de l'Amérique. Le Watergate révélerait la faille entre ces deux mondes.

IV

Déchirée par la guerre du Vietnam, tiraillée entre ses multiples styles de vie, doutant de son rôle international et de ses valeurs essentielles, l'Amérique vécut le traumatisme du Watergate comme une renaissance nationale. Les frères ennemis de 68, les politiciens, les classes moyennes, les marginaux, les minorités, tout comme les élites se retrouvèrent unies pour condamner la dérive du pouvoir. Après le reportage du *Washington Post*, l'enquête allait vite éclabousser la Maison Blanche tout entière et le Président Nixon lui-même. En l'espace de quelques mois, l'Amérique en vint presque à l'équivalent républicain du régicide, l'*impeachment*, s'offrant ainsi le plus beau spectacle qu'une démocratie puisse donner. Ce fut le psychodrame américain par excellence, une bataille sans ennemis étrangers, menée pour l'honneur, qui plus que tout révéla que le respect de la Constitution est le cœur même de l'identité politique américaine. Le pays tout entier se retrouva uni et furieux, atteint dans sa dignité, pour défendre le principe de la division des pouvoirs face à la menace du mensonge, qui bafouait la transparence démocratique.

La haine des radicaux contre le pouvoir, responsable de la guerre du Vietnam, était bien connue. Mais les Américains « moyens » étaient trop patriotes pour partager ce sentiment et les WASP trop traditionalistes pour couper leur lien naturel avec l'*Establishment*. Soudain, les cloisons mentales qui séparaient ces groupes s'effondrèrent. Les ennemis d'hier se retrouvèrent pour exiger ensemble vérité, pureté, responsabilité. Comme dans les vieux films de Capra que le Vietnam et la contestation avaient fait oublier, de nouveaux héros naquirent, d'anciens mythes réapparurent, journalistes et avocats qui maniaient l'attaché-case et le procès-verbal plutôt que le drapeau rouge. Au nom des droits inviolables de la presse et de la séparation des pouvoirs, ils dénonçaient le pouvoir de Washington en des termes plus efficaces que les manifestants d'hier. L'Amérique se retrouvait et pansait elle-même la blessure vietnamienne en une gigantesque auto-analyse de groupe.

Le scandale transforma les mentalités. L'angoisse puritaine de la responsabilité individuelle et de l'éthique du travail, la rigueur professionnelle qui habitait jadis encore la seule vie privée refit surface, mais cette fois au nom d'un idéal collectif et pour un combat commun : la démocratie. On discutait des mêmes articles de journaux, on commentait les mêmes émissions de télévision. Les avocats et les médecins, les historiens et les littéraires, les hommes d'affaires et les scientifiques se découvraient liés par une même morale politique avec les chauffeurs de taxis, les démarcheurs, les tondeurs de pelouses ou les professeurs de yoga et les gourous de la macrobiotique. La vertu publique l'emportait sur les préoccupations privées. L'Amérique redevenait une.

Les grands gagnants du Watergate furent les WASP et par ricochet le monde de Harvard. Richard Nixon, le parvenu californien surnommé depuis toujours « Tricky Dick » pour ses mœurs politiques douteuses, trouva sa némésis en la personne d'Archibald Cox, grand professeur de droit de la Harvard Law School nommé *special prosecutor* et promu de ce fait conscience nationale. Avec ses cheveux courts coupés en brosse, son nœud papillon, ses vestes de tweed, sa pipe et son accent nasal, ce fier descendant des élites bostoniennes incarnait à la perfection les valeurs WASP. Lui qui affichait le plus grand mépris pour ceux qu'il appelait « les gangsters de Washington » devint la coqueluche des anciens contestataires radicaux, des jeunes étudiants et de tous ceux qui ne supportaient plus le « système ». L'Amérique retrouvait sa jeunesse. La boucle un temps défaite par la contestation de 68 était de nouveau bouclée : les pères fondateurs étaient encore là pour défendre « leur » démocratie et jeter les bases du renouveau.

Ce sursaut national eut un effet important sur mes camarades d'études. Ils abandonnèrent leurs analyses « scientifiques » de la gauche européenne pour se lancer corps et âme dans un combat libertaire bien de chez eux. Oubliés les syndicats et les groupuscules d'un continent lointain. Rivés à leur poste de télévision, les « chercheurs » redevenaient des « citoyens ». La résurgence de l'esprit WASP et de ses valeurs *made in America* jeta par contre une ombre sur le petit monde cosmopolite harvardien. Nixon, après tout, avait poussé à son extrême la logique d'une présidence impériale, fruit évident des responsabilités de la *Pax Americana*. Les Etats-Unis, en se mêlant des affaires du reste du monde, n'avaient-ils pas perdu leur âme et leur pureté démocratique ? La *Realpolitik*, si chère à Kissinger, ne reprenait-elle pas à son compte la tradition étatique et diplomatique du vieux monde ? Les « internationalistes » ne dévoyaient-ils pas l'ancien modèle américain, avec sa présidence au pouvoir limité et son Congrès omniprésent ? C'étaient les bons vieux avocats WASP qui sauvaient l'honneur de l'Amérique et non les « cosmopolites » kissingeriens ou les radicaux influencés par le marxisme, qui n'avaient rien compris au caractère américain.

Le « moment Watergate » dura peu, mais il redonna à l'Amérique une fierté nationale, une confiance dans ses institutions que le pardon inopportun accordé à Nixon par le tout nouveau Président Gerald Ford n'offusqua pas entièrement. Les institutions marchaient ; la démocratie américaine qui allait atteindre son bicentenaire avait résisté. Les Américains, toutes catégories confondues, retrouvaient espoir et orgueil : la pureté du réflexe démocratique avait triomphé de l'abus de pouvoir.

Les Européens, à Harvard même, comme sur le vieux continent, se révélèrent incapables de comprendre. Fussent-ils de gauche ou de droite, marxistes ou conservateurs, ils réagissaient avec les mêmes réflexes désabusés et cyniques. Pourquoi les Américains faisaient-ils un tel scandale à propos d'une petite histoire d'écoutes téléphoniques bien banale ? Les entorses à la Constitution allaient de pair avec l'exercice du pouvoir. Il fallait être naïf et particulièrement pointilleux sur les principes pour se scandaliser d'un mensonge politique, pratique usuelle de tout bon Prince. Pour une certaine gauche militante, de pareils scrupules venant d'un pays capitaliste et impérialiste n'en paraissaient que plus hypocrites. *Much ado about nothing*, donc, pour la droite. Surtout, les Américains ne se rendaient-ils pas compte qu'en s'enfermant dans leurs petits jeux moralisants ils sacrifiaient certains grands équilibres internationaux, qu'en portant atteinte au Président ils affaiblissaient l'image même des Etats-Unis et, dans le monde bipolaire d'alors, faisaient le jeu de l'Union Soviétique ? Comme pour mieux souligner leur différend avec un peuple américain par définition inculte, un bon nombre d'Européens, même de gauche, s'offusquèrent des attaques portées contre Nixon. D'après eux, c'était un des meilleurs Présidents américains, un des rares véritables hommes d'Etat produits par une civilisation de masse et le seul capable de comprendre la complexité des enjeux internationaux. Que la droite antidémocratique tînt de tels propos était à la rigueur compréhensible. C'était moins excusable de la part d'une gauche libertaire et anti-autoritaire.

Constatant la peur qu'un éventuel affaiblissement de l'Amérique entraînait chez ces révolutionnaires déclarés, je compris que ces bons esprits étaient avant tout réactionnaires et que, contrairement à des souris, ils jouaient à la Révolution pourvu que le gros chat américain fût là pour freiner leurs excès. Ils ne pouvaient saisir la rage que la Constitution bafouée avait engendrée chez le peuple américain puisqu'ils n'avaient aucune confiance dans l'individualisme démocratique et encore moins de respect pour les libertés formelles et les lois qui les régissaient. Le matérialisme historique dans sa version économiste, un certain existentialisme volontariste saupoudré de maoïsme n'offraient pas les meilleures lunettes pour comprendre les enjeux du Watergate. Le respect que témoignaient ces révolutionnaires envers les grands timoniers et le pouvoir exécutif en général était tel qu'ils étaient proprement terrorisés à l'idée d'un peuple s'acharnant contre son chef pour corriger ses excès. Le décalage quant à la maturité démocratique atteignait son apogée et les malentendus transatlantiques allaient bon train.

V

Drôle d'existence. J'avais vogué toute seule pendant des années dans l'indifférence générale quelque part entre l'Europe et l'Amérique. Je me retrouvais soudain comme un petit voilier dans le couloir maritime des grands paquebots, submergée par l'intensité de courants d'échange dont l'essence m'échappait. Tiraillée entre ma fierté démocratique américaine et mon besoin d'une vie à l'européenne, je cherchais la quadrature du cercle : le puritanisme des idées sans le puritanisme des comportements ; l'ouverture dans la stabilité ; la mobilité dans la profondeur. Autant je respectais les « styles de vie » et l'activisme individuel comme preuves de la richesse de la démocratie américaine, autant leur vécu quotidien me lassait. La variabilité des expériences à Cambridge expliquait que les personnes n'étaient jamais que des esquisses d'elles-mêmes et leur existence une série de brouillons perpétuellement retravaillés.

Dans cette mosaïque, je me faufilais tant bien que mal, partageant les « styles de vie » de *roomates* souvent improbables. Je vécus ainsi dans un appartement qui était un chef-d'œuvre d'art minimal : des matelas posés sur quatre parpaings devenaient des lits, une planche de bois recouverte de mousse se transformait en canapé et des tables à tréteaux peuplaient un vide qui n'était pas seulement matériel.

Il fallait aussi subir de multiples diktats diététiques : dans la guerre que nous nous livrions et qui annonçait déjà les grandes campagnes médicales sur les méfaits de tel ou tel aliment, chaque étagère du réfrigérateur représentait un camp retranché et seuls les produits laitiers, si blancs, si purs, étaient un terrain d'entente précaire. La morale puritaine rend l'homme responsable de ses actes, donc aussi de ce qu'il ingère. Un sérieux biblique s'ensuivait : l'étiquette des aliments étaient scrutée pour dépister les substances maléfiques qui, comme le diable lui-même, paraissaient changer constamment de visage. Les hippies eux-mêmes, qui truffaient leur pain et leurs gâteaux de marijuana, ne faisaient que perpétuer le credo puritain du *you are what you eat*. La Grand Peur du cholestérol en était à ses débuts, surclassée par la hantise du poids. Nous avions à peine plus de vingt ans, mais le péril rôdait déjà et avec lui le cycle toujours recommencé de régimes préventifs, d'orgies colossales et de crises de culpabilité engendrant d'autres régimes. Nos repas devenaient de véritables chasses aux sorcières.

L'obsession avec la nourriture n'était qu'un des signes d'une quête plus profonde. Le travail et la recherche d'un partenaire fournissaient les autres. Dans un univers où tous changeaient sans cesse d'identité, chaque étape devait se justifier. Sur le papier, cette société ouverte et mobile où des secrétaires intérimaires attendaient de se métamorphoser en futures avocates, des peintres en bâtiment se lançaient dans la physique, des historiens planifiaient leur conversion dans les finances, des livreurs envisageaient des études de médecine était admirable. Mais vivre à côté de ces êtres en constante mutation était autre chose. Leur narcissisme tourmenté prenait le dessus sur toute convivialité et l'humour était le grand perdant.

Il en allait de même de la vie sentimentale. L'horrible institution des *dates* demeurait, plus angoissée encore l'âge venant : il fallait coûte que coûte trouver un partenaire. Mais l'air du temps était peu propice à un choix serein. Les mouvements féministes excitaient le soupçon, voire la haine envers les hommes. Même diluées, leurs thèses faisaient craindre tout « engagement » avec l'« ennemi génétique ». Les *career women* en particulier ne voulaient pas devenir la partie sacrifiée du couple. Et le courant anti-mariage était à son apogée, chez des jeunes souvent enfants de divorcés.

Ce cocktail était rendu plus infernal encore par le fait que les couples et les célibataires menaient des vies sociales totalement à part. On craignait les individus isolés comme les radicaux libres en chimie parce qu'ils peuvent disloquer des molécules en apparence stables. La figure du jeune professeur marié et tenté par des étudiantes plus jeunes remplissait déjà les meilleures pages d'un Saul Bellow ou d'un Philip Roth.

Il y avait de quoi devenir fou dans cette existence où tout devait être sérieux. Heureusement, loin de la chasse aux calories et de l'introspection infinie de mes colocataires, je pouvais retrouver quelques Européens, qui partageaient mon ironie, mon regard désabusé à l'égard du sérieux ambiant. Au moins les couples n'avaient-ils pas peur pour leur ménage en m'invitant à dîner chez eux et les célibataires n'étaient pas sans cesse en quête d'un *date*. Mes réactions face à la vie américaine n'étaient donc pas « anormales ». Peu d'entre eux d'ailleurs se risquaient à se fixer définitivement aux Etats-Unis.

VI

Une fois surmontée l'épreuve des examens qui me permettait de préparer un doctorat, je quittai les petits appartements en ville pour retrouver, comme *tutor* cette fois, une bonne vieille *House*. Les temps avaient changé et désormais les filles avaient accès à Harvard. La contestation de 68 avait débouché sur d'authentiques victoires. Harvard s'était ouvert aux femmes : désormais, elles pouvaient sans honte revenir transpirantes de leurs matchs au milieu de leurs camarades garçons ou même envisager des carrières jusqu'alors réservées aux hommes. On les voyait circuler librement là où jadis leur présence eût choqué. J'enviais leur nouveau statut. Surtout, je me rejouissais de retrouver, cette fois en adulte, le monde des *undergraduates*.

Après deux années d'un apprentissage austère, je me plongeai dans l'enseignement avec fougue. Les jeunes étudiants étaient bien plus intéressants que mes homologues. Avec eux, j'avais l'impression de respirer à nouveau de l'air pur. Mais, petit à petit, la différence entre nous se fit sentir de manière pesante. Aux yeux de ces futurs médecins, avocats, financiers, journalistes, les *tutors* n'étaient que des serviteurs intellectuels tout à leur service, qu'ils pouvaient interroger à leur guise tout comme ils auraient pris une tasse de thé des mains d'un valet de chambre. Je compris pourquoi, sans doute pour se protéger, les universitaires américains se repliaient sur eux-mêmes et pourquoi, dans leur esprit, la recherche primait l'enseignement.

Les *tutors*, par exemple, mangeaient le plus souvent entre eux, comme s'ils faisaient partie d'une cabale. Mais, à table, on ne discutait que très rarement d'idées et de politique. Le grand sujet, la préoccupation première, c'était la carrière. Périodiquement, je voyais ainsi des camarades plus âgés partir se vendre à des professeurs ou à des doyens distraits pour obtenir un poste dans un petit collège de l'Indiana, du Texas ou d'Alabama, à une époque où il y avait plus de candidats que de postes libres. La taille du pays rendait impossible de jouer les « turbo-prof » : il fallait déménager ou, pour les couples, vivre séparés une grande partie de l'année. D'autres préféraient vite changer de métier plutôt que d'abandonner leur style de vie et quitter la Côte Est. Ces Faust modernes vendaient leur âme au monde des affaires, sûrs au moins de gagner correctement leur vie à New York ou à Boston, mais toujours à courir entre deux ascenseurs, quand leurs condisciples restés universitaires pourraient leur vie durant s'abîmer dans la contemplation de campagnes éloignées.

La ville, aux portes de Harvard, c'était d'abord la violence qui couvait. La peur des agressions, des vols, de la folie gratuite et même du meurtre nous guettait partout. Des êtres malades, qui ourdissaient de mystérieuses revanches contre l'humanité tout entière rôdaient dans les parages de l'université. Leur présence invisible conditionnait toute notre vie. Aucune femme ne sortait seule le soir. Même les hommes se gardaient de s'aventurer dans certains coins des parcs, où pour rien un inconnu pouvait sortir des buissons et vous ôter la vie avant de retourner à l'anonymat. Il y eut ainsi plusieurs meurtres à Cambridge pendant ces années. La presse les décrivit dans tous leurs détails, l'université organisa des *Memorial Services* pour ses victimes, la police fit une enquête approfondie, sans aucun résultat. Les gens apprenaient à vivre avec cette terreur contre laquelle on ne pouvait rien. Ainsi, derrière le masque joyeux de nos libertés, nous vivions avec le spectre de la mort ordinaire.

Comparé au sang de la ville américaine, qui éclaboussait parfois notre tour d'ivoire, le cosmopolitisme raffiné inspiré par le vieux monde paraissait bien dérisoire et son exotisme monotone. L'engouement pour Perrier, les quiches lorraines, l'huile d'olive, les baguettes et le parmesan, les modes intellectuelles qui prenaient pour phares la CFDT ou le PCI, tout cela semblait bien artificiel. Entre une Amérique déchaînée et une Europe de pacotille, aucun échange. J'avais tenté un retour à mes racines italiennes et j'avais échoué. Peut-être mon désir d'Europe devait-il chercher ailleurs à se satisfaire.

Europe 75

L'Europe que je retrouvais en ces années soixante-dix était à la fois chétive et renaissante. Je ne la contemplais plus seulement à travers mon prisme italien. La France et l'Allemagne avaient envahi mon horizon. Au loin, le Portugal et l'Espagne dressaient la tête. Entre l'Union Soviétique en crise aventurière et les Etats-Unis en crise repliée, l'Ouest de l'Europe sortait péniblement de sa torpeur. Bruits révolutionnaires et élans démocratiques peuplaient le devant de la scène. Mais il était impossible de les départager. Terrorisme et liberté, communisme et démocratie mêlaient leurs essences en un cocktail explosif.

I

Le purgatoire s'appelait Italie. Une société civile rongée par des termites idéologiques tombait en poussière. Le cynisme traditionnel s'était transformé en indifférence généralisée, l'autoritarisme de droite rejoignait celui de gauche, le fatalisme paysan le nihilisme d'élite. Les cris et les chuchotements de la jeunesse, néo-fasciste ou maoïste, nourrissaient le climat crépusculaire de grèves sauvages généralisées, de haine et de dégoût. On avait l'impression de marcher dans un cimetière politique où les restes de tous les régimes ratés refaisaient surface, dans une dernière apothéose macabre et ludique. Musée ambulant du grotesque, l'Italie tout entière se donnait en spectacle.

Comment prendre au sérieux un pays en manque chronique de pièces de monnaie ? Dans la patrie des voitures élancées, du design, du béton stylisé, il fallait se promener les poches pleines de bonbons dégoulinants lorsqu'on venait de boire un café ou d'acheter un ticket de métro. Quant aux appels téléphoniques, ils relevaient, sans pièces, de la prouesse. La vie quotidienne, jadis si paisible, devenait une jungle. Le jour où les banques émirent leurs propres billets pour remplacer la monnaie volatilisée marqua le nadir de l'Etat italien. Un Moyen Age sombre et inquiet, comme l'Italie n'en avait jamais connu, tomba sur la péninsule.

Seigneurs barricadés dans leurs châteaux, les chantres d'une Démocratie chrétienne envahissante et d'un Parti socialiste amorphe, toujours aussi fades, toujours aussi incohérents, monopolisaient une scène politique dont l'esprit ne changeait guère entre mes absences prolongées. D'une année sur l'autre, les titres des journaux demeuraient fidèles à eux-mêmes : il était sans cesse question de « convergences parallèles » et les mêmes métaphores géométriques qualifiaient les mêmes alliances politiques précaires. La réforme universitaire était annoncée « pour mardi », comme dans une pièce de Ionesco, puis disparaissait dans les limbes avec la chute d'un nouveau gouvernement. Bronzés, dynamiques, et toujours très élégants, les chefs d'entreprises et leurs montages financiers défrayaient la chronique. La presse sérieuse glissait vers le fait divers : la violence, l'argent, le sexe partout. Après les feux du Watergate, j'avais l'impression d'être entrée dans Sodome et Gomorrhe fatiguées.

Les réactions à ce marasme n'étaient guère plus brillantes. Les syndicats, ces vieux bibelots, ronronnaient dans leurs certitudes. Le Parti communiste, vierge éternelle d'une scène politique désabusée, jouissait d'une auréole morale d'autant plus assurée qu'elle n'avait jamais été mise à l'épreuve. Dans ce climat moisi, d'autres forces surgissaient, qui avaient l'éclat d'une « nouveauté » qui n'en était pas une : le néo-fascisme et sa violence souterraine, le syndicalisme de base et ses parfums de vieux soviets, et puis le terrorisme et ses relents de résistance et de lutte armée antifasciste. C'était le triomphe de la naphtaline. Mais une naphtaline meurtrière. Car, dans les manifestations, il y avait désormais des morts. Touché par des balles inconnues, un jeune homme était tombé devant la vitrine de Christofle. Le lendemain un bouquet commémoratif accueillait les jeunes femmes venues composer leur liste de mariage. Milan ville fleurie.

Comment ne pas être de gauche en pareilles circonstances ? Mais de quelle gauche ? Le mariage entre snobisme d'élite et radicalisme forcené faisait fureur dans la Milan « chic ». Son symbole : la fondation Giangiacomo Feltrinelli. Dans sa salle de lecture, plus qu'austère, on pouvait humer le parfum d'une gauche internationaliste autoritaire, à deux pas de la Scala et des boutiques les plus élégantes. Son bienfaiteur, l'éditeur Giangiacomo Feltrinelli, organisait de ses appartements privés les premiers groupuscules armés. Mais lorsque, par accident, il se tua au pied d'un pylône électrique avec la charge de dynamite destinée à faire sauter le réseau tout entier, son corps carbonisé ne fut identifié que par le slip de soie qu'il portait, qui provenait de la plus élégante boutique milanaise. Sa mort d'ailleurs importuna plus d'une grande dame qui dut bousculer son emploi du temps pour réparer la dernière folie de « Giangi » en assistant à ses funérailles, dignes des plus grandes familles.

Ce radicalisme de salon se mariait parfaitement avec celui des petits employés méticuleux qui constituaient le gros des Brigades Rouges. Plus tard, les paumés d'une société en pleine déroute verseraient dans l'anarchisme caricatural. Mais la folie de gauche avait son pendant à droite. Derrière ses tenues « vieux jeu » et ses omniprésentes lunettes noires, une jeunesse conservatrice aux velléités néo-fascistes se consumait de haine. Aux Etats-Unis, elle aurait fait partie de la *Silent Majority* et plus tard de la *Moral Majority*. En Italie, dans l'ombre, elle pénétrait les plus hautes sphères de l'Etat et on la voyait traverser les salons romains avec une nonchalance nihiliste et des manières impeccables, mais le regard vide.

Dans ce marasme, il n'était donc pas difficile de se raccrocher aux forces du « progrès », aux classes moyennes laïques, soucieuses de tradition et de modération, dépourvues de toute folie, qui gravitaient désormais, faute de mieux, autour d'un Parti communiste assagi. C'est ainsi que j'ai retrouvé, au milieu des années soixante-dix, mon ancien monde soixante-huitard, constitué désormais de médecins, d'ingénieurs, d'avocats et de professeurs universitaires en pleine conversion. Démocrates et responsables, ils auraient tous été de parfaits libéraux américains, mais ils tournaient comme des insectes autour de la lumière du Parti. Désormais, il n'était plus question que de ligne officielle, de réunions de cellule, de discussions entre « camarades », de gloses respectueuses autour du centralisme démocratique. Durant le week-end, dans des *trattorie* campagnardes, ces futurs *yuppies* oubliaient leurs soucis professionnels en écoutant les vérités débitées par le secrétaire local du Parti. Le prix de ce progressisme était lourd à payer : c'était un agenouillement collectif. Il fallait enrober d'un léninisme pondéré les grandes batailles libertaires d'une société italienne en pleine mutation, applaudir le divorce mais condamner les libertés formelles, prôner la séparation de l'Eglise et de l'Etat mais vouer un culte au matérialisme historique, clamer la liberté et se ligoter l'esprit. En un mot, combattre les traditions tout en épousant l'Histoire.

Cette gymnastique mentale et ces contorsions morales jetaient une ombre sur les victoires démocratiques. Préludaient-elles au triomphe d'une gauche intolérante ? En guise d'antidote, le monde des petits conservateurs catholiques de province méritait d'être regardé de près. Je le découvris lors d'un court séjour de recherche dans une résidence catholique milanaise : le « pays réel » aux portes de l'Italie des Lumières. Pour ces filles d'industriels ou de simples paysans, la démocratie n'était qu'un épiphénomène. Elle comptait infiniment moins que l'allégeance au catholicisme éternel et il fallait bien plus craindre le péché du désordre social que le spectre du fascisme. Au sein de la Démocratie chrétienne, l'adjectif primait le substantif.

Dans leur université catholique, aux murs propres, loin des grèves et de Marx, ces futurs cadres dirigeants venaient apprendre les jeux du pouvoir. Médiocres pour la plupart, à l'image de leur gourmandise politique, cyniques, intéressés et corrompus, ils traversaient la Cattolica comme autant de condottieri sans grandeur. On ne pouvait que les mépriser, tant ils paraissaient nier tout idéal. Obsédés d'une stabilité tellement étriquée qu'elle en devenait vulgaire, voulant se sauver eux-mêmes, ils jouèrent pourtant leur rôle pour sauver l'Italie des dangers de ses extrêmes.

Car le cancer du terrorisme s'était répandu, profitant de l'affaiblissement du corps social sans plus de barrière immunitaire. Après le sérieux de mes amis milanais, je contemplais avec horreur mes amis de Rome jouer à colin-maillard avec les cercles de la nébuleuse terroriste. L'Etat était si moribond que la gauche ne voulait pas dénoncer les « siens » auprès d'autorités qu'elle ne respectait pas. Se contentant d'appeler pudiquement les terroristes « des camarades qui se trompent », elle commettait, avec une insouciance scandaleuse, le pire des crimes contre la *res publica*. Ainsi, dans les dîners romains discutait-on sans complexe et même allègrement de telle relation qui peut-être savait « quelque chose ». On brodait avec légèreté sur le comportement douteux de tel ami d'amis, comme s'il avait été question de psychologie individuelle plutôt que de la survie d'une démocratie. Chacun se laissait prendre à ce jeu. Le frisson d'une lutte sans danger croyait-on animait les regards d'une gauche désabusée. Mais les meurtres ou les attentats contre les journalistes et les magistrats étaient bien réels. Et ce n'était pas un hasard si les terroristes les attaquaient en particulier : ils incarnaient les deux poumons d'une démocratie libre. Les héros de l'Amérique étaient en Italie des victimes.

Je comprenais que l'on veuille quitter cette interminable pièce de théâtre, tragédie sans noblesse, farce sans comédie. Les bataillons de jeunes juifs en partance pour Israël s'étoffaient. Mon oncle et ma tante du Villaggio Ambrosiano émigrèrent vers le Canada. Les autres se replièrent dans la peur domestique et les longs voyages exotiques. Le meurtre crapuleux de Pier Paolo Pasolini et l'assassinat politique d'Aldo Moro sonnèrent l'heure de mon divorce avec l'Italie.

II

Les années d'Amérique avaient déteint sur moi. Je n'arrivais pas à croire que les idéologies du passé, que j'avais si longuement étudiées, puissent encore peser sur la réalité quotidienne. Je restais persuadée que la « condition naturelle » de l'homme moderne était la démocratie libertaire. Ceux qui se réclamaient du marxisme ou du néo-fascisme jouaient seulement avec les mots et les foules. Mais leur personne était si commune, si banale. Comment pouvait-on s'accrocher à ces « ismes » et conserver un comportement si platement consommateur et individualiste ? Mon âme « protestante » se rebellait devant cette incohérence. Je contemplais ainsi la scène politique avec scepticisme mais aussi en ingénue, presque en Américaine moyenne, contrairement à mes collègues américains qui se délectaient au spectacle du cirque idéologique.

L'Allemagne encore une fois me permit de cristalliser mes

sentiments. Au fin fond de la Bavière, je découvris au carrefour du passé allemand et d'une modernité sans odeur les timides prémices d'une nouvelle Europe. Je passai deux mois au Goethe Institut du village carte postale de Murnau, jadis lieu de vacances privilégié des grands peintres du groupe Blaue Reiter, dont les bords du lac, les sentiers, les collines avaient été immortalisés par les toiles violentes de Franz Marc, Schmitt-Redluff, Macke et même Kandinsky. Mais les chalets confortables de la Belle Epoque où se réunissaient ces humanistes avaient laissé la place aux résidences secondaires de riches entrepreneurs bavarois. J'étais entrée dans le havre de paix du miracle économique allemand.

Village traditionnel aux belles maisons peintes et aux petites églises pleines de simplicité, Murnau vivait encore de son agriculture. Les centaines d'étudiants attirés par le Goethe Institut étaient donc une aubaine pour les habitants. Je me sentais à l'aise dans cette campagne paisible. Le facteur sillonnait les champs à vélo. Les vieilles dames se retrouvaient dans le Konditorei pour le rituel du thé. Dans les tavernes, les paysans, assis devant leur chope de bière, fumaient leurs pipes en porcelaine bariolée. Le soir, les jeunes du village faisaient à pied le tour du lac ou louaient des bateaux pour des tête-à-tête romantiques. Le dimanche, après la messe, ils flânaient dans le cimetière avant de se disperser dans les prés. Cette vie, toujours la même depuis des siècles, s'apparentait à une scène de Bruegel.

Jusqu'au jour où, mon allemand étoffé, je me lançai dans des conversations avec les habitants du village. Le conte de fées s'écroula. Mon îlot était bien sûr un fief archi-conservateur entièrement acquis au héros régional Franz Joseph Strauss. Mais sous l'allégeance CDU, à peine dissimulés, les relents du nazisme : ces paysans ne tarissaient pas d'éloges des bons côtés de la reconstruction nazie. Il en fallait peu pour que la dame qui nous louait des chambres, pour que les taverniers et les jeunes ouvriers agricoles ne se mettent à chanter les louanges d'Hitler, l'homme qui avait remis l'Allemagne sur pied, le grand constructeur d'autoroutes, le créateur du système des pensions. A leurs yeux, le Führer valait mieux que les politicaillons de l'après-guerre. Les fleurs qui ornaient les tombes des jeunes soldats morts pour le Troisième Reich n'avaient donc pas seulement une signification intime. N'ayant connu aucune des horreurs commises par les nazis dans les villes, jamais côtoyé de juifs ni subi aucun des bombardements de la fin de la guerre, ces paysans nostalgiques ne saisissaient même pas l'énormité de leurs propos. Ils paraissaient historiquement vierges et à la simple évocation de l'extermination des juifs, ils faisaient un geste de la main comme pour indiquer leur lassitude de toujours entendre la même ritournelle. Comme les habitants de Dachau lorsque les touristes leur demandaient le chemin vers le camp de concentration, ils considéraient « la question juive » non comme un détail mais plutôt comme une aberration sans objet que les étrangers leur infligeaient au-delà de toute mesure.

Ils savaient en public ne pas outrepasser certaines limites. Pourtant, à l'occasion d'une très grande fête offerte par la brasserie locale pour célébrer ses cinq cents ans, la spontanéité prit le pas sur l'autocensure. Les lieux étaient enfumés ; de petits orchestres se relayaient au son de l'accordéon. Sur les bancs, les villageois sous l'emprise de litres de bière bougeaient en rythme comme un immense serpent à sonnette. Hommes et femmes chantaient à cœur joie et se levaient pour acclamer les musiciens en tendant vers eux les deux bras. Mais chez les plus âgés, le bras droit du « Heil Hitler ! » devançait de quelques secondes le gauche, moins rodé. On l'avait ajouté pour « faire bien », mais le vieil élan restait.

Les plus jeunes palliaient l'absence de vieux réflexes par les références qui émaillaient leur discours. Lorsqu'ils furent bien saouls, ils approchèrent des tables où se tenaient les étudiants pour faire une cour maladroite aux jeunes filles. Une Espagnole en particulier eut beaucoup de succès, sans doute parce que le sujet de conversation était tout trouvé : Franco bien sûr, qu'ils appelaient « Führer » et qui était « un très grand homme », « un vrai chef ». Malgré la fumée et le bruit, on était loin des cabarets de Weimar.

Quant à la culture allemande, nous n'avions droit en cette époque de disette qu'à un piètre ersatz. Le Goethe Institut, resplendissant de modernité, ne gardait de son illustre homonyme que le nom. Nous étions là d'abord pour apprendre une langue, mais vidée de toute substance, plus figée qu'une langue morte. Du reste la plupart des étudiants étaient venus s'immerger dans l'allemand à des fins exclusivement pragmatiques : passer un examen de thèse, pénétrer le marché allemand pour les « affaires » (déjà les premiers Japonais étaient parmi nous), gérer des services touristiques. L'allemand qu'on nous enseignait était une langue parfaitement aseptisée, sans la moindre référence historique, géographique ou culturelle. Nous n'avions droit qu'à une Allemagne « officielle » dépossédée de toute odeur et de toute couleur et, dans les textes anodins que nous devions lire, à des Allemands qui avaient pour caractéristiques principales de conduire ou de prendre des trains, de bavarder du temps dans des cafés, de travailler paisiblement dans des bureaux ou des usines impeccables, de lire des magazines et de cultiver leur jardin. Cette image d'Epinal corrigée par les valeurs de la société de consommation contrastait évidemment avec le discours politique « brut » que nous entendions dans les brasseries du village, avec les échos du mouvement alternatif qu'avec un peu d'effort on pouvait entendre résonner depuis Munich ou Berlin, ou avec le fracas des groupuscules terroristes qui lançaient leurs premières actions violentes, forces souterraines qu'était censée occulter l'Allemagne lisse qu'on nous donnait en spectacle.

Le malaise allemand, je le sentais donc pesant. Et, mis à part ce que je pouvais savoir de l'Ecole de Francfort, décapante mais si peu optimiste, le vide culturel m'apparaissait dans toute son ampleur. Même lorsque je visitais la « Romantische Weg » ou bien ces châteaux si fantasmagoriques qu'on doit aux visions de Ludwig II, même dans le Fuggerei ou à l'église d'Augsbourg où Martin Luther cloua ses quatre-vingt-quinze thèses. Même dans les musées de Munich ou devant les plus belles églises baroques perdues dans les champs, j'avais l'impression d'assister à une danse macabre de la culture allemande. Il ne restait plus que des cadavres pimpants, grotesques presque dans cette Allemagne qui, domptant ses démons, avait aussi triomphé de ses esprits. De mon trou bavarois, je contemplais la triste victoire du Goethe Institut sur Goethe.

Et pourtant, même vidée d'elle-même, cette Allemagne faisait ressortir comme en creux l'identité européenne des étudiants qui fréquentaient l'Institut. Confrontés à l'obscénité qui émanait de la nostalgie paysanne pour les temps simples du nazisme, Anglais, Français, Italiens, élevés pour la plupart dans des provinces et à l'écart des modes culturelles, avaient réagi avec une même horreur spontanée. Même les Espagnols, à la surprise générale, avaient été horrifiés : ils étaient donc bien démocrates et attendaient avec impatience le trépas de Franco, riant de sa censure et brûlant de rejoindre l'Europe des Six. Les querelles de clocher paraissaient se dissiper. Je pouvais pour la première fois relativiser les maux italiens. Nous nous découvrions une complicité qui laissait présager une future Europe sans barrières idéologiques, loin des jeux politiciens et des lenteurs « adultes ».

III

La révolution des Œillets du Portugal, en 1974, fit bouger, pour la première fois depuis l'après-guerre, la carte glacée de l'Europe. Après les tragédies provoquées par les revendications démocratiques noyées dans le sang à l'Est, le printemps portugais offrit la première bouffée d'air à un continent assoupi par l'idéologie et l'amnésie historique. Mais le réveil apportait aussi avec lui son lot de comportements qui, sous la glace de l'après-guerre, étaient restés intacts depuis les années trente. De la révolution portugaise à la chevauchée fantastique de l'eurocommunisme, l'Europe de ce milieu des années soixante-dix présentait un visage en *chiaroscuro* : ses traits restaient encore incertains, marqués tout autant par un certain renouveau marxiste et par l'espoir d'ouverture.

Le souvenir d'un voyage au Portugal me donnait à imaginer quelle devait être la joie des foules célébrant dans la rue la chute de Salazar. Je me rappelais de la Lisbonne de 1970 que j'avais connue par un printemps glacé, où l'on décelait la peur sur les visages, où les conversations s'interrompaient soudain au passage d'un policier ou même d'un chauffeur de taxi, parce qu'il était sans doute un mouchard. La pauvreté ambiante n'était pas pire qu'à Naples, mais elle était encore redoublée par une pesanteur politique à couper le souffle qui faisait paraître bien légère l'Italie démocrate-chrétienne.

Comment ne pas vibrer avec cette première des foules européennes à se mettre à danser pour exprimer la joie de sa nouvelle liberté ? Mais la liesse, au Portugal, cachait des ombres antidémocratiques : les menaces de putchs militaires de droite comme de gauche, les rêves staliniens de communistes sortis de leur naphtaline, les utopies de maoïstes qui cherchaient absurdement à s'appuyer sur des masses paysannes peu portées sur le Petit Livre Rouge, les zigzags politiques de la technocratie constituaient déjà un front uni contre la démocratie naissante.

De mon collège catholique milanais, je suivis les péripéties portugaises dans un tourbillon d'espoir, d'angoisse, et de confusion. Très vite, dès le printemps 1975, le journal *La Prensa* commença à être menacé de l'intérieur par les communistes les plus staliniens, qui ne cachaient pas leur hostilité à toute forme de pluralisme. Embarrassés par ce conflit qui divisait socialistes et communistes portugais, les socialistes français et italiens ne savaient plus sur quel pied danser. Les communistes, eux, même lorsqu'ils se voulaient « éclairés », s'efforçaient tant bien que mal, au nom de valeurs révolutionnaires insaisissables, de justifier les actes inadmissibles de la camarilla stalinienne. Les calculs byzantins des forces « rouges » et « roses » ne paraissaient déjà plus à la hauteur du vent libertaire.

Les réactions au réveil portugais me mirent mal à l'aise. Les différentes gauches des autres pays voyaient dans ce phénomène un test pour leurs jeux domestiques, dans un imbroglio qui faisait les délices des chercheurs américains. Ceux-ci contemplaient en nouveaux John Reed une éventuelle résurgence de la Révolution en Europe, avec impatience et passion. Pire encore : par anticommunisme, certains allaient jusqu'à prendre le parti de régimes réactionnaires et autoritaires, les seuls capables selon eux de maintenir un semblant d'« ordre ». Ils étaient nombreux dans les rangs du collège catholique où je me trouvais à être terrifiés par la perspective d'une marée rouge déferlant sur toute l'Europe depuis le Portugal. Les liens tissés patiemment par l'Opus Dei entre les technocrates de l'Eglise et les réseaux religieux traditionnels dans la péninsule Ibérique étaient en danger de dissolution. Tout un univers se sentait au bord du gouffre, et cela se lisait, à l'heure du journal télévisé, sur le visage des sœurs et des prêtres associés au collège.

La fin du franquisme passa infiniment mieux dans une Espagne bien plus riche et au socialisme souterrain très puissant. Le communisme « doux » d'un Santiago Carrillo contrastait avec le stalinisme d'Alvaro Cunhal et les horreurs du régime de Franco étaient bien mieux connues, ne serait-ce que par les souvenirs de la guerre civile et les condamnations à mort au garrot qui précédèrent son décès. L'Italie tout entière oublia ses propres tensions pour condamner la barbarie d'un règne finissant. En 1966, lorsque Costa Gavras avait tourné *La guerre est finie*, l'Espagne paraissait à l'autre bout du monde. En 1975, cette distance s'était réduite. Le tourisme avait gagné sur le franquisme et ouvert le pays aux courants et aux modes de vie étrangers. L'Espagne n'avait qu'à jeter sa vieille peau pour se laisser gagner par les élans d'une société civile déjà en mal d'épanouissement.

Son retour dans le giron européen donna d'emblée une seconde vie aux rêves de gauche les plus fous, en particulier à l'eurocommunisme. Ce mouvement incarnait à merveille une époque ambiguë. Instincts démocratiques, espoirs révolutionnaires et internationalistes, réformes nationales, tout et son contraire semblaient trouver sens sous cette formule magique. On ne tenait pas compte de la montée en puissance de l'Union Soviétique et on essayait de trouver la quadrature du cercle : jouer le jeu des démocraties parlementaires tout en attribuant un rôle phare au Parti. Pour une libérale à l'américaine comme moi, cette aventure paraissait farfelue. Les explications alambiquées des dirigeants communistes étaient dignes des meilleurs morceaux de la théologie médiévale. Pouvait-on prier saint Lénine pour qu'il puisse donner la foi démocratique ? Le visage tourmenté d'Enrico Berlinguer, le pape de l'eurocommunisme, me paraissait révélateur de cette insoluble tension. Lorsqu'il mourut quelques années plus tard d'une attaque, je me souviens avoir pensé sur-le-champ que son cerveau avait été victime des impossibles contradictions qu'il avait dû gérer avec doigté et raffinement pendant toute l'aventure eurocommuniste.

La fascination exercée par l'eurocommunisme allait pourtant bien au-delà de la gauche. Les universitaires américains y trouvèrent un nouveau « frisson » révolutionnaire, tandis que les conseillers politiques américains cherchaient des manières d'endiguer le mouvement. La bourgeoisie réformiste et anticommuniste voyait sa vie compliquée par cet ennemi qui se camouflait sous des déguisements dangereusement séduisants. A table le soir, dans les meilleures maisons italiennes, des personnages éclairés s'apprêtaient déjà à voter démocrate-chrétien en se bouchant le nez par peur de l'inconnue révolutionnaire, avant-garde d'une URSS menaçante. Les groupes terroristes n'en finissaient pas de dénoncer des Partis communistes « ramollis ». L'Italie devait payer cher ce mirage.

De l'eurocommunisme, il ne fallait retenir finalement que la timide percée du préfixe. Pour la première fois depuis l'après-guerre, l'adjectif « européen » sortait de sa carapace technocratique pour rejoindre une population dont les représentants politiques ou syndicaux avaient toujours été anti-CEE. Capitalistes et anti-capitalistes, ouvriers et classes moyennes commencèrent ainsi à sortir de leurs frontières nationales étriquées à la recherche de partenaires. La fleur « eurocommuniste » se fana, mais le geste d'ouverture prit lentement racine dans la conscience européenne, au point qu'on peut sans doute dire que le mouvement préluda à la dilution du dogme communiste et annonça déjà la crise actuelle d'une gauche qui se croyait victorieuse mais qui était déjà en retard sur le monde. Quant à moi, alors que mon entourage américain se réjouissait de la rupture révolutionnaire qui semblait s'annoncer, je voyais dans l'eurocommunisme une avancée, même involontaire, vers l'ouverture démocratique. Nous vouions un culte à des dieux différents.

Si mon libéralisme d'inspiration américaine m'empêchait de prendre ces rêves au sérieux, ma présence en Europe et ma familiarité avec elle me rendaient plus sensible à la menace croissante de l'internationalisme communiste. Comme tous les Américains de ma génération, j'avais tourné en dérision les croisades anticommunistes et antisoviétiques des Etats-Unis. Mais la menace était lointaine et l'Amérique en butte à ses propres démons. D'Italie, cette approche cavalière m'était désormais impossible. La nouvelle de la chute de Saigon en 1975 me laissa amère, tiraillée entre des sentiments contradictoires. Le cauchemar s'achevait finalement et les Américains quittaient le Vietnam. Nous obtenions ainsi ce pour quoi nous avions tant lutté. Mais dans des conditions si peu dignes que je ne pouvais pas, contrairement à la gauche italienne, me réjouir totalement de la victoire vietcong. L'antiimpérialisme et la dureté des révolutionnaires m'effrayaient. Je voulais une Amérique qui soit autre, meilleure, pas une Amérique écrasée. Et puis le verbiage politique européen m'inquiétait. Des intellectuels funambules, brouillant les pistes, pouvaient prendre le pouvoir. Je ne pouvais pas m'imaginer gouvernée par des gens qui n'adhéraient pas pleinement aux notions de liberté formelle et de division des pouvoirs. Au moment où tout bougeait, en Asie comme en Europe, dans le sens de la victoire des mouvement de gauche anti-américains, comme pour me protéger, je me cramponnais à ce qui en moi était américain.

IV

Un seul pays paraissait être, au milieu des années soixante-dix, un havre de paix au cœur de l'Europe : la France. Son tout jeune

Président avait coupé le cordon ombilical avec le long règne gaulliste. Il donnait l'impression d'inaugurer une phase intense de renouveau. Les luttes idéologiques de 1968 semblaient apaisées et nombreux étaient ceux, de droite comme de gauche, qui évoquaient un septennat « à l'américaine » sans affrontement politique majeur. Les gestes symboliques frappaient pour ceux qui comme moi venaient de l'extérieur. Les cars des CRS stationnés en permanence dans le Quartier Latin, évoquant un État policier aux relents de putchs, avaient disparu, les gardiennes qui faisaient payer les sièges au Jardin du Luxembourg aussi. Avec ses vastes chantiers datant de l'ère Pompidou, ses forêts de grues, Paris paraissait en pleine cure de jouvence, à côté de la modernité américaine fatiguée ou du champ de bataille idéologique italien.

Derrière cette vitrine de rêve, une classe ouvrière en pleine mutation et des classes moyennes toujours plus instables s'apprêtaient à donner corps à une autre illusion : la « gauche unie », au langage révolutionnaire retrouvé, aux luttes de classes balisées et au comportement militant. Mais ces deux rêves antagonistes coexistaient sans hargne dans la France du milieu des années soixante-dix, qui ne connaissait ni le terrorisme, ni la montée de l'extrême droite. Cette société stable, même dans ses colères, conférait au conflit idéologique ses lettres de noblesse. La « douce » France de ces années paraissait bien fortunée. Il faisait bon de respirer son air.

La gauche française, dans ces conditions, était le sujet favori des jeunes chercheurs américains spécialisés dans l'Europe qui pénétraient dans les profondeurs des cellules CGT, CFDT ou PCF des banlieues où s'agitait tout un monde de militants obscurs. Rencontrés au gré de leur vie quotidienne, ces caissiers de banque, ces travailleurs temporaires, ces aides hospitaliers, ces instituteurs sans poste fixe se sentaient énormément flattés d'être des « objets d'études » pour des intellectuels américains. Ils avaient l'impression de jouer un rôle, si petit fût-il, dans l'ouverture à gauche de l'Oncle Sam et donc dans la victoire finale contre le capitalisme. Mais, autour d'une bouteille de vin, ces soutiers de la révolution en marche se révélaient de formidables jouisseurs : le débat politique achevé, il n'était plus question que des plaisirs du week-end, des prochaines vacances, du meilleur emploi pour la manne des comités d'entreprise. La rage idéologique n'était soutenue par aucun malheur réel. Contrecarrer l'ennemi de classe relevait plus du jeu que de la nécessité. Les gloses de Marx allaient de pair avec les derniers petits trucs pour tricher contre les capitalistes. Le clou : faire sortir d'un supermarché un deuxième caddy de nourriture identique au premier dûment payé, en prétextant, ticket de caisse à l'appui, l'avoir ramené dans le magasin pour acheter un produit oublié. Le « stakhanovisme » à la française se traduisait ainsi en accumulation de camemberts, de petits-suisses et de yaourts dérobés. Les *scholars* américains, forts de leur morale puritaine, n'en revenaient pas, eux qui n'auraient jamais songé à voler même « pour la bonne cause ». Ces Candides d'outre-Atlantique acceptaient pourtant les mœurs locales comme pour s'encanailler et donner un peu de vie à leur thèse aride.

Armés de leurs fiches et de leur magnétophone, ils sillonnaient Paris en quête de l'étincelle rouge, ils se faufilaient dans les plus simples réunions de base d'une gauche qui ne prenait ses propres mots qu'à moitié au sérieux. Grisés, ils couraient en fait après un mirage, ignorant le plus souvent le beau monde parisien et ses jeux de pouvoir. Ils n'allaient guère dans les séminaires enfumés des marxistes grecs à la mode, auprès des chantres du tiers-mondisme ou des épistémologues dont se repaissait alors le gros des professeurs de philosophie de lycée. Absents des cénacles idéologiques qui poussaient à l'ombre des revues phares, aveugles devant les portes étroites de la méritocratie intellectuelle française, finalement peu passionnés par les débats d'une société qu'ils ne pénétraient pas, ces explorateurs du nouveau monde faisaient plutôt penser aux travailleurs saisonniers immigrés. Ils n'étaient là que pour accumuler leur petit pactole avant de repartir chez eux.

Je courais vers la France pour des raisons tout autres. Elle me paraissait une oasis à mi-chemin entre l'angoisse italienne et l'aliénation américaine, un abri pour fuir mes propres orages. Ni francophile, ni francophobe, je m'accrochais à la France pour des raisons qui défiaient toute analyse : le cheminement calme de ses autobus impeccables, le modernisme de la FNAC et de l'aéroport Charles-de-Gaulle, la profusion de ses boulangeries, le calme de ses squares, l'ordre et la richesse de ses librairies. Autant de rappels de mes premiers éblouissements enfantins, lorsque Paris constituait la porte royale de mes étés européens. La force sereine d'un Etat qui empêchait toute dérive, les poussées libertaires d'une société bien structurée, la dignité de la loi Veil renforçaient mon impression d'une France combinant le meilleur de mes deux mondes. Aidée par l'amour d'un homme, je franchis le pas pour m'installer à Paris, terme peut-être de ma quête de l'Europe.

La transatlantique

Après vingt et un ans passés aux Etats-Unis, je fis ainsi le « saut européen ». Riche pour moi d'émotions mais exempt d'angoisse, Paris, la ville phare de mes étés enfantins, me paraissait fournir un compromis idéal pour une version plus mûre de ma quête. Munie d'un Ph.D. et d'un mari flambant neufs, je pensais atteindre l'âge adulte sous un ciel sans nuages.

Mon retour au bercail ne se fit pourtant pas sans peine. Je croyais revenir « chez moi », mais pour mes nouveaux interlocuteurs français, je demeurais inexorablement une Américaine qui avait épousé un des leurs. Conditionnés par l'Europe des nations et par une forte dose de chauvinisme culturel, jugeant que l'identité est le simple produit de l'éducation, mes interlocuteurs m'attribuèrent d'emblée tous les traits culturels et intellectuels que j'avais fuis pendant mon long séjour américain. Je devenais, « pour faire vite », une *American academic* égarée en France pour un séjour de longue durée. Le piège d'un anti-américanisme culturel qui avait nourri mon enfance et régi mes propres réactions aux Etats-Unis se refermait sur moi. Ni réfugiée, ni exilée, encore moins Européenne « montée » avec vénération à Paris, je n'étais qu'une étrangère, d'autant plus gênante par ma similitude. Au sein de la vieille Europe, pas de place pour les revenants.

Je devins ainsi, plus par déterminisme que par choix, un être « transatlantique », une sorte de vestale qui se devait de servir le temple du culte grandissant des relations franco-américaines. Aux yeux des autres, tout paraissait me prédestiner à suivre cette voie :

mon éducation française à Washington, mes études à Harvard ensuite, ma nationalité, mon mariage avec un Français, ma connaissance des deux pays. Tout sauf l'essentiel : mon désir de devenir enfin ce que je me sentais être, une Européenne.

En 1977, je quittai sans regret une Amérique en pleine cure de désintoxication vietnamienne et de purification spirituelle sous l'égide de son tout nouveau Président Jimmy Carter, pour qui j'avais voté. Je trouvai une France en plein sursaut idéologique. Je troquais ainsi une démocratie marquée par la tradition biblique pour une autre, plus conflictuelle, baignée par la peur et l'espoir révolutionnaire. Avec la montée de la gauche italienne et française, l'oasis que j'avais cru voir dans la France du milieu des années soixante-dix s'était transformée en peu de temps en champ de bataille idéologique entre un Occident affaibli et une URSS conquérante. Entre une Italie qui tournait au « rouge » et une France qui virait au « rose », le visage de l'Europe communautaire risquait de perdre ses traits. Dans l'air, on sentait le tressaillement devant l'inconnu et la peur de jouer avec le feu.

A vrai dire, je me souciais peu de ce déferlement idéologique. Je suivais d'un œil distrait les escarmouches entre socialistes et communistes français. La rupture du Programme commun, peu après mon arrivée, me parut aller de soi et bien augurer de l'avenir. Mais je n'arrivais pas à prendre tout cela au sérieux. La France, contrairement à l'Italie, ne me donnait pas l'impression d'être affectée en profondeur par ces batailles violentes de mots qui ne reflétaient aucune véritable haine sociale. Protégée du terrorisme, forte de son Etat, appuyée sur des structures sociales riches et solides, elle ne risquait pas de chavirer dans le chaos. Je mesurais l'abîme qui séparait les querelles idéologiques de la réalité quotidienne en parcourant au printemps 1978 une Provence radieuse, au moment même où l'Italie vivait les pires heures de l'enlèvement d'Aldo Moro. Le contraste entre la sérénité des cyprès qui parsemaient un paysage si proche de ceux d'Italie et les nouvelles glaçantes que la radio transmettait du drame italien était plus que symbolique. Je pouvais presque toucher la stabilité sociale et politique de la société française : les bourrasques idéologiques n'affectaient guère le calme de l'oasis.

Je comprenais que les Français, plutôt que de se lancer dans l'aventure d'une gauche suicidaire, aient fait aux législatives de 1978 le « bon choix » et aient suivi un Président qui ne leur semblait pas encore hautain. Au lendemain de l'élection, le visage défait et la mine catastrophée des militants, sortis tout droit des dessins très en vogue de Claire Brétécher, me paraissaient franchement démesurés. On nageait en pleine fiction idéologique... dans une France rythmée en profondeur par ses marchés et ses vacances.

L'Italienne en moi avait trouvé la paix en France, mais je demeurais américaine. La législation en vigueur aux Etats-Unis m'interdisant de prendre la double nationalité et la France n'accordant plus la citoyenneté avec le seul mariage, j'avais des raisons bureaucratiques pour justifier mon « état ». Mais à vrai dire l'ancre américaine que je tenais à conserver avait une signification bien plus profonde. L'aigle américaine sur mon passeport demeurait pour moi, comme pour mon père jadis, une garantie démocratique, une protection contre une Europe hypothéquée par son passé, mais aussi pour moi par ses incertitudes présentes. Je revenais corps et âme en Europe, mais je gardais une sortie de secours. Et puis, cette identité américaine, enfouie en moi, et que personne, ni en Italie ni aux Etats-Unis, ne m'avait jamais vraiment reconnue, on devait me la jeter au visage, brutalement, en France.

Le pays commençait pourtant à changer d'attitude à l'égard de l'Amérique. L'anti-américanisme qui avait marqué la vie intellectuelle française de l'après-guerre s'estompait. Certes, la célébration du bicentenaire de la déclaration d'indépendance américaine, en 1976, avait surtout donné lieu à une critique assez sévère du génocide perpétré contre les Indiens, des « mythes fondateurs » de la démocratie américaine ainsi que de l'impérialisme culturel, dernier avatar de la tendance américaine à rechercher l'hégémonie sur le monde. Mais le moteur même de cet anti-américanisme s'essoufflait. La défaite au Vietnam rendait le géant plus humain, tandis que l'Union Soviétique apparaissait toujours plus menaçante. La bouffée d'air insufflée par Jimmy Carter redonnait aussi du crédit aux institutions démocratiques américaines, qui, au moment du Watergate, avaient su « casser » un Président. Le quatrième pouvoir commençait à fasciner une nouvelle génération de journalistes qui souhaitaient sortir du carcan étroit de la Vᵉ République et de ses mœurs politiques. Au même moment, une soif de dépaysement littéraire et cinématographique entraînait les jeunes vers le nouveau monde.

Mais surtout la société française dans son ensemble paraissait de plus en plus tournée vers l'Amérique. Des jeans au roman policier, de la musique aux arts plastiques, l'image du « monstre » américain cédait la place à une vision bien plus positive d'un continent synonyme de mouvement, d'ouverture, de dynamisme. Le voyage « américain » entrait désormais dans les mœurs. Ainsi au moment même où la France politique traversait une période de turbulence idéologique majeure et où s'exacerbait le clivage droite/gauche, les forces vives de la société, souvent celles-là mêmes qui prônaient la victoire de la gauche, s'ouvraient pour la première fois aux Etats-Unis.

Ce pro-américanisme, je l'accueillis avec euphorie. La fêlure de mon identité paraissait enfin vouée à la cicatrisation. Plus l'ouverture était grande et pénétrait en profondeur les masses françaises, plus elle me rejouissait : c'était pour moi la preuve que la force des Etats-Unis était bel et bien contagieuse. J'aimais la publicité à l'américaine qui gagnait du terrain et ses slogans marqués par l'individualisme démocratique naissant ; je souriais devant la nouvelle mode des T-shirts, des blousons aux couleurs d'équipes de football américain, des *dockside* qui me rappelaient les couloirs de Westminster ; je regardais les touristes à l'assaut du nouveau monde, certaine qu'ils reviendraient métamorphosés ; je lisais avec passion chaque article qui se montrait favorable au modèle politique américain. Comme apaisée, ma conscience démocratique se délectait de ce nouveau regard. C'en était fini des longues années d'indifférence et d'hostilité envers l'Amérique. Je pourrais enfin recoller les parcelles éclatées de mon identité dans une France ouverte, qui, une fois libérée de son hypothèque idéologique, serait un petit paradis où démocratie et culture iraient de pair.

Ma sympathie était grande pour ces voix réformatrices qui prônaient une presse indépendante du pouvoir politique, un pouvoir judiciaire plus fort et plus autonome, un exécutif plus transparent, des universités plus libres, une plus grande responsabilité locale, bref un pluralisme accru. Je ne me sentais pas seulement proche de ces idées, je voulais m'assimiler dans un tel projet. Mais dans mon bonheur de « retourner » en Europe, je n'avais pas prêté assez attention à l'extraordinaire fermeture des institutions françaises. L'image que je m'étais formée dès mon enfance d'une France rayonnant par sa culture dans le monde occultait la réalité bureaucratique, les corsets protectionnistes des grands corps, le repli sur soi des instances universitaires. Le système éducatif acceptait difficilement l'étranger quand il n'avait pas les allures du réfugié et quand il n'avait pas été formé à son école.

Pourtant, la France jouait un rôle majeur dans mes rêves européens. J'étais persuadée que la victoire de la démocratie pluraliste et de l'esprit libertaire dans le pays qui avait le plus légitimé son contraire, la démocratie jacobine et son autoritarisme, aurait des répercussions bien au-delà de ses frontières. Jetant aux orties les catégories ossifiées du marxisme, libérant sa société civile du « tout Etat », la patrie de la Révolution offrirait au monde une belle leçon de démocratie. Elle ne pourrait manquer d'être reprise dans toute l'Europe continentale, y compris cette « autre Europe » dont je commençais à découvrir la richesse culturelle, grâce aux réfugiés. Mon engagement français avait donc l'Europe pour cible.

Cet espoir passait par la transfusion dans le vieux monde de valeurs démocratiques épurées et filtrées de tous les défauts de la société américaine. Car il n'était pas question pour moi de tomber dans l'émerveillement du « tout américain ». Autant j'avais souffert de l'anti-américanisme traditionnel, autant je supportais mal les élans béats de son contraire et surtout le néo-libéralisme, cette mode déferlante, au début des années quatre-vingt, à l'époque du « miracle » reaganien. Américaine pour des raisons surtout intellectuelles, je me sentais donc terriblement mal à l'aise lorsqu'on me regardait comme une « Américaine à Paris ».

Telle fut pourtant ma carte de visite dans le petit monde de la *French-American connection*, ce microcosme qui faisait fi du reste de la planète, tout à son menuet transatlantique. Au sommet, dans le haut clergé de cette corporation, on trouvait les vedettes, ceux qui donnaient le ton : très grands hommes d'affaires, avocats fréquentant les élites politiques, ambassadeurs, auxquels se joignaient quelques grands artistes et surtout les membres de la *jet society* des deux pays, qui lançaient les modes et se répandaient en œuvres philanthropiques. Tout ce petit monde se croisait chaque été le temps d'un cocktail sur les pelouses de l'une ou l'autre ambassade, pour célébrer l'indépendance américaine ou le 14 juillet, la fine fleur de la noblesse française, souvent portée à l'antiparlementarisme, aux bras de belles Américaines, aristocrates WASP, qui laissaient de côté leurs valeurs républicaines pour goûter un moment aux joies de la vie de château, un vernis de raffinement cosmopolite scellant cette union plutôt contre-nature. La sédimentation sociale, un certain élitisme, l'offrande de quelques dollars pour redorer le prestige de Versailles ou la flore de Giverny faisaient le reste.

Les mêmes ambiguïtés se retrouvaient dans les échanges intellectuels. La victoire de la gauche en 1981 entraîna une ruée d'universitaires américains venus observer de près la victoire « rouge » et assister en direct à « la rupture avec le capitalisme » et au « changement ». Ces révolutionnaires de l'esprit croisaient leurs homologues français soucieux d'expliquer aux Etats-Unis les bienfaits de l'alternance. Les uns prêchaient l'exceptionnalisme de la France, les autres le retour à la normale démocratique : un parfait dialogue de sourds.

Sans doute n'étais-je ni assez américaine ni assez française pour jouer les intermédiaires et pour corriger préjugés, snobismes, effets de miroir. J'attendais du vent d'Amérique qu'il vienne balayer l'esprit de caste et insuffler à une France corporatiste le culte d'une méritocratie libre et de l'ouverture sociale. Je constatais au contraire l'engouement de tout le pays et du milieu universitaire en particulier pour les symboles américains les plus élitistes : l'or d'un ultime diplôme américain, l'aura d'un cycle de conférences dans une des meilleures universités, le prestige d'un stage. « L'Amérique » devenait le dernier jalon d'une distinction franco-française. Les pro-Américains des années quatre-vingt, tout comme les anti-Américains de jadis, évitaient soigneusement de chercher à comprendre les Etats-Unis dans leurs valeurs, leurs défauts, leurs vertus. Une abstraction chassait l'autre. Entre les fanions bordeaux du Harvard Club de France et les lambris dorés des salons où ils se réunissaient, les dorures françaises primaient. J'étais infiniment plus émue par les voyages éclairs des comités d'entreprises et par le rêve américain de la société de masse.

J'assistais ainsi incognito aux péripéties de la France des années quatre-vingt, auscultant ses moindres changements à travers mon stéthoscope franco-américain, tout en écoutant les « médecins » officiels la trouver tour à tour malade, saine, sclérosée, en crise de croissance, en état de « grandeur » latente ou de décadence certaine. La victoire socialiste de 1981, qui suscita la terreur de l'*Establishment* financier et politique et la joie du « peuple » de gauche, me parut positive et nécessaire : elle apportait le souffle tant attendu de l'alternance politique, essentiel à toute véritable démocratie. C'était moins l'aboutissement d'un rêve politique qu'un point de départ pour l'ouverture de la société française. Il fallait juger « sur pièces ».

Je vécus ainsi le premier septennat socialiste guettant chaque signe de renouvellement et craignant le retour de la langue de bois. Tout ce qui pouvait renforcer le dynamisme de la société civile, les lois Auroux, la découverte par la gauche des valeurs des entreprises, la légalisation des immigrants en situation irrégulière, celle des radios libres, la politique culturelle de mécénat me paraissait prometteur. Mais, à côté de ces conquêtes, les projets économiques socialistes fondés sur un nationalisme de clocher jetaient une ombre sur le renouveau : les nationalisations et leur cortège de discours anticapitalistes me paraissaient puérils. Je réagissais en parfaite Américaine, avec stupéfaction et un certain effroi, devant le carnet de change qui limitait la circulation des Français à l'étranger. Surtout, le fait que cette atteinte intolérable à la liberté des individus soit accueillie favorablement par les âmes bien-pensantes de la gauche me laissait sans voix : elle restait encore massivement jacobine et technocratique. Rien ne m'était plus étranger que ce genre de décisions qui rappelaient les démocraties populaires et les républiques latino-américaines. L'absurde détournement des magnétoscopes vers Poitiers confirma mon malaise et ma peur d'avoir fait un grand bond en arrière dans un pays aux valeurs profondément étatiques que je ne pouvais pas partager.

Je m'accrochais ainsi à toutes les voix pluralistes qui s'opposaient à l'accroissement de l'emprise de l'Etat sur la société et l'économie, même quand elles étaient issues de mondes bien différents du mien. Partisane de l'école républicaine, j'approuvai la grande manifestation pour l'école libre de 1984 contre la création d'un système scolaire laïc unifié aux proportions terrifiantes. Fidèle à Radio-France, je soutenais la cause des radios libres. Moi qui, en Amérique, avais toujours honni le *business,* je me découvrais de fortes sympathies pour les PME et leurs patrons, souvent autodidactes, pour toutes les forces qui réclamaient plus de décentralisation et d'autonomie, plus de libéralisme et de concurrence.

Petit à petit, je compris que l'essentiel du « changement » français se jouait à coups de demi-victoires. Les critères qui m'aidaient à juger n'avaient sans doute pas grand-chose à voir avec la tradition politique française. Les « victoires » que je célébrais étaient souvent de courte durée et de peu d'ampleur. Je me réjouissais des enquêtes à l'américaine autour de l'affaire du *Rainbow Warrior,* mais les barrières qui entouraient l'Elysée, et dans une moindre mesure Matignon, demeuraient infranchissables. Dans un pays où tous partageaient la même fascination monarchique pour le chef de l'Etat, l'autocensure protégeait le secret-défense, alors que la presse américaine, épaulée par un puissant système judiciaire, aurait bondi à l'attaque. De même, j'avais beau apprécier le poids croissant du Conseil constitutionnel et la lente fin du préjugé jacobin contre le « gouvernement des juges », il n'en demeurait pas moins que les tribunaux français et les magistrats restaient les parents pauvres des institutions, taillables et corvéables à merci, ballottés par les vents et les marées politiques. Le système universitaire lui-même, enseveli sous un glacis de rapports nés de commissions interchangeables, demeurait imperméable à toute réforme, en dépit des élans ponctuels et généreux de ses ministres et des émeutes de ses étudiants. Verres à moitié pleins ? A moitié vides ? Tonneaux des Danaïdes ?

Les idéaux et le pragmatisme de SOS Racisme en firent à mes yeux l'équivalent français des innombrables organisations américaines qui avaient balisé le terrain des luttes noires pour les *civil rights.* Mais ce mouvement généreux ne devait pas avoir la force d'un groupement américain. C'était le reflet d'une époque d'individualisme hédoniste qui confondait les concerts de rock avec l'engagement social. Un enfant politique épris des délices médiatiques et épaulé par quelques grands commis de l'Etat qui cherchaient à se donner bonne conscience et à calmer le jeu. Les lésés du racisme formaient le gros de ses troupes : SOS Racisme ne serait jamais l'équivalent français de ces phalanstères de *socially responsible* jeunes WASP qui avaient travaillé d'arrache-pied pour ouvrir la démocratie américaine aux noirs. La jeunesse de Neuilly-Auteuil-Passy demeurait à l'écart, trop prise sans doute par le parcours du combattant scolaire qui précédait son entrée dans l'âge adulte.

Les nouvelles forces de la société française se frayaient ainsi très péniblement un chemin à travers les obstacles dressés par le monde clos des élites, ces « grands écoliers » aux idées si sages et si conformistes qui peuplaient les grands corps de l'Etat dans le seul but de sauver celui-ci des excès dangereux de la société. Cette caste éclairée avait assuré la stabilité de la France en dépit de ses soubresauts politiques, surtout dans la période de l'après-guerre. Elle faisait incontestablement l'envie des réformateurs italiens à la recherche d'une culture étatique et qui rêvaient de fonder leur propre ENA. Mais ces êtres charmants aux cerveaux bien faits, qui écoutaient avec tant d'amabilité les bruits du « monde extérieur » et parlaient avec conviction des défis, ou plutôt des « challenges » mondiaux, étaient en réalité les plus formidables des conservateurs. Non contents de mesurer les autres à l'aune de leur propre méritocratie, ils jugeaient opportun de les chronométrer pendant leur course d'obstacles. Dans la valse des nominations et des pantouflages comme dans celle des concours d'entrée, il ne fallait pas peser lourd en termes d'années pour asseoir son autorité. La France combinait ainsi, douteux honneur, les méfaits du mandarinat chinois et les dangers de l'Ancien Régime, où charges et offices royaux incombaient à de quasi-adolescents.

Ce recrutement si cadenassé ne laissait aucune place aux jeux de l'âge et de l'expérience. Surtout l'Etat gérait la société en imposant les siens. Dans mes rêves initiaux, une transfusion américaine aurait coupé court à la sclérose d'un tel système et façonné d'autres élites, plus composites, plus ouvertes sur le monde. Tel n'était pas le cas. De retour de leur passage « américain », les élites françaises, déjà ointes par leurs grandes écoles, retrouvaient les réflexes de leur bercail.

Je dus me rendre à l'évidence. Rêver de transvaser les valeurs les plus profondes et les plus pures de l'Amérique dans un contexte français relevait de la quadrature du cercle. La France avait ses propres traditions de mobilité sociale et surtout ses propres mythes démocratiques, que personne n'osait porter devant le miroir de la vérité. Elle façonnait ses élites de manière sans doute étriquée, mais avec le consentement et même l'admiration de son peuple, obnubilé dès l'âge le plus tendre par les méandres glorieux et les jugements sans appel de « la dictée ». Par ailleurs pouvait-on changer un pays aux classes moyennes infiniment mieux loties que leurs équivalentes américaines, jouissant de prestations et de droits sociaux qui auraient fait pâlir d'envie les masses du nouveau monde ? Au pays des résidences secondaires, tenter une greffe d'américanisme serait de l'alchimie.

J'abandonnai ainsi la *French-American connection* d'autant plus aisément que l'Amérique n'était plus que le spectre de celle que j'avais aimée. Peuplée de *yuppies* et de *golden boys*, sombrant derrière son Président dans l'égocentrisme et dans l'inculture, repliée sur ses valeurs les plus darwiniennes et les plus matérialistes, sans l'ombre d'un message social, cette Amérique du « miracle » reaganien ne méritait plus d'être imitée. C'était pourtant d'elle dont raffolaient les Français et non de sa sœur aînée infiniment plus tourmentée et noble, celle des années soixante. En dépit de ses rêves fraternels et de ses luttes égalitaires, elle avait été universellement haïe au nom de l'idéologie révolutionnaire et tiers-mondiste. Pourtant, cette Amérique du feu et du doute, avec ses faiblesses et ses espoirs, ses sursauts et ses tensions, avait démontré l'extraordinaire puissance démocratique de ses institutions. L'ersatz reaganien avec son clinquant hollywoodien n'en était qu'une caricature, un bibelot pour les nouvelles élites transhumantes. Cette Amérique du *computer chip* et des *junk bonds,* au visage bouffi par l'hédonisme, aux relents de *Dallas*, n'était plus mienne.

Les luttes sociales des minorités ethniques, dans ces mêmes années, ne me consolaient guère. Conçues comme des manifestations de groupes d'intérêts, elles ne transmettaient plus la flamme des idéaux de Martin Luther King. Sous la lumière crue des médias, noirs, Cubains, chicanos, féministes ou homosexuels découpaient méticuleusement en tranches le rêve américain. Une comptabilité de quotas ethniques aussi draconienne que ceux qui régissaient la production du lait dans la CEE réglait la mobilité sociale, sans vision collective. Sous son lifting reaganien, une Amérique fatiguée cachait ses rides et son désespoir.

Ce fut donc en étrangère et doublement que j'assistai pendant les années quatre-vingt à l'extraordinaire défilé de célébrations franco-américaines et à son cortège de toasts et d'accolades fraternelles. Du bicentenaire de la bataille de Yorktown gagnée par les Américains en 1781 grâce aux troupes françaises jusqu'à celui de la Révolution française, en passant par la commémoration des voyages de Jefferson en France, le centenaire de la Statue de la Liberté, le soixantième anniversaire du premier vol transatlantique de Lindbergh, toutes les occasions furent bonnes pour réitérer, comme disaient les discours officiels, « la force des liens qui unissent les deux républiques sœurs ». Mais je savais bien que derrière les sourires plus ou moins sincères chacun continuait à croire fermement en la supériorité de son propre camp. Deux universalismes s'embrassaient en public lors d'une noce où les « autres » étaient priés de s'abstenir.

Je quittai ainsi l'autoroute franco-américaine lassée par son narcissisme équivoque mais solidaire de fragments de France aux valeurs et aux horizons véritablement ouverts. Le détour était terminé. Entre démocratie et culture, il me fallait retrouver mes vieux chemins européens et assembler ces morceaux épars avec d'autres.

Epilogue :
la pan-européenne

Les années quatre-vingt, commencées sous le signe de l'euro-pessimisme et terminées dans l'eu(ro)phorie des révolutions à l'Est, s'achevèrent dans l'apothéose d'une Europe sans Mur. Le rêve lointain de mon enfance se concrétisait : le vieux continent que je voyais apparaître du hublot de mon avion à l'aube de mes étés européens retrouvait sa plénitude. Fière de ses exploits mais consciente de ses crimes, invoquant les mêmes valeurs démocratiques à l'Est comme à l'Ouest, cette Europe des Lumières retrouvées, aux élans transnationaux et à la culture renaissante, surgissait devant moi comme une promesse inespérée. Le cauchemar idéologique prenait fin.

L'Europe qui s'annonçait avec la décennie quatre-vingt-dix était à la fois inédite et nostalgique : son espace sans frontières nous ramenait avant 1914, pâle souvenir pour les survivants du siècle. Mais sa volonté démocratique et sa passion libertaire lui donnaient une fraîcheur aux antipodes des crispations sociales et des réduits nationalistes d'antan. Reconstruisant ses ponts, ouvrant ses villes, réveillant ses institutions et retrouvant ses paysages, cette Europe nouvelle paraissait aller tellement de soi que je ne pouvais plus m'imaginer la vie sans elle.

Je voyais ainsi renaître les douceurs du monde d'antan en contemplant avec un brin d'envie ces jeunes Européens de vingt ans pour qui la carte du continent ne recelait ni vides ni tabous. Ils pouvaient désormais flâner « chez eux » à Berlin, à Cracovie, à Budapest ou à Prague, à Madrid ou à Moscou, avec le même esprit de découverte qui était jadis l'apanage de Rome, Paris ou Londres. Heureux produits d'une société de consommation ne réservant plus les déplacements aux élites des anciens régimes, ils prenaient enfin possession d'une Europe de moins en moins mythique. Je rêvais aux futures études universitaires d'Européens unis au nom du pluralisme démocratique, version plus tolérante de l'ancienne unité intellectuelle du Moyen Age. L'espace européen se dressait devant moi comme un vaste chantier symbolique à la vie chaude, loin des silences glacés de l'Europe de l'après-guerre.

Mais l'angoisse demeurait. Le vieux continent saurait-il surmonter ses ankyloses, cachées sous les élans euphoriques du moment ? Saurait-il mettre fin à ses fermetures nationales et à ses tâtonnements politiques en s'ouvrant au monde sans arrière-pensées protectionnistes ? La construction européenne, cette pierre sortie des ténèbres du siècle, ne pouvait briller que taillée par la démocratie. L'Europe pourrait éblouir comme un diamant... ou bien renvoyer le reflet terne et opaque d'une pierre brute aux molécules nationalistes. Le lent cheminement des années quatre-vingt, comme tant d'autres tournants historiques, demeurait sur ce point ambigu. Du moins la voie de l'espoir était-elle tracée.

Au-delà de cette Europe des douze étoiles mises à toutes les sauces, au-delà des camions TIR, des passeports bordeaux et des pots de yaourt multilinguistiques, loin des jeux technocratiques et des grandes incantations du marché unique de 1993, je dressais mon propre bilan. L'élection au suffrage universel du Parlement européen, le choix comme présidente de Simone Veil, son discours inaugural avec Louise Weiss à ses côtés, deux juives incarnant les horreurs du passé comme les espoirs du renouveau, me paraissaient de bon augure. J'applaudissais comme une conquête majeure la nouvelle coopération politique et policière qui rendait les terroristes à leur pays d'origine et attestait de la reconnaissance de la démocratie espagnole, italienne ou allemande. Les golpistes portugais du lointain 1975, comme le colonel Tejera dans l'Espagne de 1981, et les terroristes de droite et de gauche allemands et italiens n'avaient pas gagné. L'Europe démocratique s'assumait lentement, apprenait à ne pas considérer ses sœurs comme « inférieures », tissait les premiers liens de confiance. Elle se dotait de héros silencieux, tels ces juges italiens qui à eux seuls avaient redonné son honneur à une république vacillante en luttant contre les Brigades Rouges et la Mafia.

Mais cette Europe à l'identité démocratique encore trop revêtue d'un papier glacé technocratique me paraissait dépourvue de toute assise spirituelle sans l'Europe de l'Est. S'ouvrant au meilleur de l'Amérique, à l'individualisme démocratique, au *business*, elle tournait le plus souvent le dos à son autre moitié. Le poids de la raison d'Etat, les jeux d'une culture médiatisée, l'accommodement à un ordre international tacitement accepté se dressaient comme un mur redoutable. Seul le pont fragile des dissidents et des réfugiés, à l'engagement marginal, au comportement respectueux teinté de gratitude à l'égard d'un Occident distrait, empêchait l'oubli. **Je me** tournais vers eux avec respect. Ils incarnaient les valeurs et **la m**odestie des vrais combats. Nous nous retrouvions, avec nos strabismes convergents, sur le même terrain du rêve européen. Entre pluralisme démocratique et ardeur culturelle, je partageais leurs déceptions à l'égard de cette Europe aux réflexes si souvent mesquins, aux modes intellectuelles, aux passions volatiles.

C'était parmi ces réfugiés que je trouvais la parfaite symbiose entre culture et démocratie. Profondément attachés aux deux, et surtout aux libertés formelles et aux systèmes représentatifs, ils ne concevaient pas l'une sans l'autre, dans leur rêve de rattacher leurs pays à l'Europe, loin de l'empire soviétique. Pour eux, les débats franco-français sur la culture victime de la démocratie de masse et de l'impérialisme américain étaient dépourvus de tout sens. Autant de leurres par rapport au vrai débat : fournir démocratie, culture *et* prospérité aux orphelins de l'Europe. On ne trouvait pas parmi ces dissidents et réfugiés les ex-révolutionnaires et les gauchistes des salons occidentaux dont l'anti-américanisme snob avait **tant** troublé mes retours européens. L'Amérique, pour les exilés de l'Est, n'avait pas incarné la barbarie. Ce n'était pas non plus le pendant de l'« autre » puissance conquérante, l'Union Soviétique. On ne pouvait pas renvoyer ces deux géants dos à dos ou pire accepter « l'Européen » et renier « l'Atlantique ». L'Amérique était le phare qui avait tenu bon contre la véritable barbarie : le totalitarisme soviétique. Leurs mots m'apaisaient.

En voyant arriver au pouvoir ces dissidents et ces réfugiés dans la nouvelle Europe d'après 1989, comment ne pas rêver à ce que serait la symbiose parfaite entre l'Est et l'Ouest ? A l'Est, la puissance morale et culturelle si bien incarnée par Vaclav Havel ; à l'Ouest, les structures stables de l'univers démocratique du

Conseil de l'Europe et la puissance économique de la CEE. Ce scénario optimiste n'était pas gagné d'avance. L'Europe retrouvée traînait derrière son allure printanière une brume d'incertitudes politiques, historiques et culturelles, relent des spectres d'antan. La xénophobie et le racisme remontaient à la surface, ainsi que les vieilles haines ethniques, comme si l'histoire triomphante se plaisait à ouvrir, entre jeu et réalité, tous ses tiroirs poussiéreux pour un ultime inventaire. Pouvait-on croire que ces passions surgies d'un placard oublié annonceraient la fin des tragédies intra-européennes et donneraient lieu à une sorte d'ultime vidange historique ? J'osais l'espérer, pour ne pas voir « mon Europe » s'évanouir dans un archipel d'égoïsmes et de passions rétrogrades.

Mais, en refaisant surface, le racisme et les luttes ethniques jetaient un voile sur une renaissance encore balbutiante. Tout en moi s'opposait aux scénarios souvent catastrophistes que certains, conservateurs frileux, dressaient à l'égard d'une Europe qu'en fait ils méprisaient, prêts à glorifier un après-guerre qu'ils célébraient pour sa stabilité. Comme si une Europe à part entière était condamnée à tout jamais à incarner l'instabilité, l'intolérance et la violence.

Les Cassandre toujours à l'affût d'un deuxième Sarajevo ou d'un Munich bis, attendant un autre suicide européen et guettant avec terreur la résurgence de la puissance allemande, ne m'impressionnaient guère. L'Europe, ayant cessé d'incarner le centre du monde pour n'en devenir qu'une partie, ne pouvait plus embraser la planète de ses étincelles. Balisée par l'Amérique, concurrencée par le Japon, influencée par l'Union Soviétique en temps de peur comme en temps d'amitié, cette Europe du troisième millénaire me paraissait rayonnante précisément par sa nouvelle modestie.

Ce n'était pas son rôle extérieur qui m'inquiétait, mais son essence, sa capacité à offrir un espace ouvert et démocratique. J'épiais le vieux continent, déchirée entre la promesse d'un rêve exaucé et la peur de la glissade vers un monde fermé, vers une Europe plus éprise de tris que de brassages, plus portée vers la conservation que vers l'innovation, habitée par le goût du patrimoine plutôt que par celui d'une identité sans cesse renouvelée.

Je contemplais la renaissance en filigrane d'un antisémitisme au parfum de naphtaline avec la même incrédulité que j'avais éprouvée jadis dans les années soixante-dix à l'égard des dinosaures du communisme et du néo-fascisme italien. Ce courant de haine latente, sans victimes tangibles ni à l'Ouest ni à l'Est, émergeait du néant culturel de l'après-guerre. Relent d'un passé mal digéré, cet antisémitisme constituait tout aussi sûrement un produit superficiel de nos sociétés boulimiques de tressaillements médiatiques. Ces svastikas peintes à la bombe sur les tombes juives de France témoignaient plus d'une démarche *punk* de salissement des valeurs établies que de la haine raciale qui avait, crise économique et mondiale aidant, fait déferler l'Holocauste sur une tout autre Europe historique. Les institutions politiques et judiciaires n'étant plus les mêmes, la presse n'ayant plus en son sein les grands titres de jadis prônant la haine raciale, l'individualisme démocratique dans sa tolérance indifférente aidant, cet antisémitisme de soldes historiques ne pouvait, en dépit de son caractère hideux, acquérir à l'Ouest et peut-être même à l'Est une véritable portée politique.

Tout autre était le racisme de base dirigé à l'Ouest contre les immigrés ainsi que les haines ethniques à l'Est. Le futur même de l'Europe se profilera dans les solutions apportées à cette double faille culturelle et politique. Peu enclins par leur histoire et leurs institutions au jeu du pluralisme et de la tolérance, ne possédant aucune tradition de « terre d'immigration », ces pays regardent avec méfiance leurs nouveaux immigrés, aux origines de plus en plus exotiques, et craignent de prendre la suite du modèle américain avec ses ghettos et ses groupes de pression. Je contemplais ainsi ces « Danois » ou ces « Allemands » de souche turque, ces « Britanniques » pakistanais, ces « Philippins » italiens ou ces Français maghrébins — pour ne rien dire des noirs voués un peu partout au racisme — avec la sensation qu'ils fourniraient le revers de la toute nouvelle médaille européenne.

Ces exclus des douze étoiles observaient les retrouvailles européennes de leurs strapontins précaires en craignant le jour où ils seraient chassés, sinon physiquement au moins culturellement, par la marée humaine de l'Est. De ce côté, comme à l'Ouest, entre pays tout autant que parmi les populations hétérogènes de chaque pays, l'Europe ne pourra se consolider que si elle injecte des doses massives de tolérance et de pluralisme dans ses veines nationalistes. Mais s'avérera-t-elle à la hauteur de la tâche ? L'immense nettoyage historique et culturel que cela suppose sera sans doute plus rude que les difficiles concertations économiques et industrielles à venir. Il est en tout cas bien plus vital pour l'identité et la dignité du continent tout entier.

A l'aube de cette nouvelle Europe sans divisions idéologiques et se réclamant de ses multiples cultures, mais aussi de cette Europe des luttes raciales, ethniques et religieuses, je me prends à rêver à ces moments nobles de l'histoire américaine que j'avais vécus de près et qui me servent de repère dans mes propres espoirs européens. En matière de droit, de religion, de mobilité sociale, la démocratie en Amérique, en dépit de tous ses défauts et lacunes, reste riche d'exemples. Je revois devant moi ce lendemain du vote du *Civil Rights Act* en 1964 que j'avais vécu à Atlanta. Ce jour-là, blancs et noirs, les uns pétris de haine et de mépris, les autres de peur et de rage, mangèrent pour la première fois, côte à côte, dans les mêmes lieux publics, sans aucun amour particulier les uns pour les autres mais par respect strict de la loi fédérale. De l'accès libre aux autobus et aux restaurants, on passerait ensuite aux politiciens noirs de premier plan. Les difficultés sociales, le racisme ordinaire demeuraient et demeurent encore. Mais au moins la loi était-elle là, référence inébranlable, pour sanctionner et pour servir de levier sur lequel s'appuyer pour lutter. J'ose espérer qu'un jour l'Europe saura se doter de l'autorité légale et pas seulement rhétorique nécessaire pour mater des passions qui ne sont en fait guère plus violentes que les clivages raciaux américains. Des institutions européennes, accessibles aux simples individus et pas seulement à leurs gouvernements, veilleraient sur leurs droits au nom de lois aussi radicales que transparentes, de lois faites non pour rendre les hommes angéliques mais pour leur enseigner à coexister dans l'agora démocratique, même avec leurs propres préjugés.

De même, je me penchais sur le symbole puissant d'intégration et de pluralisme offert par le centre juif de Harvard. Reléguée jadis à l'extrême périphérie d'un monde ultra-WASP, la Hillel House est désormais située au cœur de l'université, dans une maison classée monument historique. Symbole suprême des transformations de la société américaine, cette maison, qui fut longtemps le siège d'un des clubs WASP les plus exclusifs, fut achetée par Hillel lorsque le club fit faillite, faute de nouvelles adhésions, après la contestation des années soixante. Un peu comme si le Jockey-Club avait fermé ses portes après l'Affaire Dreyfus pour devenir un PEN Club avant la lettre pour Emile Zola et sa clique d'intellectuels. Dans ce site, les juifs de Harvard, toutes tendances confondues, ont mis spontanément sur place un des plus beaux exemples de tolérance réciproque dans un domaine pourtant peu propice aux compromis, celui de la pratique religieuse. Les trois courants du judaïsme, orthodoxe, conservateur et réformé, qui en Israël se font une guerre sans relâche où la violence du verbe cède parfois la place à la violence tout court, coexistent à Harvard (et dans une grande mesure au sein de tout le judaïsme américain). A la sortie de leur office respectif du vendredi soir, afin de prendre le repas du Shabbat ensemble, les réformés, partisans des offices aux heures fixes, attendent au printemps et en été les orthodoxes, dont le service ne commence qu'au coucher du soleil. En automne et en hiver, c'est le contraire. Ce geste pacifique témoigne du respect de l'autre qui habite ces étudiants. Souvent d'ailleurs un étudiant de la tendance réformiste, peu au fait des labyrinthes de la *kashrut*, surveille l'intendance de la cuisine du centre pour mieux comprendre les exigences de ses camarades plus pieux. De même, il n'est pas rare de voir un étudiant orthodoxe animer les échanges avec le groupe afro-américain de l'université. Maints scénarios pour la future Europe démocratique et pluraliste de demain pourraient s'inspirer d'un tel exemple. A l'instar de Hillel, dont la cravate « club » porte le mot « Harvard » écrit en lettres hébraïques, l'Europe de demain, conjuguée dans de multiples langues et dans de multiples cultures, n'existera que si elle sait faire respecter ses principes démocratiques et humanistes, épurés de leurs intolérances, de leurs chauvinismes.

Me penchant comme chaque printemps sur la liste des éminents candidats pour le *Harvard Board of Overseers*, le conseil qui dirige l'Université, ainsi que sur la liste des anciens élèves plus jeunes, candidats pour les *Associated Alumni*, qu'il m'incombe, en tant qu'ancienne élève, d'élire, je ne peux m'empêcher de penser aux futures élites dont aura besoin cette nouvelle Europe. Se dotera-t-elle de nouveaux visages reflétant les forces vives de toutes ses sociétés ou choisira-t-elle de garder les vieilles élites issues des mêmes moules fatigués ? La poignée d'hommes nouveaux portés en avant par les révolutions à l'Est pourra-t-elle faire tache d'huile ? Je contemple les visages souriants de la trentaine de candidats parmi lesquels je dois faire mon choix en m'appuyant sur leur notice biographique. Leurs diplômes, par définition brillants, ne fournissent que le squelette de leurs vies ; celle-ci prend sens, au-delà de leur cursus, en fonction des intérêts politiques, sociaux et culturels qu'ils ont choisi de privilégier. Leur personnalité, leurs actes dans la cité et non leurs titres déterminent mon choix.

Je scrute ce vaste échantillon de l'Amérique qui s'étale devant moi. Il y a ces grands banquiers de Wall Street, ces avocats et ces hommes d'affaires du *Midwest* qui forment le Harvard classique qui m'a tant déplu dans ma jeunesse et dont je n'ai apprécié la valeur qu'après mes séjours en Europe. Mais à côté d'eux il y a aussi ces femmes professeurs dans de minuscules collèges, qui conseillent les systèmes d'éducation des Etats les moins nantis, ces avocats noirs actifs dans les communautés urbaines, ces journalistes de la presse locale qui ont percé à jour tel ou tel scandale aux implications nationales, ces médecins philanthropes actifs dans la vie culturelle de leur Etat, ces chercheurs asiatiques à la pointe de la biologie moléculaire, ces femmes âgées au long passé d'activités caritatives, ainsi que leurs contraires plus jeunes, montées à la force du poignet aux sommets du monde corporatif. Il y a des fermiers, des activistes chicanos, des écologistes et même, candidats à l'association des anciens élèves, des activistes homosexuels qui mettent leurs compétences juridiques au service d'une communauté gay frappée par le SIDA. Ces abeilles, chacune dans sa petite alvéole, n'œuvrent-elles pas en fin de compte pour le bien-être de la société américaine tout entière ? Derrière leurs « particularismes », l'efficacité ne prime-t-elle pas l'égoïsme ?

Au printemps 1990, j'ai fait mon choix au moment même des premiers désenchantements européens, après l'euphorie des révolutions qui avaient eu lieu à l'automne. Les tensions latentes entre Allemands et Polonais refaisaient surface autour de la frontière Oder-Neisse. Le montage politique et médiatique que cachaient les « morts » de Timisoara venait d'être révélé. Les Turcs de Bulgarie et les Hongrois de Roumanie vivaient à la merci de leurs voisins. En Pologne, les premières tensions publiques à l'intérieur du front jadis uni de Solidarnosc se faisaient sentir avec fracas. Tout près de Florence, la grande civilisée, un meurtre raciste digne du Sud profond américain venait d'avoir lieu. Au Kossovo, on continuait à s'entre-tuer, tandis qu'en France comme en Angleterre des gangs violents surgis de la grisaille des banlieues se faisaient la guerre. Les multiples crevasses d'une Europe jadis glacée apparaissaient au grand jour.

Une année passa. D'autres candidats tout aussi souriants, aux vies tout aussi engagées, défilèrent devant moi pour pourvoir d'autres places dans les conseils vénérables de Harvard. En France, les meurtres racistes continuaient, avivés par une classe politique bornée. Partout, les immigrés, le plus souvent en situation régulière, voire même naturalisés, se trouvaient en butte aux mêmes regards intolérants. A l'Est, la rage ethnique battait son plein : Tchèques et Slovaques vivaient un mariage de plus en plus bergmanien ; la Yougoslavie se disloquait dans le sang. Partout des masses frappaient à des portes fermées. Les anciens pays d'émigration se découvraient le rêve de nouveaux immigrants. Une Europe en pleine recomposition vibrait sous les yeux frileux d'un vieux monde sans inspiration. Pourrait-il l'assumer avec volonté et courage ?

Soudain l'éventail des intérêts sectoriels américains, qui m'avait tant choquée dans ma jeunesse, me rassura. Je me prenais à rêver d'une Europe gérée par un *Board of Overseers* semblable à celui de Harvard, un conseil où les voix de tous pourraient se faire entendre, où le Hongrois de Roumanie siégerait à côté du Slovaque tchèque, de l'Allemand encore en Pologne ou du Slovène, dans une représentation des minorités qui ne ferait que renforcer les pouvoirs légitimes des majorités. La façade égalitaire du jacobinisme, agissant au nom d'un intérêt général aussi pur qu'abstrait, laisserait la place à un véritable pluralisme uni par des principes démocratiques fondateurs. De nouvelles élites au profil varié participeraient au dynamisme de sociétés soutenues mais non entravées par des Etats plus modestes.

Forte de sa longue histoire, aussi belle que tourmentée, la culture européenne, par ses gestes quotidiens, sa mémoire, ses traces monumentales, serait là pour pallier les débandades du pluralisme à l'américaine. En Europe, Proust ne se trouverait jamais prisonnier du rayon *gay studies*. Aucune cabale de petits clercs n'annoncerait que Platon et Aristote, parce que hommes blancs, ne peuvent transmettre un savoir utile au reste de l'humanité, féminine et de couleur. Protégée du « tout minorité » par le poids de ses nations, l'Europe ouverte permettrait au contraire la percée des individus, loin des quotas à l'américaine. Forte de ses vieux Etats-Providence et de ses bureaucraties paternalistes, elle pallierait aussi les excès du libéralisme darwinien. Avec ses villes phares, ses campagnes immémoriales et l'harmonie de ses espaces, le vieux continent demeurerait le site privilégié d'un humanisme.

Mais sans le poids des minorités, seules capables d'évoquer les lésions de leur passé, de fournir une remise en cause des mythes nationaux et de rendre leur dignité aux oubliés de l'histoire, l'ouverture culturelle indispensable pour un véritable espace européen ne serait qu'une chimère. Le courage de confronter le passé brûlant, de pardonner et de se faire pardonner ne pourra pas être l'apanage d'un Vaclav Havel. Ce sera la tâche des nouvelles voix d'une Europe généreuse et ouverte. Le jour où l'Europe produira, à l'instar de l'Amérique, les livres et les films traitant des multiples pages traumatiques de sa longue histoire, le jour où elle lavera ses plaies politiques et culturelles, comme tout récemment les Etats-Unis au sujet des Nisei, ces Américains d'origine japonaise internés de force dans des camps pendant la Deuxième Guerre mondiale, à qui le gouvernement américain a présenté des excuses assorties de compensations pour leurs souffrances, ce jour-là, l'Europe aura franchi une étape décisive vers sa propre maturité pluraliste. Ses multiples mémoires apaisées, elle sera peuplée de citoyens conscients de leur double identité européenne et particulariste, acteurs responsables d'un projet collectif.

Les Etats-Unis, de contre-exemple inculte pour de vieilles nations repues de culture et de fierté, deviendront peut-être ainsi une référence. Alors, le long itinéraire d'une hybride à travers un après-guerre de brumes et d'incertitudes s'achèvera. Je pourrai enfin œuvrer pour cette Europe de mes rêves enfantins, plus proche que jamais de sa réalisation, et demeurer fidèle à l'esprit de ces Etats-Unis qui jadis accueillirent mon père et qui ont façonné mon âme.

Table des matières

Préface 9

L'ambiguïté des origines 13

L'Européenne 33
   1956 35
   Washington 53
   Atlanta 87
   Etés européens 133
   Intermezzo canadien 165

Harvard 183
   Le mythe 187
   Le campus 203
   La contestation 217
   L'Europe à Harvard 229

L'Américaine 241
   Intermezzo italien 243
   Retour à Harvard 273
   Europe 75 291
   La transatlantique 307

Epilogue : La pan-européenne 319

CET OUVRAGE A ÉTÉ TRANSCODÉ
ET ACHEVÉ D'IMPRIMER SUR ROTO-PAGE
PAR L'IMPRIMERIE FLOCH À MAYENNE
EN AOÛT 1991

N° d'impression : 31025.
Dépôt légal : août 1991.
Imprimé en France